语言学与汉语国际教育研究丛书

丛书主编 黄南津

《尚书孔传》虚词研究

A Study on the Function Words
in *Shangshu Kong Zhuan*

郭爱涛 著

社会科学文献出版社
SSAP
SOCIAL SCIENCES ACADEMIC PRESS (CHINA)

图书在版编目（CIP）数据

《尚书孔传》虚词研究 / 郭爱涛著. —— 北京：社
会科学文献出版社，2017.6
（语言学与汉语国际教育研究丛书）
ISBN 978 - 7 - 5201 - 0776 - 1

Ⅰ.①尚…　Ⅱ.①郭…　Ⅲ.①《尚书孔传》- 古汉语
虚词 - 研究　Ⅳ.①K221.04②H141

中国版本图书馆 CIP 数据核字（2017）第 096456 号

语言学与汉语国际教育研究丛书
《尚书孔传》虚词研究

著　　者 / 郭爱涛

出 版 人 / 谢寿光
项目统筹 / 刘　荣　岳　璘
责任编辑 / 赵怀英　单远举　韩晓婵　张子昆

出　　版　社会科学文献出版社·独立编辑工作室（010）59367011
　　　　　地址：北京市北三环中路甲 29 号院华龙大厦　邮编：100029
　　　　　网址：www.ssap.com.cn
发　　行 / 市场营销中心（010）59367081　59367018
印　　装 / 三河市尚艺印装有限公司

规　　格 / 开　本：787mm × 1092mm　1/16
　　　　　印　张：20.5　字　数：324 千字
版　　次 / 2017 年 6 月第 1 版　2017 年 6 月第 1 次印刷
书　　号 / ISBN 978 - 7 - 5201 - 0776 - 1
定　　价 / 98.00 元

总　序

　　国家的综合国力，既包括由经济、科技、军事实力等所体现出来的硬实力，也包括以文化和价值观念、社会制度、发展模式、生活方式、意识形态等的吸引力所体现出来的软实力。软实力最大的来源就是文化。中国语言、文字等方面的成就，对中华文明的发展和进步做出了重要贡献，也是人类文化宝库的重要组成部分。

　　广西地处我国西南边陲，南濒北部湾，东北接湖南，东连广东，西北靠贵州，南接云南，西南与越南毗邻，是中国5个少数民族自治区之一。其发展历史十分久远。

　　广西的语言资源丰富多样，使用情况非常复杂，双语及多语现象十分普遍。一方面，在广西境内存在不同的民族共同使用一种语言的现象，也存在一个民族同时使用多种语言的现象。另一方面，广西的双语现象十分普遍，许多地方多种语言或方言交叉覆盖，许多广西居民都是双语或多语能力者，同时会说两种或两种以上的语言或方言，各种语言和方言相互借用混合，语言使用情况十分复杂。

　　广西毗邻东南亚，是中国与东南亚联系与交往的重要前沿和枢纽，在中国－东盟自由贸易区中具有特殊的地位和作用。两者在地缘文化、语言、生活习俗上有一定的接近性。在面向东南亚的国际化战略中，经济贸易国际化是核心，高等教育国际化是动力，其关键都是人才培养国际化，使人才构成国际化、人才素质国际化和人才活动空间国际化。

　　为配合国家和自治区的战略部署，配合广西大学努力建设高水平区域特色研究型大学的定位，深入研究中国与东南亚人文关系的规律性，整理、开发与利用广西及东南亚丰富的语言文化资源，传播中国语言与文化，实现国家北部湾经济区域发展战略，广西大学汉语国际教育中心以人才培养目标为引领，强调专业特质，体现专业主体性，在语言学研究和汉语国际教育教学与研究两个方面齐头并进，师生合力，取得了丰硕成果。

这套丛书就是近年成果的呈现，其中包含广西语言状况调查研究、《尚书孔传》虚词研究、"当代中国语言学的回顾与展望学术研讨会"会议论文集等语言学研究著作，又精选数年来所培养的汉语国际教育硕士的优秀论文，整理成三辑，以展示培养成果。

广西大学汉语国际教育专业 2008 年首次招收本科生，2009 年首次招收汉语国际教育专业硕士研究生，2015 年被评为广西壮族自治区优势特色专业。经过近 10 年的建设，目前汉语国际教育专业本科和硕士毕业生已达到 600 余人，其中汉语国际教育硕士 318 人。多年来，我们在专业性观照下，强化基础理论知识与能力，多元化配置教学模式、方法、基地、师资等要素，在实践教学过程中强化教师与学生、理论与实践、学校与企业的互动，实现人才培养、科学研究、服务社会与传承文化功能。在教学、科研、学生管理等方面，都有了长足的进展，为广西的经济文化建设培养了大批优秀人才。

此套丛书力求兼顾语言学与汉语国际教育两方面的面与点，有助于充实对语言本体及使用情况、面向东南亚的汉语教学探索及研究的认知，分享广西大学培养汉语国际教育专业硕士的经验。我们深知，还有诸多问题尚待我们进一步探索，但因能力、实践时间和条件等有限，丛书难免有错漏之处，诚请学界同仁和专家不吝指正、赐教。

黄南津　吕军伟

2017 年 6 月 18 日

目　录
CONTENTS

绪　论

　　《尚书》是我国最早的政史文献汇编。上自原始社会末期，下至封建社会初期，以诰、谟、誓、命、典等文体形式，《尚书》记载了我国尧、舜、夏、商以及周时期君王的文告和君臣的谈话记录，涵盖了政治、军事、地理、天文、教育、刑法等多方面的内容，反映了华夏上古文化的各个侧面，是研究我国原始社会和奴隶制社会政治制度、政治思想的重要历史资料。因此，《尚书》被奉为"我国封建社会的政治哲学经典，在儒家'五经'中地位最尊，既是帝王的政治教科书，又是封建士大夫必读必尊的大经大法"[①]。但是，在几千年的流传过程中，《尚书》因篇章内容晦涩、经文本身真伪等引发诸多问题，历经曲折，纠纷繁杂，成为中国经学学术史上的一个旷日持久的研究课题。

　　《尚书》最早叫作《书》。春秋战国之时，《书》已为典籍中所引用。西汉时，《书》才称作《尚书》。公元前221年，秦并六国。为加强思想统治，秦始皇于是"焚书坑儒"，禁民间私藏书籍，以愚黔首。此后，又经公元前202至前206间楚汉战乱，《尚书》便渐多散佚。汉惠帝时，废除秦朝挟书之制，秦博士济南伏生传《尚书》，但已残缺不全，实仅有二十八篇，并以此教于齐鲁之地，称为"伏生本"，即：《尧典》、《皋陶谟》、《禹贡》、《甘誓》、《汤誓》、《盘庚》、《高宗肜日》、《西伯戡黎》、《微

---

　　① 刘起釪：《尚书源流及传本考》，沈阳：辽宁大学出版社，1987年，第1页。

子》、《牧誓》、《洪范》、《金縢》、《大诰》、《康诰》、《酒诰》、《梓材》、《召诰》、《洛诰》、《多士》、《无逸》、《君奭》、《多方》、《立政》、《顾命》、《吕刑》、《文侯之命》、《费誓》、《秦誓》。伏生《尚书》为秦朝官方定本，根据秦朝统一文字的诏令，已用秦的隶书改写过；又因为汉承秦制，隶书仍为汉代常用文字，故汉代经学家称此二十八篇《尚书》为"今文《尚书》"。汉武帝之时，又从民间求得《泰誓》一篇编入"伏生本"。由此，这二十九篇今文《尚书》成为汉代官方定本。同时，汉代还传有另外一个《尚书》版本，即"古文《尚书》"。《汉书·艺文志》记载："武帝末，鲁共王坏孔子宅，欲以广其宫。而得古文《尚书》及《礼记》、《论语》、《孝经》凡数十篇，皆古字也。共王往入其宅，闻鼓琴瑟钟磬之音，于是惧，乃止不坏。孔安国者，孔子后也，悉得其书，以考二十九篇，得多十六篇。安国献之。遭巫蛊事，未列于学官。"① 这部出自孔子旧居壁中的《尚书》是用先秦古文字所写，共四十五篇，被称为"古文《尚书》"或"孔壁本"。后来，经孔安国对比"伏生本"《尚书》，其中二十九篇基本相同，另多出十六篇，即：《舜典》、《汩作》、《九共》、《大禹谟》、《弃稷》、《五子之歌》、《胤征》、《汤诰》、《咸有一德》、《典宝》、《伊训》、《肆命》、《原命》、《武成》、《旅獒》、《冏命》。此谓之"逸书"或"逸篇"。考察今文《尚书》与古文《尚书》，内容基本相同，只是篇数和字体存在区别。但是，二者版本、来源不同，学者研究方法、理解经文有异，造成了中国经学学术史上的"《尚书》今古文之争"。

公元 311 年，"永嘉之乱"爆发，西晋灭亡。此次动乱使得汉魏以来的官方藏书遭到严重损害。其中，今文《尚书》各种版本以及"逸篇"等全部丧失。东晋元帝初年，朝廷为维持统治，恢复"五经"，遍访求书。当时，豫章内史梅赜献汉孔安国传本《孔传古文尚书》，共计五十八篇，分为四十六卷。其中，三十三篇内容基本同于西汉时的今文《尚书》二十八篇（伏生本），但又多出二十五篇（后人称为"晚书"），即：《大禹谟》、《五子之歌》、《胤征》、《仲虺之诰》、《汤诰》、《伊训》、《太甲上》、《太甲中》、《太甲下》、《咸有一德》、《说命上》、《说命中》、《说命下》、《泰誓上》、《泰誓

---

① （东汉）班固：《汉书·艺文志》，北京：中华书局，1962 年，第 1706 页。

中》、《泰誓下》、《武成》、《旅獒》、《微子之命》、《蔡仲之命》、《周官》、《君陈》、《毕命》、《君牙》、《冏命》。此外，梅氏所献《孔传古文尚书》还附有孔安国的注解以及一篇《孔安国序》（后人称为"大序"）。此版本因经文完整、注释简约，最终被朝廷立于学官，取得儒家经典正统地位。

唐代兴学崇儒，考订"五经"，科举取士，以梅氏所献的《孔传古文尚书》为底本而编撰《尚书正义》，并作为官学正本，刊行天下。自此，《孔传古文尚书》的经学正宗地位就完全确立。两宋之际，疑古之风兴盛，以吴棫、朱熹、蔡沈等诸多学者怀疑《孔传古文尚书》之真伪，始有"伪古文《尚书》、伪《孔传》"之称。元明二代，遵行宋学，吴澄、梅鷟等对古文《尚书》展开进一步的疑辨，但无明确定论。至清代，考据之风兴盛，阎若璩著《尚书古文疏证》八卷，究古文《尚书》与《孔传》一百二十八条作伪证据，使得"真伪之争"正式定案。尤其是 2012 年，清华大学出土文献研究与保护中心宣布，经过多年对出土的战国竹简的研究，再次表明传世两千多年的古文《尚书》是伪书。在清代和近现代时期，多数学者注重于研究《孔传古文尚书》中与"伏生本"相类似的篇目，即"今文《尚书》二十八篇"。

然而，《尚书》研究历经数朝数代，其存在的问题仍然还有很多没有解决，诸如伪古文《尚书》与伪《孔传》产生的时代、作者等问题。同时，"伪古文《尚书》、伪《孔传》真伪之争"虽然定案，但"翻案"之余风未息，至今仍存在种种争论。这些都需要从新的角度对古文《尚书》、《孔传》展开更为深入的研究。

一　《尚书孔传》虚词研究的意义与价值

本书从现代语言学角度，利用新的理论和方法，对《尚书孔传》（以下简称《孔传》）的虚词及其特点进行系统研究，具有重要的理论意义与研究价值。

（一）《孔传》虚词研究的语言学意义与价值

1. 《孔传》的虚词研究对汉语语法历史发展的研究具有重要价值

在汉语史研究中，汉语史如何分期一直是存在争议。王力先生指出：

"如果不能解决汉语史的科学的分期问题，那就意味着我们对汉语的历史发展的研究始终停留在浮面上，我们实际上没有看清楚汉语是怎样发展的，自然就谈不上什么历史关键了。"① 目前，学术界关于汉语史分期有多种不同观点。比较有代表性的有：吕叔湘先生为代表的"两分法"，王力、潘允中、贝罗贝等为代表的"四分法"，高本汉、太田辰夫等为代表的"五分法"，等等。综观各家对汉语史的分期，虽然观点不尽相同，但划分的依据主要是从语言的各个要素进行综合考虑。关于《孔传》出现的时间，历经数代学者的考证、研究，约在魏晋之间。但是，魏晋时期的汉语发展，带有上古汉语向中古汉语发展过渡的特征，其语言本身包含着新质要素的产生，也包含旧质要素的消亡。因此，对《孔传》虚词系统进行研究，并与共时、历时的语言材料相比勘，可以为探究汉语语法发展历史规律以及汉语历史发展分期提供重要的材料和线索。

2. 《孔传》虚词的研究拓展了汉语研究的范围

在古代汉语研究中，我们经常使用的语料主要是典籍本身，并以此透视汉语演变规律，一定程度上忽略了注释语料研究的重要性。尽管中国古代是否存在语法学在语言学界仍有争议，但杨树达先生指出："治国学者必明训诂、通文法"。② 这说明，在古代汉语中训诂学与语法学是紧密相关联的。古代汉语的训释语言中包含某些语法现象的产生以及发展。但是，就注释语本身来说，就是用其当时的语言解释过去的语言。也就是说，注释家所使用的语言必须是当时"活的语言"，而这种"活的语言"既有约定俗成、相对稳定的一面，又必然体现汉语发展的、阶段性的演变过程。对此，刘师培先生曾经指出："言语的变化可以随时代、方俗有所不同，需要用通俗之文去解释书籍所用之文。"因此，在汉语史的研究中，根据某一时代中的注释语言材料，经过比对分析，对于研究汉语演变之变化规律具有重要的理论价值。

（二）《孔传》虚词研究的文献学意义与价值

从语料性质上看，《尚书》是我国最早的历史文献资料汇编，其内容

---

① 王力：《汉语史稿》，北京：中华书局，1980 年，第 32 页。
② 杨树达：《高等国文法》，北京：商务印书馆，1984 年，第 11 页。

比同时代的金文、甲骨文等文献更为丰富多样。《孔传》是为《尚书》所做的注释，就其本身的文献资料价值来看，如业师钱宗武教授所指出的："《孔传》伪在作者，但作为魏晋《尚书》的训诂却是不争的事实，况且《孔传》行世以后，《孔传》以前的诸家说多数相继失传。《尚书正义》（即《孔疏》）又以《孔传》为研究基础，《尚书正义》是唐代《尚书》训诂的代表性著作。否定《孔传》，汴宋以前就没有多少可以利用的《尚书》训诂材料了。"① 因此，《孔传》作为研究《尚书》的注疏材料，对其虚词进行系统研究，具有文献学、训诂学、历史学等方面的学术价值。

《孔传》虚词研究在文献辨伪方法上具有重要意义。中国古籍浩繁，难以计数。其中，伪书以及文献辨伪学源于何时，并无定论。例如，俞兆鹏的《中国伪书大观》认为："从时代上看，上起先秦，下迄晚清，代有伪书。"② 顾颉刚的《中国辨伪史略》认为："辨伪工作，萌芽于战国、秦汉，而勃发于唐宋元明，到了清代濒近于成熟阶段。"③ 因此，对古书的辨伪，是文献学研究中的一个重要方面。但是，就古书辨伪的方法来说，在前人的基础上，杜泽逊《文献学概要》提出二十种辨伪方法。其中，从语言角度则是强调"特殊词语、声韵系统和时代的矛盾"考辨④。司马朝军《文献辨伪学研究》总结了《四库全书总目》的辨伪方法八类三十二条；其中，从语言角度则是强调"音韵、词源、方言、文辞"考辨⑤。从总体来看，前人在文献的辨伪方法上主要侧重于文学文献角度，其间虽然也注意到了词语、语音等语言方面的差异，但这种差异并不构成语言的系统性，这就给辨伪学的发展留下了进一步拓展的空间。正如杨伯峻先生认为的："从汉语史的角度来鉴定中国古籍的真伪以及它的写作年代应该是科学方法之一。任何一部伪造的古籍，不管伪造者如何巧妙，都能在他的语言上找出他的破绽来。我们根据这些破绽，便可以判明它是伪书，甚至鉴

---

① 钱宗武：《〈尚书补疏〉疏证》，《清代扬州学术研究》，台北：台北学生书局，2001 年，第 546 页。
② 俞兆鹏：《中国伪书大观》，南昌：江西教育出版社，1998 年，第 2 页。
③ 顾颉刚：《中国辨伪史略》，上海：上海古籍出版社，1998 年，第 248 页。
④ 杜泽逊：《文献学概要》，北京：中华书局，2001 年，第 252 页。
⑤ 司马朝军：《文献辨伪学研究》，武汉：武汉大学出版社，2008 年，第 76 页。

定它的写作年代。"① 对于古文《尚书》以及《孔传》，虽经宋、元、明三朝辨疑，至清代阎若璩等人为之"定案"；又，今清华大学出土文献研究与保护中心根据出土文献战国竹简再次"定案"，但辨疑之波迄今未止。但是，把《孔传》放入辨伪学的范畴内，利用现代语言学理论与方法，考察《孔传》虚词系统，为其文本的时代性以及作者真伪性的判断提供语言学依据，这在学术史上对于辨伪学研究方法是有借鉴意义的。

二 《尚书孔传》虚词研究的现状

目前，学术界对于《孔传》研究的关注度偏低，多是基于《尚书》学史的研究背景下所涉及的文献考证，而从语言学角度并纳入汉语史领域研究的很少。相关研究大抵有以下几个方面。

（一）关于《孔传》的文献研究现状

近些年来，随着《尚书》学的深入研究，《孔传》的问题也多被学者研究所涉及，但形成专著的比较少。其成果主要集中于对《孔传》出现的时间、作者、真伪等问题的探讨。

1. 专著方面

在围绕《尚书》综合性研究基础上，对《孔传》进行专章性的探讨。主要代表作有以下：前辈学者陈梦家《尚书通论》对《孔传》的作者以及出现时间有专述。他认为："东晋晚叶，会稽孔安国侍中推造古文《尚书》二十五篇，又作《尚书序》，又为今古文五十八篇及书序作书注，此书似奉晋武帝诏而作，主旨在缀集古义，而作者以今推古，于传注之外增益古文。书出，徐邈注音，范宁变隶古定为今字。东晋之末行于民间，齐时已立于学官，此后南朝盛行，隋初始入河朔。唐立为官学。"② 张西堂《尚书引论》于第六章专述"伪孔传本之伪证"，从"梅鷟《尚书考异》所提出者"、"阎若璩《尚书古文疏证》所提出者"两个方面，论述"史汉无孔

---

① 杨伯峻：《杨伯峻学术论文集》，长沙：岳麓书社，1984年，第143页。
② 陈梦家：《尚书通论》，北京：中华书局，1985年，第133页。

安国作书传之事"，并提出"伪孔传出于王肃"①。马雍《尚书史话》对《孔传》的产生以及辨伪进行了梳理，认为"《孔传》并不是同一人同一时候造出来的，而是分两个阶段形成的"，"它实际上保留了不少古注，标一个'伪'字并不贬低它的学术价值"②。蒋善国《尚书综述》在第五编"尚书的真伪"中，对"伪《孔传》的由来和出现年代"、"伪《孔传》作者"等问题进行了详细的考辨，认为"伪《孔传》出现时间约在太康三年以后"，并从"思想"、"传注古书"、"经学"、"时代"、"姓氏与著作"等五个方面论证"《孔传》作者为孔晁"之说③。刘起釪《尚书学史》按照时代先后顺序，对《尚书》学的流变详加考察。其中，第六章"魏晋至唐的《尚书》——伪古文出占《尚书》正统"对伪《孔传》的问题进行了研究，提出"伪《孔传》出现在东晋初年"之说④。同时，刘氏还著有《尚书研究要论》⑤、《尚书源流及传本考》⑥、《日本的尚书学与其文献》⑦等书。蒋氏、刘氏的著作是目前学术界《尚书》综合研究的新成果。张岩《审核古文〈尚书〉案》则力主《孔传》作者为汉孔安国，认为"在司马迁撰写《史记》的过程中，具体采用过孔安国'古文说'，班固所说的'古文说'是指孔氏'《尚书》古文学'的'师说'、'家法'，也就是《孔传》的内容"⑧。此外，还有一些《尚书》方面的研究著作也涉及《孔传》研究，例如：许锬辉《尚书著述考》⑨、吴福通《晚出〈古文尚书〉公案与清代学术》⑩、刘德汉等《尚书研究论集》⑪、吴康《尚书大纲》⑫，等等。

---

① 张西堂：《尚书引论》，西安：陕西人民出版社，1958 年，第 5、160 页。
② 马雍：《尚书史话》，北京：中华书局，1985 年，第 61 页。
③ 蒋善国：《尚书综述》，上海：上海古籍出版社，1988 年，第 324、361 页。
④ 刘起釪：《尚书学史》，北京：中华书局，1989 年，第 194 页。
⑤ 刘起釪：《尚书研究要论》，济南：齐鲁书社，2007 年。
⑥ 刘起釪：《尚书源流及传本考》，沈阳：辽宁大学出版社，1987 年。
⑦ 刘起釪：《日本的尚书学与其文献》，北京：商务印书馆，1997 年。
⑧ 张岩：《审核古文〈尚书〉案》，北京：中华书局，2006 年，第 19 页。
⑨ 许锬辉：《尚书著述考》，台北："国立"编译馆，2003 年。
⑩ 吴福通：《晚出〈古文尚书〉公案与清代学术》，上海：上海古籍出版社，2007 年。
⑪ 刘德汉：《尚书研究论集》，北京：黎明文化事业股份有限公司，1981 年。
⑫ 吴康：《尚书大纲》，北京：商务印书馆，1941 年。

2. 期刊论文方面

关于《孔传》的研究，主要是围绕古文《尚书》真伪之辨而进行的初步探讨，具体如下：《〈尚书〉传王孔异同考》（吴承仕，《华国月刊》，1925 年第 10 期）、《古文〈尚书〉作者考》（陈梦家，《图书季刊》，1943 年第 3/4 期）对古文《尚书》与《孔传》作者进行了初步的探讨；《梅赜〈尚书〉古文真伪管见》（黄肃，《许昌师专学报》，1987 年第 3 期）认为"梅赜献的《尚书》集两汉、魏、晋辑佚，整理《尚书》的大成"，并否认古文《尚书》以及《孔传》之伪；《〈尚书〉述略》（钱宗武，《益阳师专学报》，1989 年第 3 期）指出了《孔传》研究的价值，即"《孔传》汇集了前人的研究成果，比汉儒的传注更加精审，有很高的学术价值，是阅读《尚书》的重要训诂材料"；《〈尚书孔传〉的出现时间》（李学勤，《古籍整理研究学刊》，2002 年第 1 期）提出"《尚书孔传》魏晋间业已存在"；《伪〈尚书〉的出现及考辨的历史》（杨旭敏，《徐州师范大学学报》，2008 年第 1 期）、《〈尚书〉的古今文问题》（邵毅杰，《图书馆杂志》，2005 年第 8 期）、《〈尚书〉中近一半篇目是怎样被证明是伪造的》（陈增杰，《温州师范学院学报》，1995 年第 5 期）等对伪古文《尚书》以及《孔传》的考辨历史进行了比较完备的梳理；《古文〈尚书〉流传过程探讨》（杨善群，《学习与探索》，2003 年第 4 期）指出"古文《尚书》自西汉以后长期流传于世，至魏晋之际完备成集而形成传授关系，其来源可能有七个方面，非一人一时之伪造"，"不管推定古文并为之传注的是哪一个孔子后代，孔氏家族长期收藏和修缀，无疑是古文《尚书》又一个相当重要的渊源"；《伪〈古文尚书〉与伪孔安国〈尚书传〉》（王树民，《文史知识》，2003 年第 10 期）指出"伪《古文尚书》与伪《孔传》的研究价值"，"作为魏晋时期的作品，在文学史和思想史等方面，都是直接史料"；《朱熹证伪〈古文尚书〉及〈序〉、〈传〉详考》（杨文森，《文教资料》，2007 年第 6 期）"以朱子《文集》和《语类》为基础，整理了朱子对《古文尚书》及〈序〉、〈孔传〉的分析"；《〈尚书孔传〉成书问题新探》（陈以凤，《史学史研究》，2010 年第 1 期）通过"《孔传》与《小尔雅》两书释词的比较研究，认为今本《孔传》当是包括孔安国在内的孔家学者的集体作品，是汉代孔氏家学的产物"；《"伪〈古文尚书〉案"平议》（丁鼎，

《古籍整理研究学刊》，2010 年第 2 期）指出"虽然目前彻底推翻阎氏的结论为时尚早，但起码说明阎氏的结论远非定论，是可以继续探讨的"。这表明，关于《孔传》与古文《尚书》的真假之争远未休止。

3. 学位论文方面

目前，关于《孔传》的研究主要有以下 3 篇：《西汉孔氏家学及"伪书"公案》（陈以凤，曲阜师范大学 2007 年硕士学位论文）对"作书传说"进行了比较详细的辨析，认为"今传本《孔传》不是安国所亲作，当成书于安国以后的孔氏学者手中"；《建国后"伪〈古文尚书〉"及〈尚书孔传〉研究平议》（白林政，曲阜师范大学 2008 年硕士学位论文）从"作者"、"出现时间"、"真假"等三个方面对《孔传》进行了全面的整理与研究，并认为"《孔传》何时面世，仍有不同说法，其研究仍需继续深入"；《东晋古文〈尚书〉真伪研究》（李艳芳，辽宁师范大学 2009 年硕士学位论文）对《孔传》出现的时间进行了初步的整理，列举了刘知几、朱熹、陈梦家、刘师培、陈汉章、皇甫谧、孔颖达、蒋善国、郭璞、李学勤等学者的观点，并认为"《孔传》保存了不少《尚书》的逸文和古注，对词义与文义的解释是研究中、上古汉语的重要参考资料"。

（二）关于《孔传》的语言研究现状

目前，学界对《孔传》的语言研究比较薄弱，主要有以下几方面。

1. 专著方面

业师钱宗武教授的《今文尚书语言研究》，结合了《孔传》的部分训释材料，对今文《尚书》中的复合词、成语、单音词、通假字、代词、特殊词序等方面进行了初步的、系统的研究，填补了汉语史研究上的空白①。其后，又著《尚书新笺与上古文明》，结合《孔传》的语言特点，从语言学角度对今文《尚书》传世文本进行全面解析，详细考察了其中的文字、词汇、语法等现象，见解精辟，内容丰赡②。此外，又著《今文尚书句法研究》，从语法角度详细对比了经文与《孔传》中的判断句、被动句、宾

---

① 钱宗武：《今文尚书语言研究》，长沙：岳麓书社，1996 年。
② 钱宗武：《尚书新笺与上古文明》，北京：北京大学出版社，2004 年。

语前置句，揭示了文献语言句法形态演变的规律，对于汉语史的研究具有重要价值①。

2. 期刊论文方面

《〈孔传〉或成于汉末晋初》（钱宗武，《南京师范大学文学院学报》，2011 年第 1 期）立足于语言的时空性和社会性特点，并运用语言学方法，考察上古文献范围副词"咸"和"胥"的历时、共时变化，进而推测《孔传》的成书年代，开创了研究《孔传》虚词的一个新角度。此外，还有一些学者通过经文与《孔传》语料结合，进行语言学上的初步探索。例如：《试论〈尚书〉中叹词的作用及其影响》［廖振佑，《江西大学学报》（哲学社会科学版），1988 年第 3 期］、《试论今文〈尚书〉的叹词》（沈丹蕾，《广西师范大学学报》，1998 年第 2 期）、《尚书中的"克"与"能"》（刘利，《古籍整理研究学刊》，1999 年第 1、2 期合刊）、《今文〈尚书〉歧义结构研究》（张文国、张文强，《柳州师专学报》，2002 年第 1 期）以及《今文〈尚书〉指示代词研究》（张文国、张文强，《聊城大学学报》，2002 年第 2 期），等等。

3. 学位论文方面

《今文〈尚书〉经文和〈孔传〉虚词对比研究》（孙浪，扬州大学2010 年硕士学位论文）初步描写分析了今文《尚书》经文和《孔传》中的部分代词、介词、连词和副词的用字相应变化情况，以及今文《尚书》经文和《孔传》中部分虚词的使用有无变化情况，揭示了其中一些语法变化趋势。但是，对于《孔传》本身共时层面上的虚词并无系统的研究。

纵观《孔传》的研究，前人虽然取得了很多的成果，但主要是围绕校勘、辨伪、词语训释等文献学角度进行探讨，而这种探讨也是比较零散的，没有系统性。尤其是从汉语史角度对《孔传》虚词进行全面、系统研究的尚未出现。究其原因，主要是汉语史研究所取得的成果没有得到充分利用。文献学家在研究《孔传》时，多侧重于文献证据而较少考虑语言特征。但是，语言是社会的产物，某部作品出现时必然带有其语言的时代特色。诚如周锡𩰚所言："以文本之语体印证其语料，如两者的时代特征相合，始

---

① 钱宗武：《今文尚书句法研究》，开封：河南大学出版社，2011 年。

可作出认定，而成为强有力的本证；否则，对有关纸上材料的可靠性也尚须存疑。所谓语言形式，主要指语法、修辞（包括某些虚、实词的运用）、音韵等方面。"① 因此，本书立足于《孔传》虚词语料的穷尽性统计，借鉴汉语史以及语言学的前沿理论，采用共时研究与历时研究相结合的方法，探求《孔传》本身的语言结构特点并进行系统的描述，进而揭示汉语虚词演变的过程与规律，为长期的《孔传》辨伪提供新的方法和新的证据。

三　《尚书孔传》虚词的研究思路和方法

（一）研究思路

首先，选择版本。本书研究以清阮刻本《十三经注疏》（中华书局1980 年影印本）中的《尚书正义》为底本，从文本的实际出发，以丰富的例证来得出相关结论，从而避免以偏概全现象的发生。

其次，从《孔传》全文的虚词语料出发，以副词、介词、连词、代词、助词、语气词等六类为主线建立整体的《孔传》虚词系统，描写、统计、分析每一个虚词在小类中的分布、意义以及功能特点。

最后，对《孔传》虚词的每个类别进行统计，分析每个虚词出现的频率，并从功能、意义上，考察每类虚词在同一范畴内的规律与特点。同时，对《孔传》中所出现的虚词，将其纳入汉语史研究的范畴，揭示《孔传》虚词的语言的特点、规律以及在汉语史研究中的作用与地位。

（二）研究方法

1. 定量分析与定性分析相结合

从文本语料的实际出发，对《孔传》虚词进行定量与定性的分析。所谓定量分析，"就是将处于随机状态的某种语言现象给予一定的数量统计，通过频率、频度、频度链等量化形式来揭示这类随机现象背后所隐藏的规律性"②。所谓定性分析，即 "研究主要凭借的是研究者对材料的主观感受

---

① 周锡：《易经的语言形式与著作年代》，《中国社会科学》，2003 年第 4 期。
② 唐钰明：《定量方法与古文字资料的词汇语法研究》，《海南师范学院学报》，1991 年第 4 期。

和判断"①。在《孔传》虚词研究中，将二者充分结合起来，对文中所有虚词进行穷尽性统计，并加以归类，进而调查每个虚词在整个系统中的具体使用频率，由此来确定该类虚词的语法特点，从而科学、客观地揭示《孔传》虚词的语言特点与规律。

2. 描写归纳与解释分析相结合

在对《孔传》虚词调查、描写、统计的基础上，运用语言学的相关理论对文中具体的实例和数据进行解释，从中发现其内在特点。同时，立足于语言的系统性，从词的个体与类别角度出发，分析每个虚词在具体语言环境中的静态语义和动态意义。由此，揭示出《孔传》虚词系统的既相对稳定又不断演变的语言系统特点。

3. 共时描写与历时比较相结合

在研究中，首先对《孔传》虚词作共时描写，呈现文中副词、介词、连词、代词、助词、语气词等的具体数量分布、意义以及功能特点，揭示《孔传》虚词系统的真实面貌。同时，结合汉语史研究的成果以及上古、中古等时期的虚词语料，进而探究《孔传》虚词在汉语历史发展过程中的特点和规律。

四　本书的写作结构

本书在结构上分为上、下编。上编为《尚书孔传》副词研究，下编为《尚书孔传》代词、连词、介词、语气词、助词研究。凡 7 章。

第一章是《孔传》副词的分类及其特点。主要从副词在句中的语法意义角度，将副词分为判断、时间、程度、状态、疑问、关联、范围、劝令、否定、推度等十类，逐一分析每个副词的特点，揭示副词的静态语义的分布情况以及每个副词在具体组合关系中呈现的动态意义。

第二章是副词的词频分析及其与古文《尚书》、清华简副词的比较研究。第一节是《孔传》副词词频统计与分析，主要是对《孔传》副词的数量、类别和个体副词频率进行考察，揭示其内在规律与特点。第二节是

---

① 苏新春：《汉语词汇定量研究的运用及其特点》，《厦门大学学报》（哲学社会科学版），2001 年第 4 期。

《孔传》副词与古文《尚书》副词的比较研究，主要从副词的数量、频率、语音形式、表义特征等方面揭示二者的差异性。第三节是《孔传》副词与清华简副词的比较研究，主要从副词的数量、频率等方面分析两者之间的联系与不同之处。

第三章是《孔传》代词的功用及其特点。第一节是人称代词的用法及其特点。第二节是指示代词的用法及其特点。第三节是疑问代词的用法及其特点。前三节主要是运用定性与定量相结合的方法，逐一考察每个代词的特点，并解释与分析代词在实际语境中的意义和功能。第四节是代词统计与分析，主要是比较各类代词和代词内部的词频，进而揭示《孔传》代词词频存在明显差异、语法功能呈现集中化等规律与特点。

第四章是《孔传》连词的类型、用法及其特点。第一节至第八节主要是从连词的语法功能角度，将连词分为顺承、假设、递进、并列、选择、让步、因果、转折等八类，并通过定量与定性相结合的方法，对每一个连词进行描写归纳、解释与分析。第九节是连词统计与分析，主要是考察每一类连词的使用频率以及分布情况，进而揭示《孔传》连词的使用频率存在不均衡，单音节连词占据优势，语法功能比较齐备，分工比较明确等规律与特征。

第五章是《孔传》介词的语法功能分析。第一节至第五节主要是从介词在句子中的功能角度，将介词分为五类：表与动作行为有关的工具、条件、方法和依据，表与动作行为有关的对象，表与动作行为有关的原因或目的，表与动作行为有关的时间，表与动作行为有关的处所或范围，并进行详细的描写归纳、解释与分析。第六节是介词词频统计与分析，主要是从介词的使用频率角度对《孔传》介词进行考察与分析，揭示出不同类、不同个体介词出现频率特点。第七节是关于介词"于"和"於"的讨论，从历时角度指出二者的出现与使用在不同时代存在明显差异。

第六章是《孔传》语气词的语用特征。第一节至第三节主要是根据语气词在句子中的语法意义，将语气词分为表陈述语气、表疑问语气、表感叹语气等三类，进而对每一个语气词进行描写归纳、解释与分析，揭示每个语气词在句中所具有的语法意义。第四节是语气词词频统计与分析，主要是从频率角度对《孔传》语气词进行考察、统计与分析，揭示其内部出现频率、形式与跨类情况等存在差异性。

　　第七章是《孔传》助词的类型及其语用特点。第一节至第三节主要是根据助词的语法功能，把助词分为结构助词、语助词、语缀助词等三类，并通过定量与定性相结合的方法，对每一个助词进行描写归纳、解释与分析。第四节是助词词频统计与分析，并对助词"之"和"是"进行讨论，指出两者的历时变化特征。

上　编
《尚书孔传》副词研究

在古代汉语中，副词是词类系统中比较特殊的一个类别。"在多数情况下，副词对句中谓语起修饰作用，可用来表示动作行为以及状态性质的各种特征，或者显示句中主语、宾语与谓语发生关系时的范围、状态以及方式等。从句法功能上看，副词一般情况下不能独立存在，而只能依附于句中谓语成分，这是谓语的重要标志，常作状语或补语；自身所表示的含义比较具体，用法也比较灵活。"① 但是，目前的研究状况，对于副词分类、研究理念、虚实的归属等方面均存在比较多的争论。

"副词"的名称由杨树达先生在《中国语法纲要》中最先提出，《马氏文通》将之归为"状字"。杨氏、马氏都将副词归入实词范畴，而后，陈承泽、金兆梓、黎锦熙、陈望道等学者赞成将其归入实词。吕叔湘先生的《中国文法要略》则称副词为"限制词"，属于"副助词"，其《语法修辞讲话》明确地将副词归为虚词。王力的《中国语法纲要》称之为"半实词"，认为"实多虚少"。何金松先生指出，之所以产生争议，"大概是依据的材料不同，所持的标准不同，观察问题的角度不同，所得结论就不一样"②。因此，关于副词的虚实问题，讨论历时久远，从古代汉语到现代汉语，众多学者看法不一。但是，"根据副词一般不能作谓语，不能单独成句，却有较淡薄的词汇意义来看，副词虚多于实，是半虚词"③。鉴于此，我们不再继续该问题的讨论，而将《孔传》中的副词纳入虚词范围进行研究。

关于副词的分类，长期以来，语法学家们的看法也是不尽相同。吕叔

---

① 杨伯峻、何乐士：《古汉语语法及其发展》，北京：语文出版社，2003 年，第 226 页。
② 何金松：《虚词历时词典》，武汉：湖北人民出版社，1994 年，第 17 页。
③ 李载霖：《古汉语语法学述略》，长春：吉林大学出版社，2011 年，第 27 页。

湘先生曾经指出："副词内部需要分类，可是不容易分的干净，因为副词本身就是个大杂烩。"① 这就指明了副词分类的必要性与复杂性。早在中国第一部用现代语言学理论研究中国语法的著作《马氏文通》中，马建忠将"状字"分为"以指事物之成处者"、"以计事成之时者"、"以言事之如何者"、"以度事成之有如许者"、"以决事之然与不然者"、"以传疑难不定之状者"等六类，对副词进行了比较全面的、初步的划分②。马氏以后，众多学者立足于自身的知识背景、理论方法以及分类标准，对副词的内部类别划分多有不同。例如：黎锦熙的《新著国语文法》中把副词分为"时间、地位、数量、否定、地位、性态"等六类③。吕叔湘在《中国文法要略》中把副词分为"程度限制、方所限制、判断限制、否定限制、时间限制、动态动相限制、一般限制"等七类④。王力在《中国现代语法》中把副词分为"时间修饰、程度修饰、范围修饰、方式修饰、可能性和必要性、否定作用、关系末品、语气末品"等八类⑤。朱德熙在《语法讲义》中把副词分为"范围、程度、时间、否定、重叠式"等五类⑥。胡裕树在《现代汉语》中把副词分为"时间与频率、否定、语气、情状、程度、范围"等六类⑦。黄伯荣、廖序东在《现代汉语》中把副词分为"程度、范围、时间与频率、肯定与否定、情态与方式、语气"等六类⑧。杨伯峻、何乐士在《古汉语语法及其发展》中把副词分为"时间、程度、状态、范围、否定、疑问、推度、判断、连接、劝令、谦敬"等十一类⑨。综合前辈学者的观点，本书把副词的句法功能作为主要标准，把语法意义作为辅助标准，并参照杨伯峻、何乐士两位学者对副词的分类以及定义，将《孔传》副词分为"状态、时间、范围、程度、判断、关联、推度、否定、疑问、劝令"等十类，穷尽性地统计并逐一描写、分析《孔传》中出现的副词。

---

① 吕叔湘：《汉语语法论文集》，北京：商务印书馆，1990 年，第 512 页。
② 马建忠：《马氏文通》，北京：商务印书馆，1983 年，第 227 页。
③ 黎锦熙：《新著国语文法》，北京：商务印书馆，1992 年，第 20 页。
④ 吕叔湘：《中国文法要略》，北京：商务印书馆，1990 年，第 17 页。
⑤ 王力：《中国现代语法》，北京：商务印书馆，1985 年，第 13 页。
⑥ 朱德熙：《语法讲义》，北京：商务印书馆，1982 年，第 194 页。
⑦ 胡裕树：《现代汉语》，上海：上海教育出版社，1995 年，第 290 页。
⑧ 黄伯荣、廖序东：《现代汉语》（下），北京：高等教育出版社，1997 年，第 24 页。
⑨ 杨伯峻、何乐士：《古汉语语法及其发展》，北京：语文出版社，2003 年，第 227 页。

第一章

副词的分类及其特点

在《孔传》中，副词凡 146 个，即："信"、"已"、"以"、"亦"、"皆"、"敬"、"始"、"毕"、"转"、"并"、"既"、"重"、"相"、"总"、"未"、"足"、"咸"、"将"、"复"、"不"、"又"、"若"、"即"、"凡"、"非"、"辄"、"何"、"尽"、"唯"、"无"、"乃"、"遂"、"广"、"俱"、"慎"、"笃"、"终"、"各"、"均"、"否"、"初"、"则"、"明"、"殊"、"当"、"先"、"惟"、"同"、"群"、"历"、"错"、"必"、"新"、"特"、"分"、"疾"、"后"、"过"、"勿"、"日"、"常"、"宜"、"或"、"故"、"宁"、"再"、"固"、"难"、"专"、"数"、"共"、"便"、"至"、"长"、"近"、"甚"、"合"、"徒"、"鲜"、"大"、"肆"、"互"、"率"、"顾"、"今"、"杂"、"正"、"更"、"别"、"亲"、"久"、"速"、"本"、"一"、"其"、"庶"、"恐"、"如"、"旁"、"自"、"尚"、"岂"、"易"、"前"、"犹"、"多"、"务"、"反"、"次"、"默"、"厚"、"向"、"迭"、"且"、"极"、"早"、"兼"、"最"、"恭"、"朝"、"渐"、"独"、"实"、"果"、"但"、"继"、"时"、"悉"、"益"、"胜"、"详"、"枉"、"颇"、"审"、"昔"、"普"、"矫"、"方"、"任"、"尝"、"轻"、"莫"、"备"、"具"、"善"、"通"。下面分类述之。

第一节　状态副词

状态副词是指用于句中谓语前面表示动作行为状态或方式的一类副词。李明晓、胡波、张国艳认为，"这类副词在语义上为表示动作行为进行时所呈现出来的状态，或表示动作行为进行时行为主体所采取的方式、手段等。其表示的意义比较具体、实在，语义指向也相对比较单一"①。这类副词一般出现于被修饰的句中谓语前面，作状语。在《孔传》中，状态副词凡 45 个。

亦

在《孔传》中，"亦"可以作状态副词、判断副词、疑问副词、关联副词，凡 143 例。其中，"亦"作状态副词，用于句中谓语前面，表人、事、行为、性状等之间的相关或相同关系，作状语，可译为"也"、"又"等。凡 98 例，诸如：

（1）北称朔，亦称方，言一方则三方见矣。（《尧典》）

（2）名言此事，必在此义；言出此心，亦在此义。（《大禹谟》）

（3）言我亦法汤大能进劳汝，以义怀汝心，而汝违我，是汝反先人。（《盘庚中》）

（4）四国作大难于京师，西土人亦不安，于此蠢动。（《大诰》）

（5）言天道所以至于保安汤者，亦如禹。（《召诰》）

（6）文武亦法禹汤以立政，常任、准人及牧，治为天地人之三事。（《立政》）

（7）其断刑文书上王府皆当备具，有并两刑，亦具上之。（《吕刑》）

《说文解字》："亦，人之臂亦也。"②《说文解字注》："人臂两垂，臂

---

① 李明晓、胡波、张国艳：《战国秦汉简牍虚词研究》，成都：四川大学出版社，2011 年，第 193 页。

② （东汉）许慎：《说文解字》，北京：中华书局，1963 年，第 213 页。

与身之间则谓之臂亦。"① 这是"亦"的造字本义。"亦"的虚词用法是其假借义，可作副词，由先秦沿用至两汉及以后的文献中，六朝以后又产生了一些新的副词义，但这些用法元明之后就大多消失了；现代汉语只保留了表"同样"、"类同"的副词义。②

相

在《孔传》中，"相"作状态副词，凡 59 例。

（一）"相"用于句中动词谓语前面，作状语，表主体在动作行为中彼此对待、互为接受，可译为"互相"。凡 40 例，诸如：

（1）四山相连，东南在豫州界。（《禹贡》）

（2）责其不以情告上，而相恐动以浮言。（《盘庚上》）

（3）当教民无得相残伤，相虐杀，至于敬养寡弱，至于存恤妾妇，和合其教，用大道以容之，无令见冤枉。（《梓材》）

（4）周公摄政七年二月十五日，日月相望，因纪之。（《召诰》）

（5）六卿典士相师效，为非法度，皆有辜罪，无秉常得中者。（《微子》）

（6）君臣以道相正，故下民无有相欺诳惑也。（《无逸》）

（7）上下相维，外内咸治。（《周官》）

（8）贤能相让，俊乂在官，所以和谐。（《周官》）

（9）言敝俗相化，车服奢丽，虽相去万世，若同一流。（《毕命》）

（10）三苗之民渎于乱政，起相渐化，泯泯为乱，棼棼同恶，皆无中于信义，以反背诅盟之约。（《吕刑》）

（二）"相"用于句中动词谓语前面，作状语，表主体动作行为一个接一个地接连发出，可译为"接连"、"相继"等。凡 2 例。

（1）五行之德，王者相承所取法。（《甘誓》）

（2）王使殷民上下相承有次序，则万年之道，民其长观我子孙而归其德矣。（《洛诰》）

---

① （清）段玉裁：《说文解字注》，上海：上海古籍出版社，1981 年，第 493 页。

② 中国社会科学院语言研究所古代汉语研究室编《古代汉语虚词词典》，北京：商务印书馆，1999 年，第 722 页。

（三）"相"构成惯用词组"相率"、"相与"，凡 17 例。

1. "相与"由副词"相"和介词"与"组合而成。用于句中动词谓语前面，作状语，表动作行为由几个主体相互或共同发出，可译为"互相"、"共同"。凡 9 例，诸如：

（1）当怜下人之犯法，敬断狱之害人，明开刑书，相与占之，使刑当其罪，皆庶几必得中正之道。（《吕刑》）

（2）汝忠诚不属逮古，苟不欲徙，相与沈溺，不考之先王，祸至自怒，何瘳差乎？（《盘庚中》）

（3）言今我一二伯父，庶几相与顾念文武之道，安汝先公之臣，服于先王而法循之。（《康王之诰》）

（4）群臣当分明相与谋念，和以相从，各设中正于汝心。（《盘庚中》）

（5）言古之君臣相与同劳逸，子孙所宜法之，我岂敢动用非常之罚胁汝乎？（《盘庚上》）

（6）民亦安君之政，相与忧行君令。（《盘庚中》）

2. "相率"由副词"相"和动词"率"组合而成。用于句中动词谓语前面，作状语，表动作行为由不同主体接连发出，可译为"相继"。凡 8 例。

（1）言桀君臣相率为劳役之事以绝众力，谓废农功。（《汤誓》）

（2）佞人斥远之，则忠信昭于四夷，皆相率而来服。（《舜典》）

（3）乐感百兽，使相率而舞，则神人和可知。（《舜典》）

（4）吹笙击钟，鸟兽化德，相率而舞，跄跄然。（《益稷》）

（5）相率割剥夏之邑居，谓征赋重。（《汤誓》）

（6）众下相率为怠惰，不与上和合。（《汤誓》）

（7）言汝不相率共徙，是为败祸奸宄以自灾之道。（《盘庚上》）

（8）冕服采章曰华，大国曰夏，及四夷皆相率而使奉天成命。（《武成》）

《说文解字》："相，省视也。"[1]《说文解字注》："省视，谓察视也。按目接物曰相，故凡彼此交接皆曰相。"[2] "相"修饰动词，作副词，其动

---

[1]（东汉）许慎：《说文解字》，北京：中华书局，1963 年，第 72 页。

[2]（清）段玉裁：《说文解字注》，上海：上海古籍出版社，1981 年，第 133 页。

作行为总是涉及两个或者两个以上主体。在先秦已有用例，如《礼记·学记》："故曰：'教学相长也。'"一般沿用于文言之中。①

敬

在《孔传》中，"敬"作状态副词，凡54例。用于句中谓语前面，作状语，表对人、神、尊长等恭敬，可译为"恭敬"、"认真"等；或表对事情的严肃、谨慎态度，可译为"认真"、"谨慎"、"恭敬"等。诸如：

（1）东方之官敬导出日，平均次序东作之事，以务农也。（《尧典》）

（2）言早夜敬思其职，典礼施政教，使正直而清明。（《舜典》）

（3）言其外布文德教命，内则敬承尧舜。（《大禹谟》）

（4）日日严敬其身，敬行六德，以信治政事，则可以为诸侯。（《皋陶谟》）

（5）言敬奉天命以承顺天地。（《太甲上》）

（6）汝皆大不布腹心，敬念以诚感我，是汝不尽忠。（《盘庚中》）

（7）言王如此，谁敢不敬顺王之美命而谏者乎？（《说命上》）

（8）历数节气之度以为历，敬授民时。（《洪范》）

（9）今治民将在敬循汝文德之父，继其所闻，服行其德言，以为政教。（《康诰》）

（10）言汝为王，其当敬识百君诸侯之奉上者，亦识其有违上者。（《洛诰》）

（11）今汝惟是敬顺居汝邑，继汝所当居为，则汝其有安事，有丰年于此洛邑。（《多士》）

（12）当敬顺我此言，自今以往，敬用治民职事。（《君奭》）

（13）言文武知三宅三俊，故能以敬事上天，立民正长。（《立政》）

（14）敬迎天之威命，言奉顺继守文武大教。（《顾命》）

（15）今我敬命公以周公所为之事，往为之哉！（《毕命》）

（16）叹而敕之，使敬用所言，当长辅汝君于常法。（《冏命》）

---

① 中国社会科学院语言研究所古代汉语研究室编《古代汉语虚词词典》，北京：商务印书馆，1999年，第646页。

（17）当怜下人之犯法，敬断狱之害人，明开刑书，相与占之，使刑当其罪，皆庶几必得中正之道。（《吕刑》）

（18）众人其有得侠马牛、逃臣妾，皆敬还复之，我则商度汝功，赐与汝。（《费誓》）

《说文解字》："敬，肃也。"[1] 本义为"做事严肃"，后引申为"恭敬"义。用作副词，先秦时期已经有用例，如《左传·襄公二十四年》："舒鸠子敬逆二子，而告无之。"后来，一直沿用至今。[2]

慎

在《孔传》中，"慎"作状态副词，凡24例。用于句中动词谓语前面，作状语，表动作行为的谨慎态度，可译为"慎重地"、"谨慎地"等。诸如：

（1）言慎修其身，厚次叙九族，则众庶皆明其教，而自勉励翼戴上命，近可推而远者，在此道。（《皋陶谟》）

（2）言善恶之由无不在初，欲其慎始。（《伊训》）

（3）惟汝大明父文王，能显用俊德，慎去刑罚，以为教首。（《康诰》）

（4）侯、甸、男、卫之国当慎接之，况太史、内史掌国典法所宾友乎？（《酒诰》）

（5）为治当慎祀于天地，则其用是土中大致治。（《召诰》）

（6）言自汤至于帝乙，皆能成其王道，长慎辅相，无不明有德，慎去刑罚，亦能用劝善。（《多方》）

（7）言此三者虽小官长，必慎择其人。（《立政》）

（8）小臣犹皆慎择其人，况大都邑之小长，以道艺为表干之臣及百官有司之职，可以非其任乎？（《立政》）

《说文解字》："慎，谨也。"[3] 表"谨慎"义时常用作实词。后来，这个义项用来修饰动词谓语，表对动作行为采取慎重态度。用作副词，先秦时期已见用例，如《左传·桓公十七年》："疆场之事，慎守其一而备其不

---

① （东汉）许慎：《说文解字》，北京：中华书局，1963年，第188页。

② 中国社会科学院语言研究所古代汉语研究室编《古代汉语虚词词典》，北京：商务印书馆，1999年，第313页。

③ （东汉）许慎：《说文解字》，北京：中华书局，1963年，第217页。

虞，姑尽所备焉。"后来，一直沿用于文言之中。①

明

在《孔传》中，"明"作状态副词，凡 21 例。用于句中动词谓语前面，作状语。

（一）"明"表动作行为的公开性，可译为"公开地"、"明白地"等。凡 12 例，诸如：

（1）明告天，问桀百姓有何罪而加虐乎？（《汤诰》）

（2）明用卜筮考疑之事。（《洪范》）

（3）四国君叛逆，我下其命，乃所以明致天罚。（《多士》）

（4）言小子，明当受教训。（《蔡仲之命》）

（5）当怜下人之犯法，敬断狱之害人，明开刑书，相与占之，使刑当其罪，皆庶几必得中正之道。（《吕刑》）

（二）"明"表动作行为的周遍性，可译为"详细地"、"明确地"等。凡 2 例。

（1）下及我治事众士，大小无不皆明听誓。（《泰誓上》）

（2）周公以成王命诰康叔，顺其事而言之，欲令明施大教命于妹国。（《酒诰》）

（三）"明"表动作行为的确凿性，可译为"明明"。凡 2 例。

（1）称小子，明当受教训。（《康诰》）

（2）言天神无有降地，地民不至于天，明不相干。（《吕刑》）

（四）"明"通"勉"，表示勉力做出动作行为，可译为"努力地"。凡 5 例。

（1）往行政化于新邑，当使臣下各向就有官，明为有功，厚大成宽裕之德，则汝长有叹誉之辞于后世。（《洛诰》）

（2）如此我其退老，明教农人以义哉！（《洛诰》）

（3）言公当明安我童子，不可去之。（《洛诰》）

---

① 中国社会科学院语言研究所古代汉语研究室编《古代汉语虚词词典》，北京：商务印书馆，1999 年，第 502 页。

（4）汝当庶几明是我言，勿忽略。（《顾命》）

（5）明慎其所与治乱之机，则为明王明君。（《太甲下》）

"明"，古文或作"朙"。《说文解字》："朙，照也。"① 本义为"照亮"，引申为"光明"、"明亮"等，进一步引申为"明白"、"明确"等。用作副词，先秦已有用例，后一直沿用至今。此外，"明"又可通"勉"。王引之《经义述闻·尚书上》："《尔雅》：'孟，勉也。''孟'与'明'古同声而通用，故'勉'谓之'孟'，亦谓之'明'。""明"通"勉"的用例多见于先秦早期著作以及后世的仿古之作。②

自

在《孔传》中，"自"作状态副词，凡21例。用于句中动词谓语前面，作状语，表动作行为的各种状态。

（一）"自"用于句中动词谓语前面，表动作行为是主体亲自做出，可译为"亲自"。凡11例，诸如：

（1）其当尽自教众官，躬化之。（《洛诰》）

（2）言王今来居洛邑，继天为治，躬自服行教化于地势正中。（《召诰》）

（3）自遗智命，无不在其初生，为政之道，亦犹是也。（《召诰》）

（4）惟天命我周邦，汝受天命厚矣，当辅大天命，视群臣有功者记载之，乃汝新即政，成王顺周公意，请留之自辅。（《洛诰》）

（5）非我有周执德不安宁，自诛汝。（《多方》）

（二）"自"用于句中动词谓语前面，表动作行为或状态原本如此，可译为"本来"。凡2例。

（1）言为王而令万姓如此，则能保安先王之宠禄，长致众民所以自生之道，是明王之事。（《咸有一德》）

（2）军人无敢暴劫人，逾越人垣墙，物有自来者，无敢取之。（《费誓》）

（三）"自"用于句中动词谓语前面，表动作行为是自动发出或另外发

---

① （东汉）许慎：《说文解字》，北京：中华书局，1963年，第141页。

② 中国社会科学院语言研究所古代汉语研究室编《古代汉语虚词词典》，北京：商务印书馆，1999年，第367页。

出，可译为"自动"、"另外"等。凡 5 例。

（1）非先祖不助子孙，以王淫过戏怠，用自绝于先王。(《西伯戡黎》)

（2）各自谋行其志，人人自献达于先王，以不失道。(《微子》)

（3）各成其短长之命以自终，不横夭。(《洪范》)

（4）乃惟汝自召罪以取诛。(《多方》)

（5）当各用心奉忧其所行顺道，无自荒怠，遗我稚子之羞辱。(《康王之诰》)

（四）"自"用于句中动词谓语前面，表所述顺乎自然，可译为"自然"、"肯定"等。凡 3 例。

（1）非商以力求民，民自归于一德。(《咸有一德》)

（2）汝忠诚不属逮古，苟不欲徙，相与沈溺，不考之先王，祸至自怨，何瘳差乎？(《盘庚中》)

（3）言至道之王遭变异，正其事而异自消。(《高宗肜日》)

《说文解字》："自，鼻也，象鼻形。"[①] 甲骨文中的"自"正是象鼻形。甲骨文还有本义的用例。例如："贞：有疾自"（《殷墟文字乙编》6385 号卜辞）。由"鼻"义引申为"自指"义。"自指"义含有"本"义和"始"义，可用作实词，也可以用作副词和介词。这两种用法，句例可上溯至殷商甲骨文。后来，一直沿用至今。[②]

犹

在《孔传》中，"犹"可作状态副词、关联副词，凡 23 例。其中，"犹"作状态副词，用于句中动词谓语前面，作状语，表动作行为、情况持续，可译为"仍然"、"依旧"等。凡 18 例，诸如：

（1）除丧，犹不言政。(《说命上》)

（2）未成一篑，犹不为山，故曰功亏一篑。(《旅獒》)

（3）成王信流言而疑周公，故周公既诛三监，而作诗解所以宜诛之意

---

① （东汉）许慎：《说文解字》，北京：中华书局，1963 年，第 74 页。
② 中国社会科学院语言研究所古代汉语研究室编《古代汉语虚词词典》，北京：商务印书馆，1999 年，第 868 页。

以遗王，王犹未悟，故欲让公而未敢。(《金縢》)

(4) 自遗智命，无不在其初生，为政之道，亦犹是也。(《召诰》)

(5) 叹古之君臣，虽君明臣良，犹相道告，相安顺，相教诲以义方。(《无逸》)

(6) 冬大寒，亦天之常道，民犹怨咨。(《君牙》)

《说文解字》："犹，玃属。……曰陇西谓犬子为犹。"① 又《尔雅·释兽》："犹，如麂，善登木。"本是一种动物，猴属。作其他实词用的"犹"字，与本义并无必然联系，是一个假借字。"犹"的动词义为"如同"、"好比"、"好像"等。"犹"的虚词用法是从其动词义引申而来的。"犹"作副词、连词和介词。连词"犹"和介词"犹"两汉以后逐渐少用，以至消失。副词"犹"自南北朝以后又产生了一些新义，如"独"、"只"、"已经"等，但这些新义在现代汉语中又消失了。②

大

在《孔传》中，"大"可作程度副词、状态副词、推度副词，凡97例。其中，"大"作状态副词，用于句中动词谓语前面，作状语，表动作行为的状态，可译为"广泛地"、"大规模地"、"大量地"等。凡14例，诸如：

(1) 帝先安所止，动则天下大应之，顺命以待帝志。(《益稷》)

(2) 民不循教，发善言大告用诚于众。(《盘庚中》)

(3) 大下汝民命，谓诛四国君。(《多士》)

(4) 天惟是桀恶，故更求民主以代之，大下明美之命于成汤，使王天下。(《多方》)

(5) 今军人惟大放舍牺牢之牛马，言军所在必放牧也。(《费誓》)

(6) 今我何敢多诰汝而已，我惟大下汝四国民命。(《多方》)

(7) 王大发大命，临群臣，必斋戒沐浴。(《顾命》)

(8) 继汝先祖故所服，忠勤无辱累祖考之道，大布五常之教，用和民

---

① (东汉) 许慎：《说文解字》，北京：中华书局，1963年，第205页。

② 中国社会科学院语言研究所古代汉语研究室编《古代汉语虚词词典》，北京：商务印书馆，1999年，第743页。

令有法则。(《君牙》)

复

在《孔传》中，"复"作状态副词，凡 12 例。用于句中动词谓语前面，作状语，表动作行为再次发生或重复出现，可译为"又"、"再"等。诸如：

(1) 舜服尧丧三年毕，将即政，故复至文祖庙告。(《舜典》)

(2) 今汝其复言桀恶，其亦如我所闻之言。(《汤誓》)

(3) 言天下事已之我周矣，不贰之佗，惟汝殷王家已之我，不复有变。(《多士》)

(4) 皆非长养牛马之地，欲使自生自死，示天下不复乘用。(《武成》)

(5) 周公尽礼致敬，言我复还明君之政于子。(《洛诰》)

(6) 惩丹朱之恶，辛日娶妻，至于甲日，复往治水，不以私害公。(《益稷》)

《说文解字》："复，行故道也。"① 本义为"反复"。用作副词，先秦时期已经有用例，如《论语·述而》："久矣，吾不复梦见周公。"

日

在《孔传》中，"日"可作时间副词、状态副词，凡 16 例。其中，"日"作状态副词，用于句中谓语前面，作状语，表动作行为或情况逐日进展，可译为"日渐"、"一天比一天"等。凡 8 例，诸如：

(1) 一意任贤，果于去邪，疑则勿行，道义所存于心，日以广矣。(《大禹谟》)

(2) 日新，不懈怠。(《仲虺之诰》)

(3) 为伪，饰巧百端，于心劳苦而事日拙，不可为。(《周官》)

(4) 病日至，言困甚。(《顾命》)

《说文解字》："日，实也。"② 《释名》："日，实也。光明盛实也。"

---

① (东汉)许慎：《说文解字》，北京：中华书局，1963 年，第 43 页。
② (东汉)许慎：《说文解字》，北京：中华书局，1963 年，第 137 页。

《说文通训定声》："太阳行一昼夜即命之为一日。"① 本义为"太阳"，后引申为表"时日"的"日"。用作副词，先秦时期已有用例，如《吕氏春秋·贵当》："如此者，国日安，主日尊。"后来，一直沿用至今。②

特

在《孔传》中，"特"可作程度副词、状态副词，凡 11 例。用于句中谓语前面，作状语。其中，"特"作状态副词，用于句中动词谓语前面，作状语，表动作行为是特意发出，可译为"特意"、"特地"等。凡 8 例。诸如：

（1）禹、垂、益、伯夷、夔、龙六人新命有职，四岳、十二牧凡二十二人，特敕命之。（《舜典》）

（2）特命久老之人，知文王故事者，大能远省识古事，汝知文王若彼之勤劳哉！（《大诰》）

（3）言卑于公，尊于卿，特置此三者。（《周官》）

《说文解字》："特，牛也。"③ 《玉篇》："特，牡牛也。"本义专指"公牛"，扩展为"牲畜中的雄兽"。由"公牛的体壮高大"而引申为"杰特"义。用作副词，先秦时期已有用例，如《左传·桓公二年》："特相会，往来称地，让事也。"后来，一直沿用于文言之中。④

互

在《孔传》中，"互"作状态副词，凡 7 例。

（一）"互"用于句中动词谓语前面，作状语，表动作行为相互或交错发出，可译为"相互"、"交错"等。凡 3 例。

（1）上下合止乐，各有柷敔，明球、弦、钟、钥，各自互见。（《益稷》）

---

① （清）朱骏声：《说文通训定声》，北京：商务印书馆，1984 年，第 631 页。

② 中国社会科学院语言研究所古代汉语研究室编《古代汉语虚词词典》，北京：商务印书馆，1999 年，第 454 页。

③ （东汉）许慎：《说文解字》，北京：中华书局，1963 年，第 29 页。

④ 中国社会科学院语言研究所古代汉语研究室编《古代汉语虚词词典》，北京：商务印书馆，1999 年，第 573 页。

（2）始生明，月三日，与死魄互言。（《武成》）

（3）别言罚属，合言刑属，明刑罚同属，互见其义以相备。（《吕刑》）

（二）"互"与"相"构成复合虚词"互相"，用于句中动词谓语前面，作状语，表动作行为交错发出，可译为"互相"。凡4例。

（1）春言日，秋言夜，互相备。（《尧典》）

（2）夏言服，殷言受，明受而服行之，互相兼也。（《召诰》）

（3）王言殡，太保言哜，互相备。（《顾命》）

（4）凡此皆先举所施功之山于上，而后条列所治水于下，互相备。（《禹贡》）

《说文解字》："𦆑，可以收绳也。……中象人手所推握也。互，𦆑或省。"①《说文解字注》："今绞绳者尚有此器。"② 本义是"绞绳器"，引申为"交错"、"彼此"等。约自汉代起，"互"作副词，用其引申义。例如，《史记·司马相如列传》："长啸哀鸣，翩幡互经。"后来，一直沿用至今。③

亲

在《孔传》中，"亲"作状态副词，凡6例。用于句中动词谓语前面，作状语，表动作行为是主体亲自去做，可译为"亲自"、"自己"等。

（1）天子亲征，必载迁庙之祖主行，有功则赏祖主前，示不专。（《甘誓》）

（2）天子亲征，又载社主，谓之社事，不用命奔北者，则戮之于社主前。（《甘誓》）

（3）凡民不循大常之教，犹刑之无赦，况在外掌众子之官主训民者而亲犯乎？（《康诰》）

（4）我不惟若此多诰汝，我亲行之。（《酒诰》）

（5）王宾异周公，杀牲精意以享文武，皆至其庙亲告也。（《洛诰》）

① （东汉）许慎：《说文解字》，北京：中华书局，1963年，第97页。
② （清）段玉裁：《说文解字注》，上海：上海古籍出版社，1981年，第195页。
③ 中国社会科学院语言研究所古代汉语研究室编《古代汉语虚词词典》，北京：商务印书馆，1999年，第244页。

（6）王亲征奄，灭其国，五月还至镐京。（《多方》）

《说文解字》："亲，至也。"① 《说文解字注》："情意恳到曰至，父母者，情之最至者也，故谓之亲。"② 用作副词，先秦时期已经有用例，如《左传·僖公六年》："武王亲释其缚。"后来，一直沿用至今。

详

在《孔传》中，"详"作状态副词，凡 6 例。用在于句中动词谓语前面，作状语，表是详细地、周遍地实施动作行为，可译为"详细地"、"都"等。

（1）详审汝视听，非礼义勿视听，无以邪巧之言易其常度，必断之以义，则我一人善汝矣。（《蔡仲之命》）

（2）恐不得结信出言嗣续我志，以此故，我详审教命汝。（《顾命》）

（3）帝尧详问民患，皆有辞怨于苗民。（《吕刑》）

（4）惟当清察罪人之辞，附以法理，其当详审能之。（《吕刑》）

（5）其所刑，其所罚，其当详审能之，无失中正。（《吕刑》）

（6）文王、武王之道，能详慎显用有德。（《文侯之命》）

《说文解字》："详，审议也。从言羊声。"③ 作副词用，为"详细"、"详尽"义。先秦时期已经有用例，如《孟子·离娄下》："孟子曰：博学而详说之，将以反说约也。"后来，一直沿用至今。"详"又有从本义引申为"周遍"义，用例多见于汉代汉语。"详"又通"佯"，《说文解字注》："又音羊，为详狂字。"④

正

在《孔传》中，"正"作状态副词，凡 6 例。用于句中动词谓语前面，作状语。

---

① （东汉）许慎：《说文解字》，北京：中华书局，1963 年，第 178 页。
② （清）段玉裁：《说文解字注》，上海：上海古籍出版社，1981 年，第 409 页。
③ （东汉）许慎：《说文解字》，北京：中华书局，1963 年，第 52 页。
④ （清）段玉裁：《说文解字注》，上海：上海古籍出版社，1981 年，第 92 页。

（一）"正"表前后两事或状态在某方面正相吻合或形成对照，可译为"刚好"、"正"等。凡 5 例。

（1）正绝流日乱。（《禹贡》）

（2）和天时使得正用五纪。（《洪范》）

（3）继先王之大业，恭奉其明德，正在今我小子旦。（《君奭》）

（4）言人为善为恶，各有百端，未必正同。（《蔡仲之命》）

（5）言今我伐纣，正是天人合同之时，不可违失。（《泰誓上》）

（二）"正"表动作行为的态度公正，可译为"正直地"。凡 1 例。

屏弃常法而不顾，箕子正谏而以为囚奴。（《泰誓下》）

《说文解字》："正，是也。……凡正之属皆从正。"又："是，直也。"①"正"作副词，是本义的引申义。用作副词，先秦时期已经见用例，如《论语·述而》："公西华曰：正唯弟子不能学也。"后来，一直沿用至今。②

尚

在《孔传》中，"尚"可作状态副词、关联副词，凡 8 例。其中，"尚"作状态副词，用于句中动词谓语前面，作状语，表动作行为或状态仍在继续，可译为"还"、"仍然"等。凡 5 例。

（1）先王有所服行，敬谨天命，如此尚不常安，有可迁辄迁。（《盘庚上》）

（2）火炎不可向近，尚可扑灭。（《盘庚上》）

（3）浮言不可信用，尚可得遏绝之。（《盘庚上》）

（4）无令若火始然，焰焰尚微，其所及，灼然有次序，不其绝。（《洛诰》）

（5）汝当庶几修德，尚盖前人之过。（《蔡仲之命》）

《说文解字》："尚，曾也，庶几也。"③《广雅·释诂》："尚，加也。"

---

① （东汉）许慎：《说文解字》，北京：中华书局，1963 年，第 39 页。

② 中国社会科学院语言研究所古代汉语研究室编《古代汉语虚词词典》，北京：商务印书馆，1999 年，第 830 页。

③ （东汉）许慎：《说文解字》，北京：中华书局，1963 年，第 28 页。

"尚"的本义为"增加"。"庶几"是表示愿望或推测之词，为心意之所加。虚词"尚"可用作副词和连词。副词"尚"是由其实词义辗转引申而来。先秦已有用例，如《孟子·滕文公上》："孟子曰：'吾固愿见。今吾尚病，病愈，我且往见。'"其用法，有的现代汉语中保留下来，有的消失了。连词"尚"是"倘"的通假字，用例只见于先秦。[①]

分

在《孔传》中，"分"作状态副词，凡4例。

（一）"分"用于句中谓语动词前面，作状语，表动作行为的状态由集体分散进行活动，可译为"分别"、"分开"等。凡3例。

（1）河水分流，包山而过，山见水中若柱然，在西虢之界。（《禹贡》）

（2）众正官之吏，分治其职，如日之有岁月。（《洪范》）

（3）德之所致，谓远夷之贡，以分赐异姓诸侯，使无废其职。（《旅獒》）

（二）"分"与"明"构成复合虚词"分明"，用于句中动词前，作状语，表动作行为十分明显，可译为"明白"、"明显"等。仅有1例。

群臣当分明相与谋念，和以相从，各设中正于汝心。（《盘庚中》）

《说文解字》："分，别也。"[②]本义是"别，用刀剖物也"，后引申为"分开"、"分别"等。用作副词，先秦时期已经有用例，如《荀子·富国》："古者先王分割而等异之也。"后来，一直沿用至今。

易

在《孔传》中，"易"作状态副词，凡4例。用于句中动词谓语前面，作状语，表动作行为易实现，可译为"容易"。

（1）言不吉之人当割绝灭之，无遗长其类，无使易种于此新邑。（《盘庚中》）

（2）言不可轻教令，易用兵。（《说命中》）

---

① 中国社会科学院语言研究所古代汉语研究室编《古代汉语虚词词典》，北京：商务印书馆，1999年，第489页。

② （东汉）许慎：《说文解字》，北京：中华书局，1963年，第28页。

（3）以朝臣无能立功至天，故其当视于此，我周受命无穷惟美，亦大惟艰难，不可轻忽，谓之易治。（《君奭》）

（4）惟察察便巧善为辩佞之言，使君子回心易辞，我前多有之，以我昧昧思之不明故也。（《秦誓》）

《说文解字》："易，蜥易，蝘蜓，守宫也。"① 本义是一种动物，后假借为"难易"的"易"。《说文解字注》："易本蜥易，语言假借而难易之义出焉。"② 用作副词，先秦时期已经有用例，如《墨子·辞过》："是以其民俭而易治，其君用财节而易赡也。"后来，一直沿用至今。

独

在《孔传》中，"独"作状态副词，凡 3 例。用于句中动词谓语前面，作状语，表动作行为独自进行，可译为"单独"。

（1）我不敢独知，亦王所知。（《召诰》）

（2）言我非敢独勤而已，惟恭敬奉其币帛，用供待王，能求天长命。（《召诰》）

（3）独言众狱、有司，欲其重刑，慎官人。（《立政》）

《说文解字》："独，犬相得而斗也。"③ 可引申为"单独"义。用作副词，先秦时期已经有用例，如《孟子·梁惠王上》："民欲与之偕亡，虽有台池鸟兽，岂能独乐哉？"后来，一直沿用至今。

过

在《孔传》中，"过"作状态副词，凡 3 例。用于句中形容词谓语前面，作状语，表状态、程度超过某种限度，可译为"过分"、"过于"等。

（1）游逸过乐，败德之原。（《大禹谟》）

（2）后王纣逸豫其过逸。（《多方》）

（3）非先祖不助子孙，以王淫过戏怠，用自绝于先王。（《西伯戡

---

① （东汉）许慎：《说文解字》，北京：中华书局，1963 年，第 198 页。

② （清）段玉裁：《说文解字注》，上海：上海古籍出版社，1981 年，第 664 页。

③ （东汉）许慎：《说文解字》，北京：中华书局，1963 年，第 205 页。

黎》)

《说文解字》："过，度也。"① 本义为"经过"。《广雅·释诂》："过，渡也。"由本义"经过"引申为"超越"、"超过"等。由动词"超过"又引申为"指动作行为或状态、程度超过了某种限度"。用作副词，先秦时期已有用例，如《国语·晋语三》："芮也，使寡人过杀我社稷之镇。"后来，一直沿用至今。②

合

在《孔传》中，"合"作状态副词，凡 3 例。用于句中谓语前面，作状语，表动作行为是由多方共同发出，可译为"共同"、"一起"等。

（1）能合受三六之德而用之，以布施政教，使九德之人皆用事。(《皋陶谟》)

（2）以五礼正诸侯，使同敬合恭而和善。(《皋陶谟》)

（3）别言罚属，合言刑属，明刑罚同属，互见其义以相备。(《吕刑》)

《说文解字》："合，人口也。"③ 本义为"应答"义。《说文通训定声》："按此即今所用之答字。"④ 例如，《左传·宣公二年》："既合而来奔。"作虚词，是本义的引申义。《说文解字注》："三口相同是为合，十口相传是为古，引申为凡会和之称。"⑤ 用作副词，先秦时期已经有用例，如《礼记·乐记》："故酒食者，所以合欢也。"后来，一直沿用至今。

疾

在《孔传》中，"疾"作状态副词，凡 3 例。用于句中谓语动词前面，作状语，表动作行为发出的迅速或竭力去做出某一动作行为，可译为"迅速"、"尽力"等。

---

① （东汉）许慎：《说文解字》，北京：中华书局，1963 年，第 39 页。
② 中国社会科学院语言研究所古代汉语研究室编《古代汉语虚词词典》，北京：商务印书馆，1999 年，第 191 页。
③ （东汉）许慎：《说文解字》，北京：中华书局，1963 年，第 108 页。
④ （清）朱骏声：《说文通训定声》，北京：商务印书馆，1984 年，第 107 页。
⑤ （清）段玉裁：《说文解字注》，上海：上海古籍出版社，1981 年，第 222 页。

（1）言王当疾行敬德，视古先民有夏之王，以为法戒之。（《召诰》）

（2）天已知我王今初服政，居新邑洛都，故惟王其当疾行敬德。（《召诰》）

（3）能知为君难，为臣不易，则其政治，而众民皆疾修德。（《大禹谟》）

《说文解字》："疾，病也。"① 《说文解字注》："析言之则病为疾加，浑言之则疾亦病也。按经传多训为'急也'、'速也'，此引申之义，如病之来多无期无迹也。"② "疾"本义是"重病"，引申为"来势迅猛快速"。用作副词，先秦时期已经有用例，如《左传·宣公十二年》："遂疾进师，车驰，卒奔，乘晋军。"后来，一直沿用于文言之中。③

杂

在《孔传》中，"杂"作状态副词，凡3例。用于句中动词谓语前面，作状语，表参差不齐义，可译为"交杂地"、"杂错地"等。

（1）田第九，赋第七，杂出第六。（《禹贡》）

（2）田第四，赋第二，又杂出第一。（《禹贡》）

（3）田第七，赋第八，杂出第七、第九三等。（《禹贡》）

《说文解字》："襍，五彩相合。从衣，集声。"④ 本义为"各种颜色相互配合"，引申为"混合"、"聚集"、"错杂"等义，均为实词义。"杂"的虚词义是从其实词义引申而来的。用作副词，先秦时期已经有用例，如《墨子·非攻下》："日月不至，寒暑杂至。"后来，一直沿用至今。⑤

重

在《孔传》中，"重"可作程度副词或状态副词，凡5例。其中，

① （东汉）许慎：《说文解字》，北京：中华书局，1963年，第154页。
② （清）段玉裁：《说文解字注》，上海：上海古籍出版社，1981年，第348页。
③ 中国社会科学院语言研究所古代汉语研究室编《古代汉语虚词词典》，北京：商务印书馆，1999年，第267页。
④ （东汉）许慎：《说文解字》，北京：中华书局，1963年，第172页。
⑤ 中国社会科学院语言研究所古代汉语研究室编《古代汉语虚词词典》，北京：商务印书馆，1999年，第799页。

"重"作状态副词,用在句中动词前面,作状语,表动作行为又一次发生,可译为"再次"、"重新"等。凡 3 例。

(1) 郊圻虽旧所规画,当重分明之。(《毕命》)

(2) 在昔上天,割制其义,重劝文王之德,故能成其大命于其身。(《君奭》)

(3) 重称字,亲之。(《文侯之命》)

《说文解字》:"重,厚也。"① 《说文解字注》:"引申之为郑重、重叠。"② 《说文通训定声》:"重,假借为緟。"又:"緟,凡重叠、重复字,经传皆以重为之。"③ 朱骏声认为,重作"重叠"、"重复"义时是"緟"的假借字。用作状态副词,先秦已经有用例,如《左传·僖公二十二年》:"君子不重伤,不禽二毛。"④

别

在《孔传》中,"别"作状态副词,凡 2 例。用于句中动词谓语前面,作状语。

(一)"别"表动作行为分开进行,可译为"分开"。仅有 1 例。

别流在荆州。(《禹贡》)

(二)"别"表动作行为在一定范围外进行,可译为"另外"。仅有 1 例。

又当别求所闻父兄用古先智王之道,用其安者以安民。(《康诰》)

《说文解字》:"冎,分解也。"⑤ 《说文解字注》:"分别、离别皆是也。"⑥《广雅·释诂》:"别,分也。"本义是"分解"、"分开"、"分别",后引申为"另外"、"不同"、"各"等。用作副词,先秦时期已经有用例,

---

① (东汉)许慎:《说文解字》,北京:中华书局,1963 年,第 169 页。

② (清)段玉裁:《说文解字注》,上海:上海古籍出版社,1981 年,第 388 页。

③ (清)朱骏声:《说文通训定声》,北京:商务印书馆,1984 年,第 30 页。

④ 中国社会科学院语言研究所古代汉语研究室编《古代汉语虚词词典》,北京:商务印书馆,1999 年,第 58 页。

⑤ (东汉)许慎:《说文解字》,北京:中华书局,1963 年,第 86 页。

⑥ (清)段玉裁:《说文解字注》,上海:上海古籍出版社,1981 年,第 180 页。

如《国语·晋语九》："智果别族于太史为辅氏。"后来，一直沿用至今。①

错

在《孔传》中，"错"作状态副词，凡 2 例。用于句中动词谓语前面，作状语，表动作行为交错发出，可译为"交错"。

（1）八音能谐，理不错夺，则神人咸和。（《舜典》）

（2）此戎夷帝王所羁縻统叙，故错居九州之内，秦始皇逐出之。（《费誓》）

《说文解字》："错，金涂也。"②《说文解字注》："'涂'俗作'塗'，又或作'搽'，谓以金措其上也。""或借为这道字，东西曰这，邪行曰遗也。"③ 此为本义，假借为"这道"之"道"。"错"的虚词义由"交错"义引申而来。用作副词，先秦时期已经有用例，如《庄子·外物》："阴阳错行，则天地大絯。"后来，一直沿用到今。④

更

在《孔传》中，"更"可作范围副词、状态副词、程度副词，凡 8 例。其中，"更"作状态副词，用于句中动词谓语前面，作状语，表动作行为重复发出，可译为"再次"。仅有 1 例。

使桓、毛二臣各执干戈，于齐侯吕伋索虎贲百人，更新逆门外，所以殊之。（《顾命》）

此外，"更"与"相"组合，构成复合虚词"更相"。作状态副词，用于句中动词谓语前面，表不同主体之间是一种相互对待关系，可译为"互相"。仅有 1 例。

更相规阙，百工各执其所治技艺以谏，谏失常。（《胤征》）

---

① 中国社会科学院语言研究所古代汉语研究室编《古代汉语虚词词典》，北京：商务印书馆，1999 年，第 27 页。

② （东汉）许慎：《说文解字》，北京：中华书局，1963 年，第 295 页。

③ （清）段玉裁：《说文解字注》，上海：上海古籍出版社，1981 年，第 705、71 页。

④ 中国社会科学院语言研究所古代汉语研究室编《古代汉语虚词词典》，北京：商务印书馆，1999 年，第 72 页。

故

在《孔传》中，"故"作状态副词，凡2例。用于句中动词谓语前面，作状语，表动作行为是故意做出的，可译为"故意"、"有意"等。

（1）不忌故犯，虽小必刑。（《大禹谟》）

（2）言能明文王德，蹈行显见，覆冒下民，彰闻上天，惟是故受有殷之王命。（《君奭》）

《说文解字》："故，使为之也。"① 《尔雅·释诂》："古，故也。"例如，《礼记·玉藻》："君无故不杀牛，大夫无故不杀羊，士无故不杀犬豕。"郑玄注曰："故，谓祭祀之属。"如《礼记·祭义》："以事天地山川社稷先古。"郑玄注曰："先古，先祖也。"由此看，"故"的源头就是"古"，最初也许就是祭祀先祖的专名。甲骨文中无"故"，而"古"就用为祭名。至于副词"故"的用法，句例见于先秦，如《韩非子·喻老》："居十日，扁鹊望桓侯而还走，桓侯故使人问之。"②

历

在《孔传》中，"历"作状态副词，凡2例。用于句中动词谓语前面，作状语，表动作行为的连续性，可译为"逐一"。诸如：

（1）因禹让三臣，故历述之。（《舜典》）

（2）历试二年，摄位二十八年。（《舜典》）

《说文解字》："历，过也。"③《尔雅·释诂》："历，傅也。"《尔雅义疏》："《小尔雅》云：'傅，近也。'历者，过也、经也。凡所经过涉历，即为近箸，故历训傅也。"本义是"经过"。虚词"历"是由其本义引申而来。用作副词，先秦已有用例，如《尚书·盘庚下》："今予其敷心腹肾

---

① （东汉）许慎：《说文解字》，北京：中华书局，1963年，第67页。

② 中国社会科学院语言研究所古代汉语研究室编《古代汉语虚词词典》，北京：商务印书馆，1999年，第181页。

③ （东汉）许慎：《说文解字》，北京：中华书局，1963年，第38页。

肠，历告而百姓于朕志。"后来，一直沿用于文言之中。①

宁

在《孔传》中，"宁"作状态副词，凡 2 例。

（一）"宁"用于句中动词谓语前面，作状语，表对动作行为的坚决态度，可译为"宁可"。仅有 1 例。

无敢有无畏之心，宁执非敌之志，伐之则克矣。（《泰誓中》）

（二）"宁"与"不"构成固定格式，表取舍之间意志坚决，可译为"宁可……不……"。仅有 1 例。

宁失不常之罪，不枉不辜之善，仁爱之道。（《大禹谟》）

《说文解字》："宁，愿词也。"② 虚词"宁"是由本义引申而来的。用作副词，先秦时期已经有用例，如《左传·宣公十七年》："若绝君好，宁死归焉。"后来，一直沿用于文言之中。③

旁

在《孔传》中，"旁"作状态副词，凡 2 例。用在句中动词谓语前，表动作行为涉及很广，可译为"广泛"。

（1）审所梦之人，刻其形象，以四方旁求之于民间。（《说命上》）

（2）四方旁来为敬敬之道，以迎太平之政，不迷惑于文武所勤之教。（《洛诰》）

《说文解字》："旁，溥也。"④ 意为"普遍"、"广泛"，又假借为"旁侧"的"旁"。《同源字典》："'旁'的本义是'溥'；后人以为'旁边'的'旁'，古义遂亡。"⑤ "旁"常用作副词，其"普遍"、"广泛"义，多

---

① 中国社会科学院语言研究所古代汉语研究室编《古代汉语虚词词典》，北京：商务印书馆，1999 年，第 342 页。
② （东汉）许慎：《说文解字》，北京：中华书局，1963 年，第 307 页。
③ 中国社会科学院语言研究所古代汉语研究室编《古代汉语虚词词典》，北京：商务印书馆，1999 年，第 391 页。
④ （东汉）许慎：《说文解字》，北京：中华书局，1963 年，第 7 页。
⑤ 王力：《同源字典》，北京：商务印书馆，1982 年，第 351 页。

见于先秦两汉，如《国语·晋语五》："乃使旁告于诸侯，治兵振旅，鸣钟鼓，以至于宋。"其"旁侧"义，从先秦一直沿用至今，如《孙膑兵法·略甲》："左右旁伐以相趋，此为钩击。"①

群

在《孔传》中，"群"作状态副词，凡2例。用于句中动词前面，作状语，表动作行为由群体共同发出，可译为"成群地"。

（1）群行攻劫曰寇，杀人曰贼。（《舜典》）

（2）其有诰汝曰："民群聚饮酒。"（《酒诰》）

《说文解字》："群，辈也。"②"群"的本义是"羊的群体"。后来，引申为"凡类聚之称"。用作副词，先秦时期已经有用例，如《庄子·马蹄》："万物群生，连属其乡，禽兽成群，草木遂长。"后来，一直沿用至今。③

善

在《孔传》中，"善"作状态副词，凡2例。用于句中动词谓语前面，作状语，表擅长某种动作行为，可译为"善于"。

（1）言当善简汝甲铠胄兜鍪，施汝楯纷，无敢不令至攻坚使可用。（《费誓》）

（2）惟察察便巧善为辨佞之言，使君子回心易辞，我前多有之，以我昧昧思之不明故也。（《秦誓》）

《说文解字》："善，吉也。"④ 本义为"完善"、"完美"等。虚词义是由其本义引申而来。用作副词，先秦时期已经有用例，如《庄子·逍遥游》："宋人有善为不龟手之药者。"后来，一直沿用至今。⑤

---

① 中国社会科学院语言研究所古代汉语研究室编《古代汉语虚词词典》，北京：商务印书馆，1999年，第396页。

② （东汉）许慎：《说文解字》，北京：中华书局，1963年，第78页。

③ 中国社会科学院语言研究所古代汉语研究室编《古代汉语虚词词典》，北京：商务印书馆，1999年，第441页。

④ （东汉）许慎：《说文解字》，北京：中华书局，1963年，第58页。

⑤ 中国社会科学院语言研究所古代汉语研究室编《古代汉语虚词词典》，北京：商务印书馆，1999年，第488页。

专

在《孔传》中，"专"作状态副词，凡 2 例。用于句中谓语前面，作状语，表任性去做某事或专门去做某事，可译为"擅自"、"专门"等。

（1）无考无信验，不询专独，终必无成，故戒勿听用。（《大禹谟》）

（2）诸侯有大功，赐弓矢，然后专征伐。（《文侯之命》）

《说文解字》："专，六寸簿也。一曰专，纺专。"① 虚词与本义无关，而是"嫥"的假借字。《说文通训定声》："专，假借为'嫥'。"又，"嫥，壹也。经传皆以专为之。"② 用作副词，先秦时期已经有用例，如《左传·昭公二十七年》："鄢氏、费氏自以为王，专祸楚国，弱寡王室，蒙王与令尹以自利也。"后来，一直沿用至今。

迭

在《孔传》中，"迭"作状态副词，仅有 1 例。用于句中动词谓语前面，作状语，表动作行为连续出现，可译为"接连地"。

二十八宿迭见以叙气节，十二辰以纪日月所会。（《洪范》）

《说文解字》："迭，更迭也。"③《广雅·释诂》："迭，代也。"本义是"轮流"、"更换"，如《诗经·邶风·柏舟》："日居月诸，胡迭而微。"当"迭"字用在动词前面即虚化为副词，作状语。这种用法在先秦即已存在，如《庄子·天运》："四时迭起，万物循生。"后来，一直沿用于文言中。现代汉语书面语也使用。④

恭

在《孔传》中，"恭"作状态副词，仅有 1 例。用于句中动词谓语前

---

① （东汉）许慎：《说文解字》，北京：中华书局，1963 年，第 67 页。

② （清）朱骏声：《说文通训定声》，北京：商务印书馆，1984 年，第 758 页。

③ （东汉）许慎：《说文解字》，北京：中华书局，1963 年，第 41 页。

④ 中国社会科学院语言研究所古代汉语研究室编《古代汉语虚词词典》，北京：商务印书馆，1999 年，第 101 页。

面，作状语，表恭敬地发出某种动作行为，可译为"恭敬地"。诸如：

于为人弟不念天之明道，乃不能恭事其兄，是不恭。(《康诰》)

《说文解字》："恭，肃也。"[1] 《尔雅·释诂》："恭，敬也。"本义是"恭肃"、"恭敬"。"恭"作虚词用是由本义引申而来的。用作副词，表"谦卑"。先秦时期已经有用例，如《尚书·盘庚下》："朕及笃敬，恭承民命，用永地于新邑。"后来，一直沿用至今。[2]

果

在《孔传》中，"果"作状态副词，仅出现 1 例。用于句中动词谓语前，作状语，表事态结果和预想一样，可译为"果真"。

亦当果敢绝刑戮之道，用治民。戒以慎罚。(《召诰》)

《说文解字》："果，木实也。"[3] 虚词"果"与本义无关，而是假借字。《广雅·释诂》："果，信也。"用作副词，先秦时期已经有用例，如《国语·晋语一》："骊姬果作难，杀太子而逐二公子。"后来，一直沿用于文言之中。[4]

默

在《孔传》中，"默"作状态副词，仅出现 1 例。用于句中动词谓语前面，作状语，表动作行为无言地发出，可译为"默默地"。

天不言而默定下民，是助合其居，使有常生之资。(《洪范》)

《说文解字》："默，犬暂逐人也。"[5] 这一意义早已消失。"默"还有"寂静"、"不语"等，均为实词义。"默"的虚词用法是由"寂静"、"不语"引申而来。作副词，句例见于先秦，如《论语·述而》："默而识之，

---

① （东汉）许慎：《说文解字》，北京：中华书局，1963 年，第 218 页。

② 中国社会科学院语言研究所古代汉语研究室编《古代汉语虚词词典》，北京：商务印书馆，1999 年，第 176 页。

③ （东汉）许慎：《说文解字》，北京：中华书局，1963 年，第 118 页。

④ 中国社会科学院语言研究所古代汉语研究室编《古代汉语虚词词典》，北京：商务印书馆，1999 年，第 189 页。

⑤ （东汉）许慎：《说文解字》，北京：中华书局，1963 年，第 204 页。

学而不厌。"后来，一直沿用至今。①

矫

在《孔传》中，"矫"作状态副词，仅出现 1 例。用于句中动词谓语前面，作状语，表动作行为是欺骗发出，可译为"假"、"虚"等。

以相夺攘，矫称上命，若固有之。(《吕刑》)

《说文解字》："矫，揉箭箝也。"② 本义是"矫正箭杆的工具"。"矫正"这一动作也称为"矫"。《广雅·释诂》："正曲使直也。"《说文解字注》："矫引申之为凡矫枉之称，凡云娇诏者，本不然而云然也。"③ 用作副词，先秦时期已有用例，表动作行为的方式，如《左传·桓公六年》："今民馁而君逞欲，祝史矫举以祭，臣不知其可也。"后来，一直沿用至今。④

轻

在《孔传》中，"轻"作状态副词，仅出现 1 例。用于句中动词谓语前面，作状语，表动作行为是轻率的、不谨慎的，可译为"轻易地"、"轻率地"等。

无简核诚信，不听理具狱，皆当严敬天威，无轻用刑。(《吕刑》)

《说文解字》："轻，轻车也。"⑤《说文解字注》："轻本车名。故字从车，引申为凡轻重之轻。"⑥ "轻"的引申义常用为实词，如《老子·第六十九章》："祸莫大于轻敌。"用作副词，战国时期已见用例，如《荀子·

① 中国社会科学院语言研究所古代汉语研究室编《古代汉语虚词词典》，北京：商务印书馆，1999 年，第 375 页。
② (东汉) 许慎：《说文解字》，北京：中华书局，1963 年，第 110 页。
③ (清) 段玉裁：《说文解字注》，上海：上海古籍出版社，1981 年，第 226 页。
④ 中国社会科学院语言研究所古代汉语研究室编《古代汉语虚词词典》，北京：商务印书馆，1999 年，第 297 页。
⑤ (东汉) 许慎：《说文解字》，北京：中华书局，1963 年，第 301 页。
⑥ (清) 段玉裁：《说文解字注》，上海：上海古籍出版社，1981 年，第 721 页。

议兵》："重用兵者强，轻用兵者弱。"后来，一直沿用至今。①

任

在《孔传》中，"任"作状态副词，仅出现 1 例。用于句中动词谓语前面，作状语，表对动作行为不加控制，可译为"任意"、"随便"等。

苗民任夺货奸人，断制五刑，以乱加无罪。(《吕刑》)

《说文解字》："任，保也。"②《说文解字注》："任之训保，则保引申之义，如今言保举是也。""引申之凡儋（担）何（荷）曰任。"③《说文通训定声》："《广雅·释诂一》：'任，使也。'《礼记·祭义》：'斑白者不以其任行乎道路。'注：所担持也。又《鲁语》：'不能任重。'注：胜也。任，胜一声之转。又借为凭，俗作'偬'、'憑'。"④ 本义是"保举"，引申为"担负"、"胜（任）"、"使"，又假借为"凭"。可用作助动词、介词、副词、连词等。用作副词，用例比较晚见；唐宋时期比较普遍使用，后来一直沿用于文言之中。⑤

审

在《孔传》中，"审"作状态副词，仅出现 1 例。用于句中动词谓语前面，作状语，表慎重、认真地做出某一动作行为，可译为"认真地"、"慎重地"等。

恐不得结信出言嗣续我志，以此故，我详审教命汝。(《顾命》)

《说文解字》："宷，悉也。知宷谛也。"⑥"审"古作"宷"。本义为"详细"、"明悉"，又引申为"审定"、"慎重"等实词义。作虚词的"审"

---

① 中国社会科学院语言研究所古代汉语研究室编《古代汉语虚词词典》，北京：商务印书馆，1999 年，第 431 页。

② （东汉）许慎：《说文解字》，北京：中华书局，1963 年，第 165 页。

③ （清）段玉裁：《说文解字注》，上海：上海古籍出版社，1981 年，第 375 页。

④ （清）朱骏声：《说文通训定声》，北京：商务印书馆，1984 年，第 150 页。

⑤ 中国社会科学院语言研究所古代汉语研究室编《古代汉语虚词词典》，北京：商务印书馆，1999 年，第 457 页。

⑥ （东汉）许慎：《说文解字》，北京：中华书局，1963 年，第 152 页。

是由实词义引申而来的。用作副词，先秦时期已经有用例，如《礼记·曲礼下》："祭祀之礼，居丧之服，哭泣之位，皆如其国之故，谨修其法而审行之。"后来，一直沿用至今。[1]

肆

在《孔传》中，"肆"作状态副词，仅出现 1 例。用于句中谓语前面，作状语，表动作行为放纵而不加约束，可译为"恣意"。

傲戏而为虐，无昼夜，常頟頟肆恶无休息。(《益稷》)

《说文解字》："肆，极陈也。"[2]《说文解字注》："极陈者，穷极而列之也。"[3]《尔雅·释诂》："肆，故也，今也。"又《释言》："肆，力也。"《玉篇》："肆，遂也。""肆"，隶书写作"肆"，本义是"尽量陈列"，引申为"极"、"纵恣"、"放恣"等，又借为"故"、"今"、"遂"等。用作副词，先秦时期已经有用例，如《左传·昭公二十年》："内宠之妾，肆夺于市。"后来，一直沿用于文言之中。[4]

枉

在《孔传》中，"枉"作状态副词，仅出现 1 例。用于句中动词谓语前面，作状语，表动作行为是错误发出的，可译为"错误地"。

开放无罪之人，必无枉纵，亦能用劝善。(《多方》)

《说文解字》："枉，衺曲也。"[5]《说文解字注》："本谓木衺曲，因以为凡衺曲之称。"[6] 本义是"木弯曲不直"，后引申为"屈枉、不直的事情"。用作副词，先秦时期已经有用例，如《楚辞·惜誓》："俗流从而不

---

① 中国社会科学院语言研究所古代汉语研究室编《古代汉语虚词词典》，北京：商务印书馆，1999 年，第 501 页。
② （东汉）许慎：《说文解字》，北京：中华书局，1963 年，第 196 页。
③ （清）段玉裁：《说文解字注》，上海：上海古籍出版社，1981 年，第 117 页。
④ 中国社会科学院语言研究所古代汉语研究室编《古代汉语虚词词典》，北京：商务印书馆，1999 年，第 550 页。
⑤ （东汉）许慎：《说文解字》，北京：中华书局，1963 年，第 119 页。
⑥ （清）段玉裁：《说文解字注》，上海：上海古籍出版社，1981 年，第 250 页。

止兮，众枉聚而矫直。"后来，一直沿用至今。①

转

在《孔传》中，"转"作状态副词，仅出现1例。用在句中谓语前面，作状语，表从一种情况到另外一种情况，可译为"辗转"。

以正仲春之气节，转以推季孟则可知。（《尧典》）

《说文解字》："转，还也。"② 《说文解字注》："还者，复也。复者，往来也。"③ 本义是"往来"，引申为"辗转"、"回转"、"移徙"等。用作副词，见于先秦用例，如《韩非子·难言》："伯里子道乞，傅说转鬻，孙子膑脚于魏，吴起收泣于岸门。"后来，一直沿用至今。④

从以上分析看，在《孔传》中，状态副词凡45个，占整个副词总数量的比例比较高。在语法功能上，这类副词主要用于句中动词谓语前面，个别可以出现于句中形容词谓语前面，如"犹"、"专"等。在语音形式上，多数为单音节副词，也有"相与"、"互相"、"相率"、"更相"、"分明"等少数复音节副词；两者在数量、出现频率上相差比较悬殊。同时，在这类副词中，"亦"、"犹"、"大"、"日"、"特"、"尚"、"更"等词不仅作状态副词，还可以作其他类别副词，存在兼类现象。从《孔传》状态副词的传承流变看，大多数副词是继承先秦汉语而来，汉代新产生的仅有"更相"；部分状态副词沿用到现代汉语中，如"相"、"相与"、"明"、"日"、"互"、"正"、"分"、"易"、"过"、"独"、"合"、"杂"、"重"、"别"、"善"、"专"、"旁"、"恭"、"默"等。

---

① 中国社会科学院语言研究所古代汉语研究室编《古代汉语虚词词典》，北京：商务印书馆，1999年，第587页。

② （东汉）许慎：《说文解字》，北京：中华书局，1963年，第302页。

③ （清）段玉裁：《说文解字注》，上海：上海古籍出版社，1981年，第72页。

④ 中国社会科学院语言研究所古代汉语研究室编《古代汉语虚词词典》，北京：商务印书馆，1999年，第864页。

第二节　时间副词

时间副词是指在句中表示与动作行为有关的时间状态的一类副词。杨伯峻、何乐士认为，"这类副词总的来说可以分为两大类：一是表示动作发生的时间在过去、现在或将来；二是表示动作发生或进行时的时间状态如何，如快慢缓急、短暂永久等等"①。这类副词一般出现于句中谓语前面，个别可用于句首；作状语，起修饰限制作用。在《孔传》中，时间副词凡 36 个。

今

在《孔传》中，"今"作时间副词，凡 59 例。用于句首或句中动词谓语前面，作状语，表动作行为发生的时间是在现在，可译为"现在"、"如今"等。诸如：

（1）非我小子敢行此事，桀有昏德，天命诛之，今顺天。（《汤誓》）

（2）古之用刑，父子兄弟罪不相及，今云孥戮汝，无有所赦，权以胁之，使勿犯。（《汤誓》）

（3）言我先王安汝父祖之忠，今汝不忠汝父祖，必断绝弃汝命，不救汝死。（《盘庚中》）

（4）今我不罪汝，汝勿共怒我，合比凶人而妄言。（《盘庚下》）

（5）文王率诸侯以事纣，内秉王心，纣不能制，今又克有黎国，迫近王圻，故知天已毕讫殷之王命。（《西伯戡黎》）

（6）于我小子先卜敬成周道，若谓今四国不可征，则王室有害，故宜从卜。（《大诰》）

（7）叹今伐四国必克之故，以告诸侯及臣下御治事者。（《大诰》）

（8）汝今往之国，当分别播布德教，以立民大善之誉。（《康诰》）

（9）今移徙汝于洛邑，使汝远于恶俗，比近臣我宗周，多为顺道。

---

① 杨伯峻、何乐士：《古汉语语法及其发展》，北京：语文出版社，2003 年，第 230 页。

(《多士》)

(10) 今汝惟是敬顺居汝邑，继汝所当居为，则汝其有安事，有丰年于此洛邑。(《多士》)

(11) 今与汝留辅成王，欲收教无自勉不及道义者，立此化，而老成德不降意为之。(《君奭》)

(12) 今至于汝君，谓纣，不能用汝众方，享天之命，故诛灭之。(《多方》)

(13) 今惟殷纣无道，坠失天命，我其可不大视此为戒，抚安天下于是？(《酒诰》)

(14) 今汝殷之诸侯皆尚得居汝常居，臣民皆尚得畋汝故田，汝何不顺从王政，广天之命，而自怀疑乎？(《多方》)

(15) 言今我一二伯父，庶几相与顾念文武之道，安汝先公之臣，服于先王而法循之。(《康王之诰》)

《说文解字》："今，是时也。"① 与"古"相对而言。虚词"今"常作时间副词，先秦时期已经有用例，如《左传·僖公三十年》："臣之壮也，犹不如人；今老矣，无能为也已。"后来，一直沿用至今。②

已

在《孔传》中，"已"作时间副词、程度副词，凡 54 例。其中，"已"作时间副词，用在句中动词前面，表行为动作已经完成或者情况已经如此，可译为"已经"。凡 51 例，诸如：

(1) 二水已治，从其故道，大陆之地已可耕作。(《禹贡》)

(2) 文王率诸侯以事纣，内秉王心，纣不能制，今又克有黎国，迫近王圻，故知天已毕讫殷之王命。(《西伯戡黎》)

(3) 父已致法，子乃不肯为堂基，况肯构立屋乎？(《大诰》)

(4) 言为君监民，惟若农夫之考田，已劳力布发之，惟其陈列修治，

---

① (东汉)许慎：《说文解字》，北京：中华书局，1963 年，第 108 页。
② 中国社会科学院语言研究所古代汉语研究室编《古代汉语虚词词典》，北京：商务印书馆，1999 年，第 302 页。

为其疆畔畎垄，然后功成。（《梓材》）

（5）禹亦面考天心而顺之，今是桀弃禹之道，天已坠其王命。（《召诰》）

（6）殷已坠失其王命，我有周道至已受之。（《君奭》）

（7）此群臣已受顾命，各还本位。（《顾命》）

（8）已听诰命，趋出罢退，诸侯归国，朝臣就次。（《康王之诰》）

"已"，《尔雅》："已，成也。"《广韵》："已，止也。"① 本义是"完毕"、"停止"。用作副词，见于先秦用例，如《论语·微子》："道之不行，已之矣。"后来，一直沿用到今。②

常

在《孔传》中，"常"作时间副词，凡36例。

（一）"常"用于句中动词谓语前面，作状语，表动作行为经常发生，可译为"经常"。凡14例，诸如：

（1）三物皆出云梦之泽，近泽三国常致贡之，其名天下称善。（《禹贡》）

（2）常舞则荒淫。（《伊训》）

（3）恐来世论道我放天子，常不去口。（《仲虺之诰》）

（4）言常念虑道德，则得道德；念为善政，则成善政。（《太甲下》）

（5）昧求财货美色，常游戏畋猎，是淫过之风俗。（《伊训》）

（6）傅氏之岩，在虞虢之界，通道所经，有涧水坏道，常使胥靡刑人筑护此道。（《说命上》）

（7）教之皆无常饮酒。（《酒诰》）

（二）"常"用于句中动词谓语前，作状语，表情况或者状态经常存在，可译为"通常"、"总是"等。凡22例，诸如：

（1）言天子常戒慎，无怠惰荒废，则四夷归往之。（《大禹谟》）

① （宋）陈彭年等：《宋本广韵》，南京：江苏教育出版社，2002年，第72页。
② 中国社会科学院语言研究所古代汉语研究室编《古代汉语虚词词典》，北京：商务印书馆，1999年，第710页。

(2) 言当常自危惧，以保其位。(《太甲下》)

(3) 天之祸福，惟善恶所在，不常在一家。(《伊训》)

(4) 大于天，为顺德，则不见废，常在王命。(《康诰》)

(5) 发言常在是文武，则天美周家，日益至矣，惟是文武不胜受。(《君奭》)

(6) 言虽汝身在外土之为诸侯，汝心常当忠笃，无不在王室。(《康王之诰》)

《说文解字》："常，下裙也。"①《说文通训定声》："常，假借为'长'。"②《说文解字注》认为其是本义的引申义③。用作副词，先秦时期已经有用例，如《尚书·盘庚上》："先王有服，恪谨天命，兹犹不常宁。"后来，一直沿用至今。④

将

在《孔传》中，"将"可作时间副词、推度副词，凡39例。其中，"将"作时间副词，凡35例。

(一)"将"作时间副词，用于句中动词谓语前面，作状语，表动作行为快要发生、情况即将出现，可译为"即将"、"快要"等。凡29例，诸如：

(1) 舜服尧丧三年毕，将即政，故复至文祖庙告。(《舜典》)

(2) 天将绝命，尚无知之，况能从先王之业乎？(《盘庚上》)

(3) 言立君臣上下，将陈为治之本，故先举其始。(《说命中》)

(4) 言殷将没亡，如涉大水，无涯际，无所依就。(《微子》)

(5) 癸亥夜陈，甲子朝誓，将与纣战。(《牧誓》)

(6) 言我不敢闭绝天所下威用而不行，将欲伐四国。(《大诰》)

(7) 将定下都，迁殷顽民，故并卜之。(《洛诰》)

---

① (东汉) 许慎：《说文解字》，北京：中华书局，1963年，第159页。

② (清) 朱骏声：《说文通训定声》，北京：商务印书馆，1984年，第889页。

③ (清) 段玉裁：《说文解字注》，上海：上海古籍出版社，1981年，第358页。

④ 中国社会科学院语言研究所古代汉语研究室编《古代汉语虚词词典》，北京：商务印书馆，1999年，第51页。

（8）天道罚不中，令众民无有善政在于天下，由人主不中，将亦罚之。（《吕刑》）

（9）若尔乃为逸豫颇僻，大弃王命，则惟汝众方取天之威，我则致行天罚，离逖汝土，将远徙之。（《多方》）

（10）臣子皆侍左右，将正太子之尊，故出于路寝门外。（《顾命》）

（二）"将"作时间副词，用于句中动词谓语前面，作状语，表主观上准备施行某种动作行为，可译为"打算"、"将要"等。凡6例。

（1）言我周亦法殷家，惟听用有德，故我敢求汝于天邑商，将任用之。（《多士》）

（2）谁能咸熙庶绩，顺是事者，将登用之。（《尧典》）

（3）在位七十年，则时年八十六，老将求代。（《尧典》）

（4）今不承古而徙，是无知天将断绝汝命。（《盘庚上》）

（5）以徙故，天将复汤德，治理于我家。（《盘庚下》）

（6）惟指今事为我所谋之人，我且将以为亲而用之。（《秦誓》）

《说文解字》："将，帅也。"[1] 本义为"率领"，引申为"扶"、"持"等。《说文通训定声》："将，假借为发声之词。"[2] 《广雅·释言》："将，且也。""将"用作副词，为假借字。先秦时期已经有用例，如《论语·述而》："其为人也，发愤忘食，乐以忘忧，不知老之将至云而。"后来，一直沿用于文言之中。[3]

长

在《孔传》中，"长"作时间副词，凡33例。

（一）"长"用于句中动词或形容词谓语前面，作状语，表动作行为或状态经常发生，可译为"常常"、"经常"等。凡9例，诸如：

（1）长敬我言，大忧行之，无相与绝远弃废之。（《盘庚中》）

（2）我长念天亡殷恶主，亦犹是矣。（《大诰》）

---

① （东汉）许慎：《说文解字》，北京：中华书局，1963年，第67页。
② （清）朱骏声：《说文通训定声》，北京：商务印书馆，1984年，第900页。
③ 中国社会科学院语言研究所古代汉语研究室编《古代汉语虚词词典》，北京：商务印书馆，1999年，第294页。

（3）我大惟教汝曰，汝能长观省古道，为考中正之德，则君道成矣。（《酒诰》）

（4）则如是信谗者，不长念其为君之道，不宽缓其心。（《无逸》）

（5）当长畏惧惟为天所罚，非天道不中，惟人在教命使不中，不中则天罚之。（《吕刑》）

（6）言自汤至于帝乙，皆能成其王道，长慎辅相，无不明有德，慎去刑罚，亦能用劝善。（《多方》）

（二）"长"用于句中动词或形容词谓语前面，作状语，表动作行为或状态长期存在，可译为"长期"、"永远"等。凡24例，诸如：

（1）言君臣各以其道，则国长信保于美。（《太甲下》）

（2）用布示民，必以德义，长任一心以事君。（《盘庚下》）

（3）秽恶除，则四海长清。（《泰誓上》）

（4）叹惜武王，言不救则坠天之宝命，救之则先王长有依归。（《金縢》）

（5）大汝烈祖成汤之道，以法度齐汝所有之人，则长安其位，以辅我一人。（《微子之命》）

（6）能长养民，长安民，用古王道如此，监无所复罪，当务之。（《梓材》）

（7）言上天欲民长逸乐，有夏桀为政不之逸乐，故天下至戒以谴告之。（《多士》）

（8）天所以不与桀，以其乃惟用汝多方之义民为臣，而不能长久多享国故。（《多方》）

（9）敬汝所用之狱，以长施行于我王国。（《立政》）

（10）言东夷、西戎、南蛮、北狄被发左衽之人，无不皆恃赖三君之德，我小子亦长受其多福。（《毕命》）

《说文解字》："长，久远也。"① 《说文解字注》："久者，不暂也；远者，不近也。"② 本义是"两点之间的距离大"，与"短"相对。一指空间距

---

① （东汉）许慎：《说文解字》，北京：中华书局，1963年，第196页。
② （清）段玉裁：《说文解字注》，上海：上海古籍出版社，1981年，第453页。

离大；一指时间上的距离大。从先秦起，"长"可用作副词，如《论语·里仁》："不仁者不可以久处约，不可以长处乐。"后来，一直沿用至今。①

先

在《孔传》中，"先"作时间副词，凡 31 例。用于句中动词谓语前面，作状语，表动作行为或现象最先发出或出现，可译为"首先"、"起先"等。诸如：

（1）皆服舜用刑当其罪，故作者先叙典刑而连引四罪，明皆征用所行，于此总见之。（《舜典》）

（2）官占之法，先断人志，后命于元龟，言志定然后卜。（《大禹谟》）

（3）帝先安所止，动则天下大应之，顺命以待帝志。（《益稷》）

（4）将陈羲和所犯，故先举孟春之令，犯令之诛。（《胤征》）

（5）言先尽其心，然后乃能尽其力，人君所以成功。（《咸有一德》）

（6）此年四月归宗周，先告武成，次问天道。（《洪范》）

（7）于我小子先卜敬成周道，若谓今四国不可征，则王室有害，故宜从卜。（《大诰》）

（8）亦其为君之道，当先敬劳民，故汝往治民，必敬劳来之。（《梓材》）

（9）言当先服治殷家御事之臣，使比近于我有周治事之臣，必和协，乃可一。（《召诰》）

（10）先戒以劳谦之德，次教以惟敬五刑，所以成刚柔正直之三德也。（《吕刑》）

（11）言养民之本在先修六府。（《大禹谟》）

（12）言立君臣上下，将陈为治之本，故先举其始。（《说命中》）

《说文解字》："先，前进也。"②《广雅·释诂》："先，始也。"本义为"（行进）在前"、"初始"。虚词"先"多用在与时间、方位有关的叙述上。作副词，先秦已有先例，如《左传·桓公六年》："夫民，神之主也，

---

① 中国社会科学院语言研究所古代汉语研究室编《古代汉语虚词词典》，北京：商务印书馆，1999 年，第 49 页。
② （东汉）许慎：《说文解字》，北京：中华书局，1963 年，第 177 页。

是以圣王先成民而后致力于神。"后来，一直沿用于文言中。①

又

在《孔传》中，"又"可作时间副词、关联副词、程度副词，凡 39 例。其中，"又"作时间副词，用于句中动词或形容词谓语前面，作状语，表动作行为重复出现或接连发出，可译为"再次"、"又"等。凡 29 例，诸如：

(1) 天子亲征，又载社主，谓之社事，不用命奔北者，则戮之于社主前。(《甘誓》)

(2) 文王率诸侯以事纣，内秉王心，纣不能制，今又克有黎国，迫近王圻，故知天已毕讫殷之王命。(《西伯戡黎》)

(3) 益因舜言又美尧也。(《大禹谟》)

(4) 我周公仁能顺父，又多材多艺，能事鬼神。(《金縢》)

(5) 召公既述周公所言，又自陈己意，以终其戒。(《召诰》)

(6) 王已祭，太保又祭。(《顾命》)

(7) 周公归政之明年，淮夷奄又叛。(《多方》)

《说文解字》："又，手也。"②《说文解字注》："此即今之右字。"③ 本义为"右手"。虚词"又"与本义无关，而是假借字。《说文通训定声》："又，假借为再。"④《助字辨略》："又，复也，更也。"⑤ 用作副词，先秦时期已经有用例，如《老子·第四十八章》："损之又损，以至于无为。"后来，一直沿用至今。

遂

在《孔传》中，"遂"作时间副词，凡 25 例。

---

① 中国社会科学院语言研究所古代汉语研究室编《古代汉语虚词词典》，北京：商务印书馆，1999 年，第 643 页。

② (东汉) 许慎：《说文解字》，北京：中华书局，1963 年，第 64 页。

③ (清) 段玉裁：《说文解字注》，上海：上海古籍出版社，1981 年，第 114 页。

④ (清) 朱骏声：《说文通训定声》，北京：商务印书馆，1984 年，第 198 页。

⑤ (清) 刘淇：《助字辨略》，北京：中华书局，2004 年，第 233 页。

（一）"遂"用于句中动词谓语前面，作状语，表动作行为的最后结果，可译为"最终"。凡7例，诸如：

（1）尧知其性很庚圮族，未明其所能，而据众言可试，故遂用之。（《尧典》）

（2）自彭蠡江分为三，入震泽，遂为北江而入海。（《禹贡》）

（3）耻过误而文之，遂成大非。（《说命中》）

（4）自河往居亳，与今其终，故遂无显明之德。（《说命下》）

（5）禹遂因而第之，以成九类，常道所以次叙。（《洪范》）

（二）"遂"用于分句中的动词谓语前面，作状语，表动作行为或情况在时间或事理上的顺承关系，可译为"于是"、"就"等。凡18例，诸如：

（1）帝谓尧也，舜因嘉言无所伏，遂称尧德以成其义。（《大禹谟》）

（2）鸟鼠共为雌雄，同穴处此山，遂名山曰鸟鼠，渭水出焉。（《禹贡》）

（3）于得九有之众，遂伐夏胜之，改其正。（《咸有一德》）

（4）三叔以周公大圣，有次立之势，遂生流言。（《金縢》）

（5）周公既告二公，遂东征之，二年之中，罪人斯得。（《金縢》）

（6）成王既受周公诰，遂就居洛邑，以十二月戊辰晦到。（《洛诰》）

（7）来朝而遇国丧，遂因见新王，敢执壤地所出而奠贽也。（《康王之诰》）

《说文解字》："遂，亡也。"[①] 这一本义在古汉语中已经基本不用，而由本义引申出来的"往"、"达"、"成"等，则变成常用义。后来，"遂"的这类意义如用来修饰动词，它的含义向"尽"、"遍"义方面转移。而"遂"如果在语段中表示前事之"遂成"，就滋生出连接上下文的语法意义。用作副词，先秦时期已有用例，如《礼记·月令》："庆赐遂行，毋有不当。"后来，一直沿用于文言之中。[②]

---

① （东汉）许慎：《说文解字》，北京：中华书局，1963年，第41页。

② 中国社会科学院语言研究所古代汉语研究室编《古代汉语虚词词典》，北京：商务印书馆，1999年，第561页。

始

在《孔传》中，"始"作时间副词，凡25例。

（一）"始"用在句中动词谓语前面或者句首，作状语，表施事的开端，可译为"开始"。凡19例，诸如：

（1）禹治水之后，舜分冀州为幽州、并州，分青州为营州，始置十二州。（《舜典》）

（2）始于任贤，立政以礼，治成以乐，所以太平。（《益稷》）

（3）泉始出山为漾水，东南流为沔水，至汉中东流为汉水。（《禹贡》）

（4）言汤始修为人纲纪，有过则改，从谏如流，必先民之言是顺。（《伊训》）

（5）始生魄，月十六日，明消而魄生。（《康诰》）

（6）惟天下教命，始令我民知作酒者，惟为祭祀。（《酒诰》）

（7）言王往日幼少，不敢及知天始命周家安定天下之命，故已摄。（《洛诰》）

（8）三苗之主，顽凶若民，敢行虐刑，以杀戮无罪，于是始大为截人耳鼻，椓阴，黥面，以加无辜，故曰"五虐"。（《吕刑》）

（9）言汝今始法文武之道矣。（《文侯之命》）

（二）"始"用在句首或者句中动词谓语前面，作状语，表追述过去事态开端，可译为"从前"、"最初"等。凡5例。

（1）始我商家，国于夏世，欲见翦除，若莠生苗，若秕在粟，恐被锄治簸扬。（《仲虺之诰》）

（2）始攻桀伐无道，由我始修德于亳。（《伊训》）

（3）此本说始伐纣时。（《武成》）

（4）废兴之迹，亦君所知，言殷家其始长信于美道，顺天辅诚，所以国也。（《君奭》）

（5）顺古有遗训，言蚩尤造始作乱，恶化相易，延及于平善之人。（《吕刑》）

（三）"始"用在句中谓语动词前面，作状语，表事态始成的时间，可译为"刚刚"。仅有1例。

言其始见试用。(《舜典》)

《说文解字》:"始,女之初也。"① 许慎以"妇女裁衣的开端"来解释"始"。"初"、"始"互训。实指"凡事的开端",可用为实词。这一义项远在西周年间已用在动词谓语或句首,以表示事情开始运作,如叙述连接发生的两件事,表示后事的开端。这些用法一直沿用至今。例如,《左传·隐公五年》:"於是初献六羽,始用六佾也。"②

终

在《孔传》中,"终"作时间副词,凡 16 例。用于句中动词谓语前面,作状语,表示动作行为或状态在时间上的各种情况。

(一)"终"表示动作行为具有时间上的连续性,可译为"始终"。凡 5 例。

(1) 虽或行刑,以杀止杀,终无犯者。(《大禹谟》)

(2) 言为天子勤此三者,则天之禄籍长终汝身。(《大禹谟》)

(3) 靡不有初,鲜克有终,故戒慎终如其始。(《仲虺之诰》)

(4) 如此我则终惟有成德之美,以治我所受之民。(《立政》)

(5) 非但我受多福而已,其汝之美名,亦终见称诵于长世。(《君陈》)

(二)"终"表示动作行为的最终结果,可译为"终于"、"终究"等。凡 11 例,诸如:

(1) 无考无信验,不询专独,终必无成,故戒勿听用。(《大禹谟》)

(2) 言立爱敬之道,始于亲长,则家国并化,终洽四海。(《伊训》)

(3) 天欲安民,我何敢不于前文王所受美命终毕之?(《大诰》)

(4) 自"戊辰"已下,史所终述。(《洛诰》)

(5) 言殷纣其终坠厥命,以出于不善之故,亦君所知。(《君奭》)

《说文解字》:"终,絿丝也。"③ 引申为"终结"义,表示"事物的最后结局"。"终"出现在句中谓语前面,即虚化为副词,可译为"终究"、

---

① (东汉)许慎:《说文解字》,北京:中华书局,1963 年,第 260 页。

② 中国社会科学院语言研究所古代汉语研究室编《古代汉语虚词词典》,北京:商务印书馆,1999 年,第 510 页。

③ (东汉)许慎:《说文解字》,北京:中华书局,1963 年,第 273 页。

"始终"等。作副词,先秦已有用例,如《左传·定公五年》:"叶公诸梁之弟后臧从其母于吴,不待而归。叶公终不正视。"后来,一直沿用至今。①

后

在《孔传》中,"后"作时间副词,凡 11 例。用于句中谓语动词前面,作状语,表行为动作发生在后面,可译为"然后"、"最后"等。诸如:

(1)先吁后戒,欲使听者精其言。(《大禹谟》)

(2)官占之法,先断人志,后命于元龟,言志定然后卜。(《大禹谟》)

(3)凡此皆先举所施功之山于上,而后条列所治水于下,互相备。(《禹贡》)

(4)召公于周公前相视洛居,周公后往。(《召诰》)

(5)昔我来从奄,谓先诛三监,后伐奄淮夷。(《多士》)

《说文解字》:"后,继体君也。"② 《说文通训定声》:"后,假借为'後'。"③ 现代汉语中这两个字都写作"后"。用为虚词的"后",是"后来"之"后",旧版古籍中一般都写作"後"。《说文解字》:"後,迟也。"④ 用作副词,先秦时期已有用例,如《孙子兵法·九地》:"是故始如处女,敌人开户;后如脱兔,敌不及拒。"后来,一直沿用于文言之中。⑤

久

在《孔传》中,"久"作时间副词,凡 11 例。

(一)"久"用于句中谓语动词前面,表动作行为在时间上持续比较

---

① 中国社会科学院语言研究所古代汉语研究室编《古代汉语虚词词典》,北京:商务印书馆,1999 年,第 857 页。

② (东汉)许慎:《说文解字》,北京:中华书局,1963 年,第 86 页。

③ (清)朱骏声:《说文通训定声》,北京:商务印书馆,1984 年,第 344 页。

④ (东汉)许慎:《说文解字》,北京:中华书局,1963 年,第 43 页。

⑤ 中国社会科学院语言研究所古代汉语研究室编《古代汉语虚词词典》,北京:商务印书馆,1999 年,第 230 页。

长，可译为"长久地"、"长期地"等。凡9例，诸如：

（1）待太康，怨其久畋失国。(《五子之歌》)

（2）言其余人久染污俗，本无恶心，皆与更新，一无所问。(《胤征》)

（3）言不徙无后计，汝何得久生在人上，祸将及汝。(《盘庚中》)

（4）汝微子，言能践汤德，久有善誉，昭闻远近。(《微子之命》)

（5）汤孙太甲，为王不义，久为小人之行，伊尹放之桐。(《无逸》)

（二）"久"用于句中形容词谓语前面，表现象、情况长时间如此，可译为"长"。凡2例。

（1）公其当用我万亿年敬天之美；十千为万，十万为亿，言久远。(《洛诰》)

（2）言伊尹至甘盘六臣佐其君，循惟此道，有陈列之功，以安治有殷，故殷礼能升配天，享国久长，多历年所。(《君奭》)

《说文解字》："久，从后炙之。象人两胫后有距也。"[①] 《说文解字注》："相距，则其候必迟，故引申为迟久。迟久之义行而本义废矣。"[②] 本义是"炙"，引申为"迟久"义。用作副词，先秦时期已经有用例，如《孟子·尽心上》："五霸，假之也。久假不归，恶知其非有也。"后来，一直沿用至今。[③]

既

在《孔传》中，"既"作时间副词，凡9例。用于句中谓语前面，作状语，表动作行为、状态已经出现或完成，可译为"已经"。诸如：

（1）春事既起，丁壮就功。(《尧典》)

（2）成王信流言而疑周公，故周公既诛三监，而作诗解所以宜诛之意以遗王，王犹未悟，故欲让公而未敢。(《金縢》)

（3）既得其辞，服膺思念五六日，至于十日，至于三月，乃大断之。(《康诰》)

① （东汉）许慎：《说文解字》，北京：中华书局，1963年，第114页。

② （清）段玉裁：《说文解字注》，上海：上海古籍出版社，1981年，第237页。

③ 中国社会科学院语言研究所古代汉语研究室编《古代汉语虚词词典》，北京：商务印书馆，1999年，第314页。

（4）农功既毕，始牵车牛，载其所有，求易所无，远行贾卖，用其所得珍异孝养其父母。（《酒诰》）

（5）太保既拜而祭，既祭，受福。（《顾命》）

《说文解字》："既，小食也。"① 《说文解字注》："引申之义为尽也、已也。"② 例如，《公羊传·桓公三年》："日有食之，既。既者何？尽也。""既"的虚词用法是从实词义引申而来。用作副词，见于先秦用例，如《诗经·小雅·出车》："既见君子，我心则降。"后来，一直沿用于文言之中。③

初

在《孔传》中，"初"作时间副词，凡8例。

（一）"初"用于句中动词谓语前面，作状语，表动作行为初始的时间，可译为"当初"、"开始"等。凡6例。

（1）西岳，华山。初谓岱宗。（《舜典》）

（2）顺舜初摄帝位故事奉行之。（《大禹谟》）

（3）言舜初耕于历山之时，为父母所疾，日号泣于旻天及父母，克己自责，不责于人。（《大禹谟》）

（4）旧，谓初征自葛时。（《仲虺之诰》）

（5）初造基，建作王城大都邑于东国洛汭，居天下上中，四方之民大和悦而集会。（《康诰》）

（6）自遗智命，无不在其初生，为政之道，亦犹是也。（《召诰》）

（二）"初"用于句中动词谓语前面，作状语，表动作行为刚发生，可译为"刚刚"。凡2例。

（1）言王新即政，始服行教化，当如子之初生，习为善，则善矣。（《召诰》）

（2）天已知我王今初服政，居新邑洛都，故惟王其当疾行敬德。（《召诰》）

---

① （东汉）许慎：《说文解字》，北京：中华书局，1963年，第106页。
② （清）段玉裁：《说文解字注》，上海：上海古籍出版社，1981年，第216页。
③ 中国社会科学院语言研究所古代汉语研究室编《古代汉语虚词词典》，北京：商务印书馆，1999年，第275页。

《说文解字》："初，始也。从刀衣，裁衣之始也。"① 《说文解字注》："《衣部》曰：裁，制衣也。制衣以针，用刀则为制衣之始，引申为凡始之称。"② 本义是"始"义。用作副词，先秦时期已经有用例，如《战国策·齐策一》："令初下，群臣进谏，门庭若市。"后来，一直沿用至今。③

日

在《孔传》中，"日"作时间副词，凡 8 例。

（一）"日"用于句中谓语前面，表行为动作天天发生，可译为"天天"、"每天"等。凡 6 例，诸如：

（1）言舜初耕于历山之时，为父母所疾，日号泣于旻天及父母，克己自责，不责于人。（《大禹谟》）

（2）帝用臣不是，则远近布同而日进于无功，以贤愚并位，优劣共流故。（《益稷》）

（3）我所言国家之难备矣，日思念之。（《大诰》）

（4）今汝无不用安自居，日当勤之。（《吕刑》）

（二）"日"构成复合虚词"日日"，用于句中动词或形容词前面，作状语，表行为动作天天发生，可译为"每天"。凡 2 例。

（1）言能日日布行三德，早夜思之，须明行之，可以为卿大夫。（《皋陶谟》）

（2）日日严敬其身，敬行六德，以信治政事，则可以为诸侯。（《皋陶谟》）

新

在《孔传》中，"新"作时间副词，凡 8 例。用于句中谓语动词前面，作状语，表事情刚刚发生或发生在不久以前，可译为"刚刚"、"新近"

① （东汉）许慎：《说文解字》，北京：中华书局，1963 年，第 91 页。
② （清）段玉裁：《说文解字注》，上海：上海古籍出版社，1981 年，第 388 页。
③ 中国社会科学院语言研究所古代汉语研究室编《古代汉语虚词词典》，北京：商务印书馆，1999 年，第 59 页。

等。诸如：

（1）禹、垂、益、伯夷、夔、龙六人新命有职，四岳、十二牧凡二十二人，特敕命之。（《舜典》）

（2）周公言，我小子新受三王之命，武王惟长终是谋周之道。（《金縢》）

（3）言王新即政，始服行教化，当如子之初生，习为善，则善矣。（《召诰》）

（4）我新还政，今任重在我小子旦，不能同于四方。（《君奭》）

《说文解字》："新，取木也。"① 《说文解字注》："取木者，新之本义。引申为凡始基之称。"② 《广雅·释言》："新，初也。""新"的本义为"取木"，引申为"初始"之义。用作副词，先秦时期已有用例，如《战国策·秦策三》："秦三世积节于韩魏，而齐之德新加与。"后来，一直沿用至今。③

本

在《孔传》中，"本"作时间副词，凡 5 例。用于句中动词谓语前，表所述事实的原始情况，可译为"本来"、"原本"等。

（1）言其余人久染污俗，本无恶心，皆与更新，一无所问。（《胤征》）

（2）此本说始伐纣时。（《武成》）

（3）本欲敬卜吉凶，今天意可知，故止之。（《金縢》）

（4）言酒本为祭祀，亦为乱行。（《酒诰》）

（5）本说之。（《洛诰》）

《说文解字》："本，木下曰本，从木，一在其下。"④ 本义是"草木的根或者干"。用作虚词是本义的引申义，含有"初始"一类意义。《玉篇》："本，始也。"这一意义先秦很少见，汉代以后逐渐多见，如《韩非子·忠

---

① （东汉）许慎：《说文解字》，北京：中华书局，1963 年，第 300 页。
② （清）段玉裁：《说文解字注》，上海：上海古籍出版社，1981 年，第 717 页。
③ 中国社会科学院语言研究所古代汉语研究室编《古代汉语虚词词典》，北京：商务印书馆，1999 年，第 656 页。
④ （东汉）许慎：《说文解字》，北京：中华书局，1963 年，第 118 页。

孝》："臣曰：孔子本未知孝悌忠顺之道也。"后来，一直沿用至今。①

次

在《孔传》中，"次"作时间副词，凡5例。用于句中动词谓语前面，作状语，表动作行为发生在前面动作之后，可译为"接着"、"后来"等。

（1）此年四月归宗周，先告武成，次问天道。（《洪范》）

（2）三叔以周公大圣，有次立之势，遂生流言。（《金縢》）

（3）先戒群吏以听教，次戒康叔以君义。（《酒诰》）

（4）次复观有殷。（《召诰》）

（5）先戒以劳谦之德，次教以惟敬五刑，所以成刚柔正直之三德也。（《吕刑》）

《说文解字》："次，不前不精也。"② 《说文解字注》："不前不精皆居次之意也。"③ 本义是"在排列上居于前项之后"。先秦多用作实词，表示其本义。大约从汉代起，"次"用作副词，表示动作行为出现的时间，如《史记·淮阴侯列传》："坐法当斩，其辈十三人皆已斩，次至信，信乃仰视。"后来，一直沿用于文言中。④

前

在《孔传》中，"前"作时间副词，凡4例。用于句中动词谓语前面，作状语，表动作行为或情况已经发生，可译为"从前"、"以前"等。

（1）群臣前有此过，故禁其后。（《盘庚下》）

（2）称古人言，悔前不顺忠臣。（《秦誓》）

（3）言前虽则有云然之过，今我庶几以道谋此黄发贤老，则行事无所过矣。（《秦誓》）

---

① 中国社会科学院语言研究所古代汉语研究室编《古代汉语虚词词典》，北京：商务印书馆，1999年，第16页。

② （东汉）许慎：《说文解字》，北京：中华书局，1963年，第180页。

③ （清）段玉裁：《说文解字注》，上海：上海古籍出版社，1981年，第571页。

④ 中国社会科学院语言研究所古代汉语研究室编《古代汉语虚词词典》，北京：商务印书馆，1999年，第65页。

（4）惟察察便巧善为辨佞之言，使君子回心易辞，我前多有之，以我昧昧思之不明故也。（《秦誓》）

《说文解字》："不行而进谓之歬，从止在舟上。"① 《说文解字注》："前，为前后字。"②《广雅·释诂》："前，进也。"本义为"前进"，引申为"导"、"先"、"以前"等。用作副词，先秦时期已经有用例，如《礼记·中庸》："至诚之道，可以前知。"后来，一直沿用于文言之中。③

时

在《孔传》中，"时"作时间副词，凡4例。用于句中动词谓语前面，作状语，表动作行为发生的相关时间，可译为"当时"、"那时"等。

（1）祖乙，殷家亦祖其功，时贤臣有如此巫贤。（《君奭》）

（2）周制十二年一巡守，春东、夏南、秋西、冬北，故曰时巡。（《周官》）

（3）言吕侯见命为卿，时穆王以享国百年，耄乱荒忽。（《吕刑》）

（4）言尧时主狱，有威有德有恕，非绝于威，惟绝于富。（《吕刑》）

《说文解字》："时，四时也。"④ 《说文解字注》："本春秋冬夏之称。引申之为凡岁月日刻之用。"⑤"时"本为时间名词，用于句首或谓语前面可引申、虚化为时间副词，先秦时期已经有用例，如《诗·大雅·桑柔》："如彼飞虫，时亦戈获。"后来，一直沿用至今。⑥

再

在《孔传》中，"再"作时间副词，凡4例。

（一）"再"用于句中动词谓语前面，作状语，表动作行为出现的频

---

① （东汉）许慎：《说文解字》，北京：中华书局，1963年，第38页。
② （清）段玉裁：《说文解字注》，上海：上海古籍出版社，1981年，第68页。
③ 中国社会科学院语言研究所古代汉语研究室编《古代汉语虚词词典》，北京：商务印书馆，1999年，第418页。
④ （东汉）许慎：《说文解字》，北京：中华书局，1963年，第137页。
⑤ （清）段玉裁：《说文解字注》，上海：上海古籍出版社，1981年，第302页。
⑥ 中国社会科学院语言研究所古代汉语研究室编《古代汉语虚词词典》，北京：商务印书馆，1999年，第507页。

率，可译为"再次"。凡 2 例。

（1）山再成曰伾。（《禹贡》）

（2）陶丘，丘再成。（《禹贡》）

（二）"再"构成复合虚词"再三"，用于句中动词谓语前，作状语，表动作行为多次发生，可译为"多次"。凡 2 例。

（1）我教告战要因汝已至再三，汝其不用我命，我乃大下诛汝君，乃其大罚诛之。（《多方》）

（2）解所以再三加诛之意。（《多方》）

《说文解字》："再，一举而二也。"① 《说文解字注》："凡言二者，对偶之词。凡言再者，重复之词，一而又有加也。"② 虚词"再"表"两次"的，先秦时期用例较多，后世逐渐减少。例如，《左传·定公十四年》："勾践患吴之整也，使死士再禽焉。""再"表"重复的"义，先秦用例较少，后世逐渐增多，并一直沿用至今。例如，《礼记·内则》："妻将生子，及月辰，居侧室。夫使人日再问之。"③

渐

在《孔传》中，"渐"作时间副词，凡 3 例。用于句中动词谓语前，作状语，表动作行为逐步发出，可译为"逐渐"。

（1）以其渐染恶俗，故必三申法令，且惟教之，则汝有此明训以享国。（《酒诰》）

（2）言殷民迁周已经三纪，世代民易，顽者渐化，四方无可度之事，我天子用安矣。（《毕命》）

（3）三苗之民渎于乱政，起相渐化，泯泯为乱，棼棼同恶，皆无中于信义，以反背诅盟之约。（《吕刑》）

《说文解字》："渐，渐水。"④ 《说文通训定声》："渐，进也，从走，

---

① （东汉）许慎：《说文解字》，北京：中华书局，1963 年，第 83 页。

② （清）段玉裁：《说文解字注》，上海：上海古籍出版社，1981 年，第 158 页。

③ 中国社会科学院语言研究所古代汉语研究室编《古代汉语虚词词典》，北京：商务印书馆，1999 年，第 803 页。

④ （东汉）许慎：《说文解字》，北京：中华书局，1963 年，第 226 页。

斩声，徐进也。"① 虚词"渐"即"徐进"、"渐进"之义。先秦时期已经有用例，如《公羊传·隐公元年》："此其为可褒奈何？渐进也。"后来，一直沿用至今。②

数

在《孔传》中，"数"作时间副词，凡3例。用于句中动词谓语前面，作状语，表动作行为的多次发生，可译为"常常"、"屡次"等。

（1）三苗之民数干王法。（《大禹谟》）

（2）汝所蹈行，数为不安，汝心未爱我周故。（《多方》）

（3）当数顾省汝成功，敬终以善，无懈怠。（《益稷》）

《说文解字》："数，计也。"③ 本义是"计数"，引申为"频数"义。《尔雅·释诂》："数，疾也。"《广韵》："数，频数。"④ 用作副词，先秦时期已经有用例，如《战国策·赵策四》："赵豹、平原君数欺弄寡人。"后来，一直沿用于文言之中。⑤

速

在《孔传》中，"速"作时间副词，凡3例。用于句中动词谓语前，表行为动作发生得比较迅速，可译为"马上"、"尽快"等。

（1）言人君行己不慎其德，以速灭败，虽欲改悔，其可追及乎？（《五子之歌》）

（2）言当速用文王所作违教之罚，刑此乱五常者，无得赦。（《康诰》）

（3）汝乃其速用此典刑宜于时世者，循理以刑杀，则亦惟君长之正道。（《康诰》）

---

① （清）朱骏声：《说文通训定声》，北京：商务印书馆，1984年，第140页。

② 中国社会科学院语言研究所古代汉语研究室编《古代汉语虚词词典》，北京：商务印书馆，1999年，第293页。

③ （东汉）许慎：《说文解字》，北京：中华书局，1963年，第68页。

④ （宋）陈彭年等：《宋本广韵》，南京：江苏教育出版社，2002年，第136页。

⑤ 中国社会科学院语言研究所古代汉语研究室编《古代汉语虚词词典》，北京：商务印书馆，1999年，第543页。

《说文解字》："速，疾也。"① 本义是"快速"。用作副词，先秦时期已经有用例，如《左传·襄公十七年》："今君为一台，而不速成，何以为役？"后来，一直沿用至今。

即

在《孔传》中，"即"作时间副词、判断副词，凡 7 例。其中，"即"作时间副词，凡 2 例。

（一）"即"作时间副词，用于后分句的谓语前面，作状语，表动作行为紧相连接，可译为"就"、"便"等。凡 1 例。

若己有非，惟受人责，即改之如水流下，是惟艰哉。（《秦誓》）

（二）"即"作时间副词，用于句中动词谓语前面，作状语，表动作行为迅速出现，可译为"马上"、"立刻"等。凡 1 例。

郊以玉币谢天，天即反风起禾，明郊之是。（《金縢》）

《说文解字》："即，即食也。"② 由本义引申为"就"、"接近"、"靠近"等。"即"的虚词用法由实词义引申而来。作副词，先秦时已见句例，如《左传·哀公十四年》："公知之，告皇野曰：'余长魋也，今将祸余，请即救。'"后来，一直沿用至今。③

以

在《孔传》中，"以"作时间副词，凡 2 例。用于句中谓语前面，表情况已经出现，可译为"已经"。

（1）叹稚子今以为王矣，不可不勤法祖考之德。（《立政》）

（2）言吕侯见命为卿，时穆王以享国百年，耄乱荒忽。（《吕刑》）

《说文解字》："以，用也。"④ 由此义可引申为介词诸义。而"以"作副词，是假借字。如《礼记·檀弓下》郑玄注："'以'与'已'字本

---

① （东汉）许慎：《说文解字》，北京：中华书局，1963 年，第 40 页。
② （东汉）许慎：《说文解字》，北京：中华书局，1963 年，第 106 页。
③ 中国社会科学院语言研究所古代汉语研究室编《古代汉语虚词词典》，北京：商务印书馆，1999 年，第 260 页。
④ （东汉）许慎：《说文解字》，北京：中华书局，1963 年，第 311 页。

同"。用例多见于先秦两汉古籍中以及后世的仿古著作之中，如《国语·晋语四》："其闻之者，吾以除之矣。"①

早

在《孔传》中，"早"作时间副词，凡2例。用于句中动词谓语前面，作状语，表动作行为发生在某个时间前面，可译为"早一些"、"早点"等。

（1）若不早诛汝，天下亦不知天命之不易也。（《大诰》）

（2）言桀不谋长久，惟以不敬其德，故乃早坠失其王命，亦王所知。（《召诰》）

《说文解字》："早，晨也。"② 本义是"早晨"。用作副词，表示"时间"，先秦时期已经有用例，如《左传·隐公元年》："姜氏何厌之有！不如早为之所，无使滋蔓。"后来，一直沿用至今。③

辄

《孔传》"辄"作时间副词，凡2例，用于句中动词谓语前面，表动作或事情紧接前面发生，可译为"就"、"马上"等。

（1）言鲧性很戾，好比方名，命而行事，辄毁败善类。（《尧典》）

（2）先王有所服行，敬谨天命，如此尚不常安，有可迁辄迁。（《盘庚上》）

《说文解字》："辄，车两輢也。"④ 本义是"车箱两輢如耳垂的部分"，可引申为"即"、"遂"等。用作副词，先秦时期使用得比较少，两汉之后经常使用。例如，《墨子·号令》："诸吏卒民，非其部界，而擅入他部界，辄收。"⑤

---

① 中国社会科学院语言研究所古代汉语研究室编《古代汉语虚词词典》，北京：商务印书馆，1999年，第712页。
② （东汉）许慎：《说文解字》，北京：中华书局，1963年，第140页。
③ 中国社会科学院语言研究所古代汉语研究室编《古代汉语虚词词典》，北京：商务印书馆，1999年，第810页。
④ （东汉）许慎：《说文解字》，北京：中华书局，1963年，第301页。
⑤ 中国社会科学院语言研究所古代汉语研究室编《古代汉语虚词词典》，北京：商务印书馆，1999年，第821页。

便

在《孔传》中，"便"可作时间副词、关联副词，凡 2 例。其中，"便"作时间副词，用于句中动词谓语前面，作状语，表动作马上施行，可译为"很快"。仅有 1 例。

以师临之，一月不服，责舜不先有文诰之命、威让之辞，而便惮之以威，胁之以兵，所以生辞。（《大禹谟》）

《说文解字》："便，安也。"① 本义是"安适"，后引申用作虚词。《词诠》："便，本为'就便'之义，引申用之，则与'即'字义同。"②《助字辨略》："便，即也。"③ "便"可用作副词、连词。副词用例先秦时期少见，汉代以后多见，后来沿用于文言之中。例如，《庄子·达生》："善游者数能。若乃夫没人，则未尝见舟而便操之也。"连词用例约始见于魏晋时期，后来沿用于文言之中。④

朝

在《孔传》中，"朝"作时间副词，仅出现 1 例。用于句中动词谓语前面，作状语，表动作行为发生在早晨，可译为"早晨"。

于肼三日壬申，王朝行自宗周，至于丰。（《毕命》）

《说文解字》："朝，旦也。"⑤《尔雅·释诂》："朝，早也。"本义是"早晨"。例如，《诗经·卫风·氓》："夙兴夜寐，靡有朝矣。"自先秦时期起，"朝"可以用作副词，表示时间，后来一直沿用至今。⑥

---

① （东汉）许慎：《说文解字》，北京：中华书局，1963 年，第 165 页。
② 杨树达：《词诠》，上海：上海古籍出版社，2008 年，第 9 页。
③ （清）刘淇：《助字辨略》，北京：中华书局，2004 年，第 219 页。
④ 中国社会科学院语言研究所古代汉语研究室编《古代汉语虚词词典》，北京：商务印书馆，1999 年，第 25 页。
⑤ （东汉）许慎：《说文解字》，北京：中华书局，1963 年，第 140 页。
⑥ 中国社会科学院语言研究所古代汉语研究室编《古代汉语虚词词典》，北京：商务印书馆，1999 年，第 820 页。

尝

在《孔传》中，"尝"作时间副词，仅出现 1 例。用于句中动词谓语前面，作状语，表动作行为发生在过去，可译为"曾经"。

五过之所病，或尝同官位，或诈反囚辞，或内亲用事，或行货枉法，或旧相往来，皆病所在。（《吕刑》）

《说文解字》："尝，口味之也。"① 本义为"品尝"，引申为"经历"、"品试"等。当"尝"与动词连用而语义重点又侧重在动词时，其表"经历"、"品试"的动词性质就发生了变化，它的作用不再是说明主语的动态，而是说明动词的特征，"尝"就变成了动词的修饰成分，虚化为副词，当"曾经"、"尝试（着）"讲。这两个义项从《左传》开始，以后就一直在古汉语中沿用。例如，《庄子·徐无鬼》："吾尝居山穴之中矣。"《左传·成公十七年》："君盍尝使诸周而察之。"②

继

在《孔传》中，"继"作时间副词，仅出现 1 例。用于句中动词谓语前，作状语，表动作行为连续发生，可译为"相继"。

其夏殷也，继受其王命，亦惟当以此夏殷长短之命为监戒，继顺其功德者而法则之。（《召诰》）

《说文解字》："继，续也。"③ 本义为"接续"、"承继"。例如，《楚辞·离骚》："折琼枝以继佩。""继"的虚词义是由其本义引申而来的。用作副词，表动作行为的连续。先秦时期已经有用例，如《仪礼·大射》："而后卿大夫继射。"后来，一直沿用至今。④

---

① （东汉）许慎：《说文解字》，北京：中华书局，1963 年，第 101 页。
② 中国社会科学院语言研究所古代汉语研究室编《古代汉语虚词词典》，北京：商务印书馆，1999 年，第 50 页。
③ （东汉）许慎：《说文解字》，北京：中华书局，1963 年，第 272 页。
④ 中国社会科学院语言研究所古代汉语研究室编《古代汉语虚词词典》，北京：商务印书馆，1999 年，第 281 页。

近

在《孔传》中，"近"作时间副词，仅出现 1 例。用于句中谓语前面，作状语，表动作行为所涉及的空间范围不远，可译为"近处"、"就近"等。

言慎修其身，厚次叙九族，则众庶皆明其教，而自勉励翼戴上命，近可推而远者，在此道。(《皋陶谟》)

《说文解字》："近，附也。"① 《说文通训定声》："近，《礼记·月令》：'虽有贵戚金习。'注：天子所亲幸者。《齐策》：'有七孺子皆近。'注：幸也。"② "近"的本义是"附近"，引申为"亲近"义。"近"的虚词义是由其实词义引申而来。用作副词，先秦已有用例，如《韩非子·饰邪》："赵龟虽无远见于燕，且宜近见于秦。"后来，一直沿用至今。③

且

在《孔传》中，"且"作时间副词，仅出现 1 例。用于句中动词谓语前，作状语，表动作行为是暂时的，可译为"姑且"。

惟指今事为我所谋之人，我且将以为亲而用之。(《秦誓》)

《说文解字》："且，所以荐也。"④ "且"的本义为"草席"，这一意义早已消失。"且"的虚词用法是假借字。用作副词，先秦时期已经使用，如《孟子·滕文公上》："不直，则道不见，我且直之。"后来，一直沿用于文言之中。⑤

昔

在《孔传》中，"昔"作时间副词，仅出现 1 例。用于句中动词谓语

---

① （东汉）许慎：《说文解字》，北京：中华书局，1963 年，第 41 页。
② （清）朱骏声：《说文通训定声》，北京：商务印书馆，1984 年，第 789 页。
③ 中国社会科学院语言研究所古代汉语研究室编《古代汉语虚词词典》，北京：商务印书馆，1999 年，第 307 页。
④ （东汉）许慎：《说文解字》，北京：中华书局，1963 年，第 299 页。
⑤ 中国社会科学院语言研究所古代汉语研究室编《古代汉语虚词词典》，北京：商务印书馆，1999 年，第 422 页。

前面，作状语，表动作行为发生在过去，可译为"过去"、"从前"等。

言昔先君文武，布其重光，累圣之德，定天命，施陈教，则勤劳。
(《顾命》)

《说文解字》："昔，乾肉也。"① 虚词"昔"是假借字。用作副词，为"从前"、"以往"等。先秦时期已经有用例，如《墨子·法仪》："昔之圣王，禹、汤、文、武，兼爱天下之百姓，率以尊天事鬼，其利人多，故天福之。"后来，一直沿用至今。②

向

在《孔传》中，"向"作时间副词，仅出现1例。用于句中动词谓语前面，作状语，表动作行为一直如此，可译为"向来"。

言天所以向劝人用五福，所以威沮人用六极。(《洪范》)

《说文解字》："向，北出牖也。"③《广韵》："嚮，与向通用也。"④ 本义是"朝北的窗户"。例如，《诗经·豳风·七月》："塞向墐户。"引申为"面向"义，又引申为"趋向"义，进一步引申为"接近"义。由于这些意义的动作性不强，故虚化为介词，表动作的趋向和方位。"向"又假借作"嚮"，可用作时间副词，先秦时期已有用例，如《庄子·庚桑楚》："向吾见若眉睫之间，吾因以得汝矣。"后来，一直沿用于文言之中。⑤

从以上分析看，在《孔传》中，时间副词凡36个。在语义上，这类副词可以表示行为已经发生的、行为将要发生的、动作行为正在发生的、动作或状态的持续、动作的频率、动作的先后等等，表义丰富、准确，种类比较齐全。在语音形式上，时间副词以单音节为主，复音节形式比较少，如"日日"。在语法功能跨类上，时间副词单一性比较明显，只有

---

① （东汉）许慎：《说文解字》，北京：中华书局，1963年，第139页。
② 中国社会科学院语言研究所古代汉语研究室编《古代汉语虚词词典》，北京：商务印书馆，1999年，第629页。
③ （东汉）许慎：《说文解字》，北京：中华书局，1963年，第150页。
④ （宋）陈彭年等：《宋本广韵》，南京：江苏教育出版社，2002年，第89页。
⑤ 中国社会科学院语言研究所古代汉语研究室编《古代汉语虚词词典》，北京：商务印书馆，1999年，第651页。

"已"、"将"、"又"、"日"、"即"、"便"等具有跨类现象。从历时传承流变看,《孔传》时间副词绝大多数是继承先秦汉语而来,仅有副词"次"约出现于汉代时期。同时,我们注意到部分时间副词在历时流变中存在彼此消长的现象。例如,关于时间副词"已"、"既",吕雅贤（1992）认为:"在先秦时代,'已'是兼表极度与既事的虚词,'既'兼作表既事的副词和连词。到了汉代,新产生的表极度的副词'最'排挤了原表极度的副词'已',所以'已'成了表既事的副词。'已'表既事的功能的增强,又对表既事的'既'产生排挤作用,使'既'表既事的功能逐渐减少,到后来就主要用作连词。从这一角度说明了'已'在表已然时间副词上对'既'的替代过程。"① 在《孔传》中,"已"凡51例,"既"凡9例;而今文《尚书》中,"已"凡1例,"既"凡57例;古文《尚书》中,"已"凡0例,"既"凡9例;从两个副词出现的频次看,是大致符合吕氏所提出的时间副词"已"、"既"的演变轨迹的。

第三节　范围副词

范围副词是指在句中表示"主语或宾语在参与谓语所代表的动作行为时范围大小的一类副词"。杨伯峻、何乐士认为,"关于'范围',主要是指发出或接受动作者是全体还是个别,是多数还是少数;有时也指发出动作时是施事者共同发出的还是以其他方式如各自、分头等发出的"②。这类副词一般出现于句中谓语之前,有时也出现于句首。在《孔传》中,范围副词凡30个。

皆

在《孔传》中,"皆"作范围副词,凡189例。用在句中动词谓语、

---

① 吕雅贤:《从先秦到西汉程度副词的发展》,《北京大学学报》,1992年第5期。
② 杨伯峻、何乐士:《古汉语语法及其发展》,北京:语文出版社,2003年,第304页。

形容词谓语、名词谓语等前面，作状语，表概括其所指向的人、事、物的全体，可译为"都"、"都是"等。诸如：

（1）言天下众民皆变化从上，是以风俗大和。（《尧典》）

（2）考绩法明，众功皆广。（《舜典》）

（3）岷山、嶓冢皆山名。（《禹贡》）

（4）度王者文教而行之，三百里皆同。（《禹贡》）

（5）君丧其德，则众民皆二心矣。（《五子之歌》）

（6）言汤子爱困穷之人，使皆得其所，故民心服其教令，无有不忻喜。（《太甲中》）

（7）至人以人事观殷，大龟以神灵考之，皆无知吉。（《西伯戡黎》）

（8）和柔能治，三者皆德。（《洪范》）

（9）言子孙皆聪听父祖之常教，于小大之人皆念德，则子孙惟专一。（《酒诰》）

（10）王宾异周公，杀牲精意以享文武，皆至其庙亲告也。（《洛诰》）

（11）殷礼配天，惟天大佑助其王命，使商家百姓丰实，皆知礼节。（《君奭》）

（12）言自汤至于帝乙，皆能成其王道，长慎辅相，无不明有德，慎去刑罚，亦能用劝善。（《多方》）

（13）二公为二伯，各率其所掌诸侯，随其方为位，皆北面。（《康王之诰》）

（14）言仆臣皆正，则其君乃能正。（《冏命》）

（15）众人其有得俟马牛、逃臣妾，皆敬还复之，我则商度汝功，赐与汝。（《费誓》）

《说文解字》："皆，俱词也。"① 其含有"都"、"遍"等。用作副词，先秦时期已有用例，如《左传·隐公元年》："小人有母，皆尝小人之食矣。"后来，一直沿用于文言之中。②

---

① （东汉）许慎：《说文解字》，北京：中华书局，1963年，第74页。

② 中国社会科学院语言研究所古代汉语研究室编《古代汉语虚词词典》，北京：商务印书馆，1999年，第297页。

惟

在《孔传》中，"惟"可作范围副词、关联副词，凡186例。其中，"惟"作范围副词，凡178例。

（一）"惟"用于单句或者主谓结构之前，表限定主语的范围，可译为"只有"、"仅仅"、"唯有"等。凡38例，诸如：

（1）所重在于民食，惟当敬授民时。（《舜典》）

（2）九州五长各蹈为有功，惟三苗顽凶，不得就官。（《益稷》）

（3）天之祸福，惟善恶所在，不常在一家。（《伊训》）

（4）文王化我民，教道子孙，惟土地所生之物皆爱惜之，则其心善。（《酒诰》）

（5）所以戒成王，天改殷命，惟王受之，乃无穷惟美，亦无穷惟当忧之。（《召诰》）

（6）言天下事已之我周矣，不贰之佗，惟汝殷王家已之我，不复有变。（《多士》）

（7）殷礼配天，惟天大佑助其王命，使商家百姓丰实，皆知礼节。（《君奭》）

（8）天之于人，无有亲疏，惟有德者则辅佑之。（《蔡仲之命》）

（9）言汤所以能严威，惟可大法象者，以能用三居三德之法。（《立政》）

（10）惟我小子，继守先王遗业，亦惟父祖之臣，能佐助我治四方。（《君牙》）

（二）"惟"用于句中动词谓语前面，作状语，表示对谓语的限定，可译为"唯有"、"只有"等。凡137例，诸如：

（1）视先王成法，其长无过，其惟学乎！（《说命下》）

（2）凶害延大，惟累我幼童人。（《大诰》）

（3）天亦惟美于文王受命，我何其极卜法，敢不于从？（《大诰》）

（4）已乎！汝惟小子，乃当服行德政，惟弘大王道，上以应天，下以安我所受殷之民众。（《康诰》）

（5）惟天下教命，始令我民知作酒者，惟为祭祀。（《酒诰》）

（6）言子孙皆聪听父祖之常教，于小大之人皆念德，则子孙惟专一。（《酒诰》）

（7）我大惟教汝曰，汝能长观省古道，为考中正之德，则君道成矣。（《酒诰》）

（8）所以不暇饮酒，惟助其君成王道，明其德于正人之道，必正身敬法，其身正，不令而行。（《酒诰》）

（9）言为君监民，惟若农夫之考田，已劳力布发之，惟其陈列修治，为其疆畔畎垄，然后功成。（《梓材》）

（10）今王惟用德，和悦先后天下迷愚之民。（《梓材》）

（11）其顺常道，及抚国事，如我所为，惟用在周之百官。（《洛诰》）

（三）"惟"用于"宾＋是（之）＋动"句式中，表对宾语的限定，可译为"只有"。凡3例。

（1）上惟贤是用，则下皆敬应上命而让善。（《益稷》）

（2）不加私昵，惟能是官。（《说命中》）

（3）尧躬行敬敬在上，三后之徒秉明德明君道于下，灼然彰著四方，故天下之士无不惟德之勤。（《吕刑》）

《说文解字》："惟，凡思也。"① 用作副词，先秦时期已经普遍使用，如《论语·子张》："有始有卒者，其惟圣人乎？"后来，一直沿用于文言之中。

各

在《孔传》中，"各"作范围副词，凡50例，其中复合虚词"各自"2例。

（一）"各"用于句中动词谓语前面，作状语，表主语范围内的每一个体都发出同样的动作行为或都具有同样特征，可译为"每……都……"、"各自……都……"、"都"等。凡48例，诸如：

（1）七政，日月五星各异政。（《舜典》）

（2）五刑之流，各有所居。（《舜典》）

---

① （东汉）许慎：《说文解字》，北京：中华书局，1963年，第218页。

（3）各敬其职，惟是乃能信立天下之功。（《舜典》）

（4）尊卑彩章各异，所以命有德。（《皋陶谟》）

（5）王者封五色土为社，建诸侯则各割其方色土与之，使立社。（《禹贡》）

（6）更相规阙，百工各执其所治技艺以谏，谏失常。（《胤征》）

（7）下之顺上，当如网在纲，各有条理而不乱也。（《盘庚上》）

（8）卿士既乱，而小人各起一方，共为敌雠。（《微子》）

（9）夏殷周卜筮各异，三法并卜。（《洪范》）

（10）言二王之后，各修其典礼，正朔服色，与时王并通三统。（《微子之命》）

（11）六卿各率其属官大夫士，治其所分之职，以倡道九州牧伯为政，大成兆民之性命，皆能其官，则政治。（《周官》）

（12）此群臣已受顾命，各还本位。（《顾命》）

（13）二公为二伯，各率其所掌诸侯，随其方为位，皆北面。（《康王之诰》）

（14）言当答扬文武光明之命，君臣各追配于前令名之人。（《君牙》）

（15）尧命羲和世掌天地四时之官，使人神不扰，各得其序，是谓绝地天通。（《吕刑》）

（二）“各”与“自”构成复合虚词“各自”，用于句中动词谓语前面，作状语，表多个个体中的一体，可译为“每个（都）”。凡2例。

（1）上下合止乐，各有祝敔，明球、弦、钟、钥，各自互见。（《益稷》）

（2）各自谋行其志，人人自献达于先王，以不失道。（《微子》）

《说文解字》：“各，异同也。”① 例如，《诗经·邶风·载驰》：“女子善怀，亦各有行。”《正字通》：“各，凡事物离析不相合，皆谓之各。”本义是“彼此不同的个体”。“各”是一个兼指指示作用的副词，从先秦一直沿用至今。②

---

① （东汉）许慎：《说文解字》，北京：中华书局，1963年，第34页。

② 中国社会科学院语言研究所古代汉语研究室编《古代汉语虚词词典》，北京：商务印书馆，1999年，第170页。

并

在《孔传》中，"并"作范围副词，凡 28 例。用于句中动词谓语前面，作状语，表不同主体同时发出某一动作行为或者具有同样的状态，可译为"一起"、"同时"等。诸如：

（1）冬寒无事，并入室处。（《尧典》）

（2）谓天子如此，则俊德治能之士并在官。（《皋陶谟》）

（3）言立爱敬之道，始于亲长，则家国并化，终洽四海。（《伊训》）

（4）循文王所有指意以安疆土则善矣，况今卜并吉乎？（《大诰》）

（5）为人君长而不能治其家人之道，则于其小臣外正官之吏，并为威虐，大放弃王命，乃由非德用治之故。（《康诰》）

（6）诸侯公卿并觐于王，王与周公俱至，文不见王，无事。（《召诰》）

（7）谓三监淮夷并作难。（《大诰》）

（8）今往征此淮浦之夷、徐州之戎，并起为寇。（《费誓》）

（9）武王循惟谋从文王宽容之德，故君臣并受此大大之基业，传之子孙。（《立政》）

（10）冢宰与司徒皆共群臣诸侯并进陈戒。（《康王之诰》）

《说文解字》："并，相从也。"① 本义为"象两人相并形"，由本义引申为"合并"、"兼并"等。《广雅·释言》："并，兼也。""并"的虚词用法是有本义引申而来。用作副词，见于先秦用例，如《战国策·燕策二》："两者不肯相舍，渔者得而并禽之。"后来，一直沿用至今。②

凡

在《孔传》中，"凡"作范围副词，凡 28 例。

（一）"凡"用于句中名词或名词性短语前面，表对所述人、事、物的全部的概括，可译为"凡是"、"所有"等。凡 18 例，诸如：

---

① （东汉）许慎：《说文解字》，北京：中华书局，1963 年，第 169 页。

② 中国社会科学院语言研究所古代汉语研究室编《古代汉语虚词词典》，北京：商务印书馆，1999 年，第 29 页。

（1）考众从人，矜孤愍穷，凡人所轻，圣人所重。（《大禹谟》）

（2）凡民之行，虽不合于中，而不罹于咎恶，皆可进用，大法受之。（《洪范》）

（3）凡日食，天子伐鼓于社，责上公。（《胤征》）

（4）凡刑所以齐非齐，各有伦理，有要善。（《吕刑》）

（5）凡民不循大常之教，犹刑之无赦，况在外掌众子之官主训民者而亲犯乎？（《康诰》）

（6）凡此皆先举所施功之山于上，而后条列所治水于下，互相备。（《禹贡》）

（7）惟天不与不明其德者，故凡四方小大国丧灭，无非有辞于天所罚。（《多士》）

（8）凡其众民中心之所陈言，凡顺是行之，则可以近益天子之光明。（《洪范》）

（二）"凡"用于句中名词性谓语前面，表人、事、物的数量，可译为"总共"、"共"等。凡4例。

（1）各会朝于方岳之下，凡四处，故曰"四朝"。（《舜典》）

（2）禹、垂、益、伯夷、夔、龙六人新命有职，四岳、十二牧凡二十二人，特敕命之。（《舜典》）

（3）三十征庸，三十在位，服丧三年，其一在三十之数，为天子五十年，凡寿百一十二岁。（《舜典》）

（4）凡十一篇，皆亡。（《舜典》）

（三）"凡"用于句中动词前面，表动作行为次数的总和，可译为"一共"。仅有1例。

汤迁亳，仲丁迁嚣，河亶甲居相，祖乙居耿，我往居亳，凡五徙国都。（《盘庚上》）

（四）"凡"用于句中动词前面，作状语，表所述内容在一定情况下应该怎样，可译为"凡是"。凡5例。

（1）凡立事当用大中之道。（《洪范》）

（2）叹而敕之，凡行刑罚，汝必敬明之。欲其重慎。（《康诰》）

（3）凡明于刑之中，无择言在身，必是惟能天德，自为大命，配享天

意，在于天下。(《吕刑》)

(4) 凡制事必以古义议度终始，政乃不迷错。(《周官》)

(5) 凡言"吁"者皆非帝意。(《尧典》)

《说文解字》："凡，冣括而言也。"① 作副词，可表"总括"义，先秦时期已经有用例，如《墨子·备城门》："丈夫千人，丁女子二千人，老小千人，凡四千人。"后来，一直沿用至今。②

共

在《孔传》中，"共"作范围副词，凡21例。用于句中动词谓语前面，作状语，表主语共同参与某种动作行为，可译为"共同"、"一起"等。诸如：

(1) 会诸侯共伐有苗。(《大禹谟》)

(2) 万国众贤，共为帝臣。(《益稷》)

(3) 四海之内会同京师，九州同风，万国共贯，水、火、金、木、土、谷甚修治。(《禹贡》)

(4) 先王谋任久老成人共治其政。(《盘庚上》)

(5) 卿士既乱，而小人各起一方，共为敌雠。(《微子》)

(6) 言与匹民百君子，于友爱民者共安受王之威命，明德奉行之。(《召诰》)

(7) 若游大川，我往与汝奭其共济渡成王，同于未在位即政时，汝大无非责我留。(《君奭》)

(8) 两至具备，则众狱官共听其入五刑之辞。(《吕刑》)

《说文解字》："共，同也。"③ 用作副词，可表"共同"义，先秦时期已经有用例，如《国语·越语上》："凡我父兄、昆弟及国子姓，有能助寡

---

① （东汉）许慎：《说文解字》，北京：中华书局，1963年，第286页。
② 中国社会科学院语言研究所古代汉语研究室编《古代汉语虚词词典》，北京：商务印书馆，1999年，第131页。
③ （东汉）许慎：《说文解字》，北京：中华书局，1963年，第59页。

人谋而退吴者，吾与之共知越国之政。"后来，一直沿用至今。①

同

在《孔传》中，"同"作范围副词，凡 16 例。用于句中动词或形容词谓语前面，作状语。

（一）"同"用于句中动词谓语前面，表不同对象一起发出同一动作，可译为"一起"、"一同"等。凡 14 例，诸如：

（1）同合为一大河，名逆河，而入于渤海。（《禹贡》）

（2）三百里同为王者斥候，故合三为一名。（《禹贡》）

（3）言古之君臣相与同劳逸，子孙所宜法之，我岂敢动用非常之罚胁汝乎？（《盘庚上》）

（4）信谗含怒，罚杀无罪，则天下同怨雠之，丛聚于其身。（《无逸》）

（5）三君合心为一，终始相成，同致于道。（《毕命》）

（二）"同"用于句中形容词谓语前面，表不同对象具有同样的状态，可译为"全都"、"同样"等。凡 2 例。

（1）汝庶几明安我事，则与伊尹同美。（《说命下》）

（2）言上下同荣庆。（《微子之命》）

《说文解字》："同，合会也。"② 《说文通训定声》："《广雅·释诂三》：'同，皆也。'《虞书》：'同律度量衡。'王注：齐也。《诗经·七月》：'同我妇子。'笺：犹俱也。《左文十六传》：'振廪同食。'注：上下无异馔也。"③ 本义是"会聚在一起"，可引申为"皆"、"齐"、"俱"等。用作副词，先秦时期已经有用例，如《庄子·知北游》："妸荷甘于神农同学于老龙吉。"后来，一直沿用至今。④

---

① 中国社会科学院语言研究所古代汉语研究室编《古代汉语虚词词典》，北京：商务印书馆，1999 年，第 177 页。

② （东汉）许慎：《说文解字》，北京：中华书局，1963 年，第 156 页。

③ （清）朱骏声：《说文通训定声》，北京：商务印书馆，1984 年，第 35 页。

④ 中国社会科学院语言研究所古代汉语研究室编《古代汉语虚词词典》，北京：商务印书馆，1999 年，第 578 页。

尽

在《孔传》中，"尽"作范围副词，凡14例。

（一）"尽"用于句中动词谓语前面，作状语，表动作行为及于宾语的全部，可译为"全部"、"完全"等。凡5例。

（1）禹功尽加于四海，故尧赐玄圭以彰显之。（《禹贡》）

（2）所以迁此，重我民，无欲尽杀故。（《盘庚上》）

（3）尽执拘群饮酒者以归于京师，我其择罪重者而杀之。（《酒诰》）

（4）惟周家新升王位，当尽和天下赏罚，能定其功，用布遗后人之美。（《康王之诰》）

（5）言民之行己，尽用顺道，是多乐。（《秦誓》）

（二）"尽"用于句中动词谓语前面，作状语，表动作行为由全体主语发出，可译为"全部"。凡8例，诸如：

（1）凶人尽盗食之，而纣不罪。（《泰誓上》）

（2）天下万国无有远近，尽贡其方土所生之物，惟可以供服食器用者。（《旅獒》）

（3）汝尽听讼之理以极其罪，是人所犯，亦不可杀，当以罚宥论之。（《康诰》）

（4）汝乃不大居安天命，是汝乃尽播弃天命。（《多方》）

（三）"尽"用于句中形容词谓语前面，作状语，表陈述对象全部具有同一状态，可译为"全部"。仅有1例。

乃使汝所行尽顺，曰是有次叙，惟当自谓未有顺事，君子将兴，自以为不足。（《康诰》）

《说文解字》："尽，器中空也。"[1] 由本义引申为"终尽"之义。用作副词，先秦时期已经有用例，如《左传·昭公二年》："周礼尽在鲁也。"后来，一直沿用于文言之中。[2]

---

[1] （东汉）许慎：《说文解字》，北京：中华书局，1963年，第104页。
[2] 中国社会科学院语言研究所古代汉语研究室编《古代汉语虚词词典》，北京：商务印书馆，1999年，第305页。

多

在《孔传》中，"多"作范围副词，凡 11 例。用于句中动词谓语前，作状语，表主语的大多数都发出某种行为或表动作行为施及宾语的大多数，可译为"大多"、"大量地"、"多多地"等。诸如：

（1）我言多可戒惧，以儆之。（《吕刑》）

（2）汝多为顺事，乃庶几还有汝本土，乃庶几安汝故事止居。（《多士》）

（3）惟察察便巧善为辨佞之言，使君子回心易辞，我前多有之，以我昧昧思之不明故也。（《秦誓》）

（4）今移徙汝于洛邑，使汝远于恶俗，比近臣我宗周，多为顺道。（《多士》）

（5）今我何敢多诰汝而已，我惟大下汝四国民命。（《多方》）

《说文解字》："多，重也。"[1]《尔雅·释诂》："多，众也。"《玉篇》："多，大有也。"本义为"数量大"。用作副词，先秦时期已经有用例，如《左传·昭公二年》："大夫多笑之，唯晏子信之。"后来，一直沿用至今。[2]

俱

在《孔传》中，"俱"作范围副词，凡 7 例。

（一）"俱"用于句中动词谓语前面，作状语，表示两个或多个主体全都发出同样的动作行为，可译为"全都"、"一起"等。凡 4 例。

（1）众土俱得其正，谓壤、坟、垆。（《禹贡》）

（2）比桀于日，曰："是日何时丧？我与汝俱亡！"欲杀身以丧桀。（《汤誓》）

（3）言将与纣俱死，所执各异，皆归于仁，明君子之道，出处语默非一途。（《微子》）

---

① （东汉）许慎：《说文解字》，北京：中华书局，1963 年，第 142 页。

② 中国社会科学院语言研究所古代汉语研究室编《古代汉语虚词词典》，北京：商务印书馆，1999 年，第 114 页。

（4）诸侯公卿并觐于王，王与周公俱至，文不见王，无事。（《召诰》）

（二）"俱"用于句中形容词谓语前面，作状语，表不同主体具有同样的状态，可译为"全部"、"全都"等。凡3例。

（1）华谓文德，言其光文重合于尧，俱圣明。（《舜典》）

（2）修职辅君，君臣俱明。（《胤征》）

（3）言我梦与卜俱合于美善，以兵诛纣必克之占。（《泰誓中》）

《说文解字》："俱，偕也。"①《玉篇》："俱，皆也。""俱"含有"统括"之义。用作副词，先秦时期已经有用例，如《左传·定公八年》："籍丘子鉏击之，与一人俱毙。"后来，一直沿用至今。②

咸

在《孔传》中，"咸"作范围副词，凡5例。用于句中动词谓或形容词谓语语前面，作状语，表对某一范围的总括，可译为"全部"、"都"等。

（1）言皋陶能明信五刑，施之远近，蛮夷猾夏，使咸信服，无敢犯者。（《舜典》）

（2）八音能谐，理不错夺，则神人咸和。（《舜典》）

（3）言福善祸淫之道不差，天下恶除，焕然咸饰，若草木同华，民信乐生。（《汤诰》）

（4）公功以进大，天下咸敬乐公功。（《洛诰》）

（5）道尧舜考古以建百官，内置百揆四岳，象天之有五行，外置州牧十二及五国之长，上下相维，外内咸治。（《周官》）

《说文解字》："咸，皆也；悉也。"③《说文通训定声》："'咸'本当是'鹹'字的古文，训为皆、悉，是假借。借义所专，遂昧本训。"④"咸"用作副词，先秦已经有用例，如《战国策·中山策》："楚人自战其地，咸顾其家，各有散心，莫有斗志。"后来，一直沿用于文言之中。但

---

① （东汉）许慎：《说文解字》，北京：中华书局，1963年，第164页。
② 中国社会科学院语言研究所古代汉语研究室编《古代汉语虚词词典》，北京：商务印书馆，1999年，第319页。
③ （东汉）许慎：《说文解字》，北京：中华书局，1963年，第32页。
④ （清）朱骏声：《说文通训定声》，北京：商务印书馆，1984年，第112页。

是，现代汉语已经不再使用。①

但

在《孔传》中，"但"作范围副词，凡 4 例。用于句中动词谓语前，作状语，表对范围的限制，可译为"只"、"仅"等。

（1）我留非能有改正，但欲蹈行先王光大之道，施正于我童子。（《君奭》）

（2）此戒凡有官位，但言卿士，举其掌事者。（《周官》）

（3）今疾病，故但冘盥颒面。（《顾命》）

（4）总诸国之兵，而但称鲁人。（《费誓》）

《说文解字》："但，裼也。从人，旦声。"② 本义为"袒露"。用作副词，与本义无关，是假借义。《说文通训定声》："但，又发声之词。《说文》锴本：'一曰徒。'《声类》：'但，徒也。'《汉书·高祖纪》注：'但，空也。'《陈胜传》注：'但者，急言之则音如弟矣。'按与徒、弟、特等字皆同。"③ 用作副词，先秦用例较少，如《墨子·经说上》："信二尺与尺，但去一。"汉代以后比较常见，后来一直沿用于文言之中。④

更

在《孔传》中，"更"作范围副词，用于句中动词谓语前面，作状语，表示动作行为他转，可译为"另外"。凡 4 例。

（1）戒诸侯与之更始。（《汤诰》）

（2）天惟是桀恶，故更求民主以代之，大下明美之命于成汤，使王天下。（《多方》）

（3）更述文王所以王也。（《文侯之命》）

---

① 中国社会科学院语言研究所古代汉语研究室编《古代汉语虚词词典》，北京：商务印书馆，1999 年，第 645 页。

② （东汉）许慎：《说文解字》，北京：中华书局，1963 年，第 167 页。

③ （清）朱骏声：《说文通训定声》，北京：商务印书馆，1984 年，第 434 页。

④ 中国社会科学院语言研究所古代汉语研究室编《古代汉语虚词词典》，北京：商务印书馆，1999 年，第 84 页。

(4) 更理说所治山川首尾所在，治山通水，故以山名之。(《禹贡》)

《说文解字》："更，改也。"① 本义是"更改"、"改变"。它的虚词义是由其实词义引申而来。"更"今分平、去两个音。《说文解字注》："今人分别平、去二音，非古也。"② 读平声的"更"，一般用作实词，也可以虚实两用。今读去声的"更"，都用为虚词。两种都可以用作虚词，先秦时期已经有用例，如《韩非子·扬权》："周合刑名，民乃守职；去此更求，是为大惑。"后来，一直沿用于文言之中。③

广

在《孔传》中，"广"作范围副词，凡4例。用于句中动词谓语前面，作状语，表动作范围广泛，可译为"多"、"广泛"等。诸如：

(1) 广求贤也。(《尧典》)

(2) 谋政治于四岳，开辟四方之门未开者，广致众贤。(《舜典》)

(3) 言天不安桀所为，广视万方，有天命者开道之。(《咸有一德》)

(4) 言王能志学，说亦用能敬承王志，广招俊义，使列众官。(《说命下》)

《说文解字》："广，殿之大屋也。"④ 《说文解字注》："殿谓堂无四壁。覆乎上者曰屋。无四壁而有大覆盖，其所通者，宏远矣，是曰广。引申之为'凡大之称'。"⑤ 本义是"大屋"，可引申为"大"、"远"、"多"、"博"等。用作副词，先秦时期已经有用例，如《国语·周语中》："此先生所以不用财贿，而广施德于天下者也。"后来，一直沿用至今。⑥

---

① (东汉) 许慎：《说文解字》，北京：中华书局，1963年，第68页。
② (清) 段玉裁：《说文解字注》，上海：上海古籍出版社，1981年，第124页。
③ 中国社会科学院语言研究所古代汉语研究室编《古代汉语虚词词典》，北京：商务印书馆，1999年，第173页。
④ (东汉) 许慎：《说文解字》，北京：中华书局，1963年，第192页。
⑤ (清) 段玉裁：《说文解字注》，上海：上海古籍出版社，1981年，第442页。
⑥ 中国社会科学院语言研究所古代汉语研究室编《古代汉语虚词词典》，北京：商务印书馆，1999年，第188页。

徒

在《孔传》中，"徒"作范围副词，凡3例。用于句中动词谓语前面，作状语，表对行为动作范围的界定，可译为"只"、"仅"等。

（1）言我未有所知，未能思致于善，徒亦赞奏上古行事而言之。（《皋陶谟》）

（2）言政化由公而立，我童子徒早起夜寐，慎其祭祀而已。（《洛诰》）

（3）汝无有徒念戒而不勤。（《吕刑》）

《说文解字》："徒，步行也。"① 不借助于交通工具走谓之"徒"，故由此引申为"空"义。《说文通训定声》："无车而行谓之徒，无车而战谓之徒，无舟而渡谓之徒，故《声类》：'徒，空也。'"② 此外，"徒"又与"但"、"第"、"特"、"独"等相通假。用作副词，先秦时期已经有用例，如《韩非子·饰邪》："主过予，则臣偷幸；臣徒取，则功不尊。"后来，一直沿用于文言之中。③

总

在《孔传》中，"总"作范围副词，凡2例。用于句中动词谓语前面，作状语，表对有关对象的总括，可译为"都"、"全部"等。

（1）上总言羲和敬顺昊天，此分别仲叔，各有所掌。（《尧典》）

（2）皆服舜用刑当其罪，故作者先叙典刑而连引四罪，明皆征用所行，于此总见之。（《舜典》）

《说文解字》："总，聚束也。"④ 《说文解字注》："谓聚而缚之也。"⑤ 本义指"集中到一起捆起来"。例如，《尚书·禹贡》"百里赋纳总"指的是"聚束禾"。引申为"系"、"结"等。《广雅·释诂》："总，结也。"又

---

① （东汉）许慎：《说文解字》，北京：中华书局，1963年，第39页。

② （清）朱骏声：《说文通训定声》，北京：商务印书馆，1984年，第478页。

③ 中国社会科学院语言研究所古代汉语研究室编《古代汉语虚词词典》，北京：商务印书馆，1999年，第581页。

④ （东汉）许慎：《说文解字》，北京：中华书局，1963年，第272页。

⑤ （清）段玉裁：《说文解字注》，上海：上海古籍出版社，1981年，第647页。

引申为"聚合"、"统括"等。"总"用在动词前即虚化为副词，表统括，这种用法秦汉之后常用。①

毕

在《孔传》中，"毕"作范围副词，凡 1 例。用于句中谓语动词前面作状语，可译为"全部"。

春分之昏，鸟星毕见。(《尧典》)

《说文解字》："毕，田网也"。② 本义为"捕捉禽兽的长柄网"。例如，《诗经·小雅·鸳鸯》："鸳鸯于飞，毕之罗之。"由本义引申为动词，表行为动作的完结、终止。《尔雅·释诂》："毕，尽也。"例如，《孟子·滕文公上》："公事毕而后敢治私事。""毕"的虚词意义是从动词用法引申而来，作副词，表统括，从先秦至现代没有大的变化。③

备

在《孔传》中，"备"作范围副词，仅出现 1 例。用于句中动词谓语前面，作状语，表统括，可译为"全部"、"尽"等。

其断刑文书上王府皆当备具，有并两刑，亦具上之。(《吕刑》)

《说文解字》："备，慎也。"④ 意为"戒备"，与虚词"备"在意义上没有关系。虚词"备"本来应该写作"葡"。《说文解字》："葡，具也。"⑤ 意为"全备"。但在古代文献中，"葡"通常被"備（备）"字取代，所以《仪礼·特牲馈食礼》郑玄注、《广雅·释诂》皆云："备，具也。"它用在动词前面即虚化为表示统括的副词。例如，《左传·僖公二十八年》：

---

① 中国社会科学院语言研究所古代汉语研究室编《古代汉语虚词词典》，北京：商务印书馆，1999 年，第 879 页。
② （东汉）许慎：《说文解字》，北京：中华书局，1963 年，第 105 页。
③ 中国社会科学院语言研究所古代汉语研究室编《古代汉语虚词词典》，北京：商务印书馆，1999 年，第 24 页。
④ （东汉）许慎：《说文解字》，北京：中华书局，1963 年，第 163 页。
⑤ （东汉）许慎：《说文解字》，北京：中华书局，1963 年，第 70 页。

"晋侯在外十九年矣，而果得晋国。险阻艰难，备尝之矣。"这种用法，先秦已属常见，其后历代文言都沿用。①

方

在《孔传》中，"方"作范围副词，仅出现 1 例。用于句中动词谓语前面，作状语，表动作行为的遍及，可译为"普遍"。

三苗虐政作威，众被戮者方方各告无罪于天，天视苗民无有馨香之行，其所以为德刑，发闻惟乃腥臭。（《吕刑》）

《说文解字》："方，并船也。"② 虚词"方"为假借字，有"普遍"、"正好"、"正在"、"刚刚"等。用作副词，先秦时期已经有先例，如《尚书·微子》："小民方兴，相为敌仇。"后来，一直沿用于文言之中。③

兼

在《孔传》中，"兼"作范围副词，仅出现 1 例。用于句中动词谓语前，作状语，表动作行为同时实施，可译为"全都"。

言外土诸侯奉王事，汝当布陈是法，司牧其众，及此殷家刑罚有伦理者兼用之。（《康诰》）

《说文解字》："兼，并也。"④ 字形"象一手拿着两把禾"，这是"兼"字的本义。从本义出发，派生出"并合"、"加倍"、"尽"等。这些义项都可以作动词，又可以用在动词谓语前面作副词。此种用法大约从春秋战国开始，如《墨子·兼爱上》："故天下兼相爱则治，交相恶则乱。"后来，就开始沿用并丰富起来。⑤

---

① 中国社会科学院语言研究所古代汉语研究室编《古代汉语虚词词典》，北京：商务印书馆，1999 年，第 13 页。
② （东汉）许慎：《说文解字》，北京：中华书局，1963 年，第 176 页。
③ 中国社会科学院语言研究所古代汉语研究室编《古代汉语虚词词典》，北京：商务印书馆，1999 年，第 134 页。
④ （东汉）许慎：《说文解字》，北京：中华书局，1963 年，第 146 页。
⑤ 中国社会科学院语言研究所古代汉语研究室编《古代汉语虚词词典》，北京：商务印书馆，1999 年，第 288 页。

具

在《孔传》中，"具"作范围副词，仅出现 1 例。用于句中动词谓语前面，作状语，表动作行为施及宾语的全部，可译为"全都"、"照实"等。

其断刑文书上王府皆当备具，有并两刑，亦具上之。(《吕刑》)

《说文解字》："具，共置也。"① 虚词"具"与本义无关，而是"俱"的假借字。《说文通训定声》："具假借为俱。"② 用作副词，先秦时期已经有用例，如《墨子·迎敌祠》："祝史舍于社，百官具御乃斗，鼓于门。"后世一直沿用之。③

均

在《孔传》中，"均"作范围副词，仅出现 1 例。用于句中形容词谓语前面，作状语，表示事物情况或程度均等，可译为"同样"、"一样"等。

律法制及尺丈、斛斗、斤两，皆均同。(《舜典》)

《说文解字》："均，平遍也。"④《说文解字注》："平者，语平舒也。引申为凡平平舒之称。遍也，帀也。平遍者，平而帀也，言无不平也。"⑤《说文通训定声》："《晋语》：'均是恶也。注：同也。'《史记·酷吏传》：'未尝敢均茵伏。'索隐：等也。"⑥ 本义是"平而帀"、"平均而周遍"，引申为"同"、"等"义。用作副词，先秦时期已经有用例，如《庄子·天道》："所以均调天下，与人和者也。"后来，一直沿用至今。⑦

---

① （东汉）许慎：《说文解字》，北京：中华书局，1963 年，第 59 页。
② （清）朱骏声：《说文通训定声》，北京：商务印书馆，1984 年，第 362 页。
③ 中国社会科学院语言研究所古代汉语研究室编《古代汉语虚词词典》，北京：商务印书馆，1999 年，第 318 页。
④ （东汉）许慎：《说文解字》，北京：中华书局，1963 年，第 286 页。
⑤ （清）段玉裁：《说文解字注》，上海：上海古籍出版社，1981 年，第 205 页。
⑥ （清）朱骏声：《说文通训定声》，北京：商务印书馆，1984 年，第 498 页。
⑦ 中国社会科学院语言研究所古代汉语研究室编《古代汉语虚词词典》，北京：商务印书馆，1999 年，第 324 页。

率

在《孔传》中，"率"作范围副词，仅出现 1 例。用于句中动词谓语前面，作状语，表动作行为没有例外，可译为"全都"。

备乐九奏而致凤皇，则余鸟兽不待九而率舞。(《益稷》)

《说文解字》："率，捕鸟毕也。象丝网，上下其纤柄也。"① 《说文解字注》："毕者，田网也。所以捕鸟，亦名率。按此篆，本义不行。"② "率"的本义是"捕鸟的小网"，借用为"遹"。"率"的本义不行，而转为"循"、"导"义；又引申为"皆"、"大略"等。虚词"率"用作副词一般见于上古文籍之中，后世有效仿者，先秦已见用例，如《荀子·议兵》："为人主上者也，其所以接下之百姓者，无礼义忠信，焉虑率用赏庆刑罚执诈除陀其下，获其功用而已矣。"后来，较多沿用于文言之中。③

乃

在《孔传》中，"乃"可作判断副词、范围副词、关联副词，凡 135 例。其中，"乃"作范围副词，用于句中动词谓语前面，表对范围的限制，可译为"仅仅"。仅有 1 例。

若尔乃为逸豫颇僻，大弃王命，则惟汝众方取天之威，我则致行天罚，离逖汝土，将远徙之。(《多方》)

《说文解字》："乃，曳词之难也，象气之出难。"④ 意谓"乃"在句中起加强语气的作用。"乃"在甲骨文、金文中作第二人称代词。用作副词，先秦时期已见用例，如《战国策·齐策四》："当今之世，南面称寡者，乃二十四。"后来，一直沿用于文言之中。⑤

---

① (东汉)许慎：《说文解字》，北京：中华书局，1963 年，第 278 页。
② (清)段玉裁：《说文解字注》，上海：上海古籍出版社，1981 年，第 158 页。
③ 中国社会科学院语言研究所古代汉语研究室编《古代汉语虚词词典》，北京：商务印书馆，1999 年，第 534 页。
④ (东汉)许慎：《说文解字》，北京：中华书局，1963 年，第 100 页。
⑤ 中国社会科学院语言研究所古代汉语研究室编《古代汉语虚词词典》，北京：商务印书馆，1999 年，第 379 页。

普

在《孔传》中，"普"作范围副词，仅出现 1 例。用于句中动词谓语前面，作状语，表广泛地发出某一动作行为，可译为"普遍地"。

道至普洽，政化治理，其德泽惠施，乃浸润生民。（《毕命》）

《说文解字》："普，日无色也。"① 《说文解字注》："普之本义实训日无色。今字借为溥大字耳。今《诗》'溥天之下'，《孟子》及汉人引《诗》皆作'普天'。赵岐曰：普，遍也。"② 本义为"日无色"，假借为"溥"。用作副词，先秦时期已经有用例，如《左传·桓公六年》："博硕肥腯，谓民力之普存也，谓其畜之硕大蕃滋也。"后来，一直沿用至今。③

胜

在《孔传》中，"胜"作范围副词，仅出现 1 例。用于句中动词谓语前，作状语，表彻底实施动作行为，可译为"完全"。

发言常在是文武，则天美周家，日益至矣，惟是文武不胜受。（《君奭》）

《说文解字》："胜，任也。"④ 本义为"承担得起"、"禁受得起"。虚词义是由本义引申而来。用作副词，先秦时期已经有用例，如《墨子·天志上》："今天下之士君子之书，不可胜载，言语不可尽计。"后来，一直沿用于文言之中。⑤

通

在《孔传》中，"通"作范围副词，仅出现 1 例。用于句中动词谓语

---

① （东汉）许慎：《说文解字》，北京：中华书局，1963 年，第 139 页。
② （清）段玉裁：《说文解字注》，上海：上海古籍出版社，1981 年，第 308 页。
③ 中国社会科学院语言研究所古代汉语研究室编《古代汉语虚词词典》，北京：商务印书馆，1999 年，第 404 页。
④ （东汉）许慎：《说文解字》，北京：中华书局，1963 年，第 89 页。
⑤ 中国社会科学院语言研究所古代汉语研究室编《古代汉语虚词词典》，北京：商务印书馆，1999 年，第 505 页。

前面，作状语，表动作行为遍及宾语，可译为"全部"。

誓其群臣，通称士也。(《秦誓》)

《说文解字》："通，达也。"① 虚词"通"是本义的引申义，可用作副词。先秦用例较少见，如《礼记·曲礼上》："嫂叔不通问。"汉代以后才逐渐多起来。②

唯

在《孔传》中，"唯"作范围副词，仅出现 1 例。用于句子的开端，限定主语范围，可译为"只有"。

言余人尽已，唯鲧可试，无成乃退。(《尧典》)

《说文解字》："唯，诺也。"③ 用作应对之词，表应允。用作副词，是假借字。先秦时期已经有用例，如《左传·襄公三十一年》："若果行此，其郑国实赖之，岂唯二三臣？"后来，一直沿用于文言之中。④

悉

在《孔传》中，"悉"作范围副词，仅出现 1 例。用于句中动词谓语前面，作状语，表总括，可译为"全都"。

前人文武布其乃心为法度，乃悉以命汝矣，为汝民立中正之教矣。(《君奭》)

《说文解字》："悉，详尽也。"⑤ 此为本义，又引申为动词，义为"知道"、"知晓"。"悉"的虚词用法是由本义引申而来的，作副词，表总括。《尔雅·释诂》："悉，尽也。"商周时期已经产生，如《尚书·盘庚上》："王命众悉至于庭。"后来，一直沿用于文言作品之中，现代汉语书面语保

---

① （东汉）许慎：《说文解字》，北京：中华书局，1963 年，第 40 页。
② 中国社会科学院语言研究所古代汉语研究室编《古代汉语虚词词典》，北京：商务印书馆，1999 年，第 577 页。
③ （东汉）许慎：《说文解字》，北京：中华书局，1963 年，第 22 页。
④ 中国社会科学院语言研究所古代汉语研究室编《古代汉语虚词词典》，北京：商务印书馆，1999 年，第 596 页。
⑤ （东汉）许慎：《说文解字》，北京：中华书局，1963 年，第 28 页。

留了"悉"的这种用法。①

一

在《孔传》中,"一"作范围副词,仅出现1例。用于句中动词谓语前面,表没有例外实施某种动作行为,可译为"完全"。

言其余人久染污俗,本无恶心,皆与更新,一无所问。(《胤征》)

《说文解字》:"一,惟初太始,道立于一,造分天地,化成万物。"②《说文解字注》:"《汉书》曰:'元元本本,数一之形。'于六书为指事。"③本指"最小的正整数"。虚词义是本义的引申义。用作副词,先秦时期已经有用例,如《战国策·秦策四》:"王若负人徒之众,材兵甲之强,一毁魏氏之威,而欲以力臣天下之主,臣恐有后患。"后来,一直沿用至今。④

从以上分析看,在《孔传》中,范围副词在语义上表总括的有"皆"、"惟"、"各"、"并"、"凡"、"共"、"同"、"尽"、"俱"、"咸"、"广"、"总"、"备"、"方"、"兼"、"具"、"均"、"率"、"普"、"胜"、"通"、"悉"、"一"等词;在语义上表限定的有"多"、"但"、"徒"、"毕"、"唯"、"更"等词;但是,以表总括义的范围副词更多。从句法结构上看,这类副词主要用于句中动词或动词谓语前面,少数也可以用于形容词谓语或名词性谓语前面,作状语。在语音形式上,这类副词以单音节副词为主,也有少数复音节副词,如"各自"等。从汉语历时流变角度看,张国艳(2002)认为:"甲骨文中范围副词有7个,其中'咸'、'具'、'凡'为常用。"⑤ 李明晓、胡波、张国艳认为:"在战国楚系文献中总括副词有24个,即'率'、'凡'、'大凡'、'皆'、'敛'、'屯'、'尽'、'并'、'咸'、'具'、'共'、'均'、'毕'、'同'、'悉'、'周'、'環'、'胜'、

---

① 中国社会科学院语言研究所古代汉语研究室编《古代汉语虚词词典》,北京:商务印书馆,1999年,第638页。

② (东汉)许慎:《说文解字》,北京:中华书局,1963年,第7页。

③ (清)段玉裁:《说文解字注》,上海:上海古籍出版社,1981年,第1页。

④ 中国社会科学院语言研究所古代汉语研究室编《古代汉语虚词词典》,北京:商务印书馆,1999年,第700页。

⑤ 张国艳:《甲骨文副词研究》,西南师范大学,硕士学位论文,2002年,第63页。

'该'、'举'、'徧'、'兼'、'俱'、'偕'；表限定的副词有 9 个，即'唯（惟、维）'、'仅'、'独'、'各'、'啻'、'直'、'止'、'徒'、'特'；以'皆'、'凡'、'各'为常用。"① 杨伯峻、何乐士考察先秦文献中，最常用的范围副词有"凡"、"皆"、"尽"、"共"、"具"、"均"、"毕"、"同"、"举"、"俱"、"偕"、"唯（惟）"、"仅"、"独"、"各"、"止"、"徒"、"特"、"率"、"胥"，等等②。而在《孔传》范围副词中，这类副词都是继承先秦汉语而来，在使用频率上不尽相同，其中，"皆"、"惟"、"各"、"并"、"凡"、"共"最为常用。

　　同时，我们也注意到，在《孔传》中，范围副词"咸"凡 5 例，"同"凡 16 例，"皆"凡 189 例。从三个词出现频次看，"皆"在当时已经广泛使用。钱宗武教授在《〈孔传〉或成于汉末晋初》一文中通过《尚书》孔传、《诗经》毛亨传与郑玄的笺对于范围副词"咸"的训解来论证《孔传》之伪和伪《孔传》的大致形成时代。他认为："《诗经》经文中的三例'咸'字，西汉毛亨均没有注释，这说明毛亨所在的年代'咸'字还无须注释，而东汉末年的郑玄均作了笺释，二例释为'皆'，一例释为'同'。郑玄对《古文尚书》范围副词'咸'唯一的笺释，释'咸'为'皆'。比较《尚书》孔传、《诗经》毛亨传和郑玄笺，《孔传》对范围副词'咸'字的解释与郑玄相似度大，而与毛亨相似度小。倘若《孔传》真是西汉孔安国所作，则很难解释这一现象。看来，《孔传》当非西汉孔安国所作。""语言还具有社会性，任何文献语言词语的使用不可能是孤立的，而具有普遍性和系联性，要体现出那个时代的语言规则和表达习惯。'咸'是西汉常用的范围副词。'咸'的词汇意义和语法意义为当时全社会公认。随着时空的变化，到了东汉，'咸'已渐渐失去作为范围副词的语法功能，与之相对应的常用范围副词已为'皆'。"③ 而《孔传》中范围副词"皆"的大量使用，恰恰证明了钱宗武教授的观点。

① 李明晓、胡波、张国艳：《战国秦汉简牍虚词研究》，成都：四川大学出版社，2011 年，第 124 页。

② 杨伯峻、何乐士：《古汉语语法及其发展》，北京：语文出版社，2003 年，第 304 页。

③ 钱宗武：《〈孔传〉或成于汉末晋初》，《南京师范大学文学院学报》，2011 年第 1 期。

第四节　程度副词

程度副词是表示事物性质状态或动作行为所达到的各种程度的一类副词。这类副词在语义上，主要表示"某种程度"；在句法结构上，主要用于句中谓语前面，作状语，起修饰限制作用。在《孔传》中，程度副词凡18个。

大

在《孔传》中，"大"作程度副词、状态副词、推度副词，凡97例。其中，"大"作程度副词，用于句中动词、形容词谓语前面，作状语，表程度深，可译为"非常"、"十分"等。凡79例，诸如：

(1) 西裔之山已可居，三苗之族大有次叙。(《禹贡》)

(2) 言我顺和怀此新邑，欲利汝众，故大从其志而徙之。(《盘庚中》)

(3) 汝不谋长久之计，思汝不徙之灾，苟不欲徙，是大劝忧之道。(《盘庚中》)

(4) 言我文德之父，能成其王功，大当天命，以抚绥四方中夏。(《武成》)

(5) 风灾所及，邦人皆大恐。(《金縢》)

(6) 言殷后小腆腆之禄父，大敢纪其王业，欲复之。(《大诰》)

(7) 大恶之人犹为人所大恶，况不善父母，不友兄弟者乎？(《康诰》)

(8) 汝大能进老成人之道，则为君矣。(《酒诰》)

(9) 能进馈祀，则汝乃能自大用逸之道。(《酒诰》)

(10) 其有告之，言小人怨詈汝者，则大自敬德，增修善政。(《无逸》)

(11) 若游大川，我往与汝乘其共济渡成王，同于未在位即政时，汝大无非责我留。(《君奭》)

(12) 惟文王圣德，为之子孙无忝厥祖，大承无穷之忧。(《君奭》)

(13) 言桀不能善奉于人众，无大惟进恭德，而大舒惰于治民。(《多方》)

(14) 叹文王所谋大显明。(《君牙》)

（15）用行货之人，则惟汝大不能敬其君，惟我则亦以此罪汝。（《冏命》）

《说文解字》："大，天大，地大，人亦大，故象人形。"① 《广韵》："大，小大也。"② 本义是"大小"的"大"。《说文解字注》："后世凡言大，而以为形容未尽，则作太。"③ 用作副词，先秦时期已经有用例，如《国语·晋语一》："言之大甘，其中必苦。"后来，一直沿用至今。④

甚

在《孔传》中，"甚"作程度副词，凡 12 例。

（一）"甚"用于句中动词或形容词谓语前面，作状语，表程度高，可译为"很"、"非常"等。凡 9 例，诸如：

（1）禹言有苗、驩兜之徒甚佞如此，尧畏其乱政，故迁放之。（《皋陶谟》）

（2）言禹功甚当，可师法。（《益稷》）

（3）江于此州界分为九道，甚得地势之中。（《禹贡》）

（4）四海之内会同京师，九州同风，万国共贯，水、火、金、木、土、谷甚修治。（《禹贡》）

（5）我周家为天下役事，遗我甚大，投此艰难于我身。（《大诰》）

（6）言周邦丧乱，绝其资用惠泽于下民，侵兵伤我国及卿大夫之家，祸甚大。（《文侯之命》）

（二）"甚"用于句中形容词谓语后面，作补语，表程度高，可译为"很"、"非常"等。凡 3 例。

（1）腐索驭六马，言危惧甚。（《五子之歌》）

（2）言昏甚。（《多方》）

（3）病日至，言困甚。（《顾命》）

---

① （东汉）许慎：《说文解字》，北京：中华书局，1963 年，第 213 页。

② （宋）陈彭年等：《宋本广韵》，南京：江苏教育出版社，2002 年，第 109 页。

③ （清）段玉裁：《说文解字注》，上海：上海古籍出版社，1981 年，第 492 页。

④ 中国社会科学院语言研究所古代汉语研究室编《古代汉语虚词词典》，北京：商务印书馆，1999 年，第 74 页。

《说文解字》："甚，无安乐也。"① 《说文解字注》："引申为凡殊、尤皆曰甚。"② 用作副词，先秦时期已经有用例，如《战国策·西周策》："秦令樗里疾以车百乘入周，周君迎之以卒，甚敬。"后来，一直沿用于文言之中。

至

在《孔传》中，"至"作程度副词，凡 8 例。用于句中动词、形容词谓语前面，作状语，表状态程度深，可译为"最"、"极"、"很"等。诸如：

（1）言能以至诚感顽父。（《大禹谟》）

（2）至和感神，况有苗乎！（《大禹谟》）

（3）太甲性轻脱，伊尹至忠，所以不已。（《太甲上》）

（4）非废，谓动谋于众，至用其善。（《盘庚下》）

（5）安人且犹不能，况其有能至知天命者乎？（《大诰》）

《说文解字》："至，鸟飞从高下至地也。"③ 《说文解字注》："凡云来至者，皆于此义引申假借。"④ 《玉篇》："至，极也，达也，到也。""到达极限"是"至"的基本含义。"至"常用来修饰形容词，如"至高"、"至微"等，由此有了副词的用法。先秦时期已经有用例，如《墨子·鲁问》："公输子自以为至巧。"后来，一直沿用于今。⑤

难

在《孔传》中，"难"作程度副词，凡 5 例。用于句中动词谓语前面，作状语，表不容易实现某种动作行为，可译为"难于"、"难以"等。

（1）危则难安，微则难明，故戒以精一，信执其中。（《大禹谟》）

---

① （东汉）许慎：《说文解字》，北京：中华书局，1963 年，第 100 页。

② （清）段玉裁：《说文解字注》，上海：上海古籍出版社，1981 年，第 740 页。

③ （东汉）许慎：《说文解字》，北京：中华书局，1963 年，第 247 页。

④ （清）段玉裁：《说文解字注》，上海：上海古籍出版社，1981 年，第 548 页。

⑤ 中国社会科学院语言研究所古代汉语研究室编《古代汉语虚词词典》，北京：商务印书馆，1999 年，第 849 页。

（2）众难得食处，则与稷教民播种之，决川有鱼鳖，使民鲜食之。（《益稷》）

（3）以其无常，故难信。（《咸有一德》）

（4）天命不易，天难信无德者，乃其坠失王命，不能经久历远，不可不慎。（《君奭》）

（5）单辞特难听，故言之。（《吕刑》）

《说文解字》：“难，鸟也。”① 其本义为“鸟名”，假借为难易的“难”。《说文通训定声》：“難，假借为艰、为悍、为蹇。”② 用作副词，先秦时期已经有用例，如《左传·庄公十年》：“夫大国难测也，惧有伏焉。”后来，一直沿用至今。③

特

在《孔传》中，“特”作程度副词，凡 3 例。用于句中形容词谓语前面，作状语，表程度超出通常所指的水平，可译为“特别”、“非常”等。

（1）利口覆国家，故特慎焉。（《太甲下》）

（2）民事无非天所嗣常也，祭祀有常，不当特丰于近庙。（《高宗肜日》）

（3）单辞特难听，故言之。（《吕刑》）

又

在《孔传》中，“又”作程度副词，凡 3 例。用于句中动词、形容词谓语前面作状语，表程度加深，带有比较含义，可译为“更”。

（1）猛火烈矣，又烈于火。（《胤征》）

（2）伐恶之道张设，比于汤又有光明。（《泰誓中》）

（3）下视殷民，所用治者，皆重赋伤民、敛聚怨仇之道，而又亟行暴

---

① （东汉）许慎：《说文解字》，北京：中华书局，1963 年，第 80 页。

② （清）朱骏声：《说文通训定声》，北京：商务印书馆，1984 年，第 307 页。

③ 中国社会科学院语言研究所古代汉语研究室编《古代汉语虚词词典》，北京：商务印书馆，1999 年，第 386 页。

虐，自召敌仇不解怠。(《微子》)

已

在《孔传》中，"已"作程度副词，凡 3 例。用于句中形容词谓语前面，表程度深。可译为"太"。诸如：

（1）纣之为恶，一以贯之，恶贯已满，天毕其命。(《泰誓上》)

（2）公之功辅道我已厚矣，天下无不顺而是公之功。(《洛诰》)

（3）勇武番番之良士，虽众力已过老，我今庶几欲有此人而用之。(《秦誓》)

笃

在《孔传》中，"笃"作程度副词，凡 2 例。用于句中动词前面，作状语，表程度之甚，可译为"非常"、"深深"等。

（1）舜慎美笃行斯道。(《舜典》)

（2）汝当常听念我所慎而笃行之。(《酒诰》)

《说文解字》："笃，马行顿迟也。"① 《说文解字注》："顿如顿首，以头触地也，马行箸实而迟缓也。"② 《尔雅·释诂》："笃，固也，厚也。"本义是"马吃力而缓慢走"，引申为"忠厚"、"坚定"、"深厚"等。虚词"笃"是从引申义再引申而来。用作副词。先秦时期已有用例，如《论语·子张》："博学而笃志，切问而近思，仁在其中矣。"后来，一直沿用在文言之中。③

更

在《孔传》中，"更"作程度副词，凡 2 例。用于句中动词谓语前面，表程度进一步加深，可译为"更加"、"尤其"等。

---

① (东汉)许慎：《说文解字》，北京：中华书局，1963 年，第 200 页。

② (清)段玉裁：《说文解字注》，上海：上海古籍出版社，1981 年，第 465 页。

③ 中国社会科学院语言研究所古代汉语研究室编《古代汉语虚词词典》，北京：商务印书馆，1999 年，第 109 页。

（1）言今往迁都，更求昌盛，如颠仆之木，有用生蘖哉。(《盘庚上》)

（2）更说桀也。(《多方》)

极

在《孔传》中，"极"作程度副词，凡 2 例。用于句中动词谓语前，作状语，表程度极深，可译为"极力"。

（1）言天慎劳我周家成功所在，我不敢不极尽文王所谋之事。(《大诰》)

（2）我欲极尽文王所谋，故大化天下，道我友国诸侯。(《大诰》)

《说文解字》："极，栋也。"①《说文解字注》："引申之义'凡至高至远皆谓之极。'"② 本义为"屋脊之栋"。用作副词，为其引申之义，先秦时期已有用例，如《楚辞·天问》："洪泉极深，何以填之？"后来，一直沿用至今。③

重

在《孔传》中，"重"作程度副词，用在句中形容词前面，作状语，表程度之甚，可译为"很"、"更加"等。凡 2 例。

（1）言禹最贤，重美之。(《大禹谟》)

（2）欲其重慎。(《康诰》)

"重"作程度副词，可引申为"严重"、"加重"、"厚重"等，均为实词义。其虚词用法是由实词义引申而来。作程度副词，先秦已经有用例，如《国语·吴语》："而思边垂之小怨，以重得罪于下执事。"后来，一直沿用于文言之中。④

---

① （东汉）许慎：《说文解字》，北京：中华书局，1963 年，第 124 页。

② （清）段玉裁：《说文解字注》，上海：上海古籍出版社，1981 年，第 252 页。

③ 中国社会科学院语言研究所古代汉语研究室编《古代汉语虚词词典》，北京：商务印书馆，1999 年，第 264 页。

④ 中国社会科学院语言研究所古代汉语研究室编《古代汉语虚词词典》，北京：商务印书馆，1999 年，第 856 页。

足

在《孔传》中，"足"作程度副词，凡 2 例。用于句中动词谓语前面，作状语，表达到某种程度，可译为"足够"、"够得上"等。

（1）未盈三岁足得一月，则置闰焉，以定四时之气节，成一岁之历象。（《尧典》）

（2）无曰人少不足治也，惟在慎其政事，无敢轻之。（《毕命》）

《说文解字》："足，人之足也。"① 虚词"足"与本义无关，而是"浞"的假借字。《说文通训定声》："浞，转注为'饶益'之义，经传皆以'足'为之。"② "浞"的本义为"沾湿"、"浸渍"，当引申为"饶益"义时，古书则写作"足"。虚词"足"即从"饶益"义引申而来。用作副词，先秦已经有用例，如《韩非子·五蠹》："古者丈夫不耕，草木之实足食也；妇人不织，禽兽之皮足衣也。"后来，一直沿用于文言之中。③

鲜

在《孔传》中，"鲜"作程度副词，凡 2 例。用于句中动词谓语前面，作状语，表事情发生的机会比较少见，可译为"少"。

（1）靡不有初，鲜克有终，故戒慎终如其始。（《仲虺之诰》）

（2）惟汝所知民德，亦无不能其初，鲜能有终，惟其终则惟君子。（《君奭》）

《说文解字》："鲜，鱼名。"④《说文解字注》："按此乃鱼名。经传乃假借为'新鲜'字，又假借为'尟少'字，而本义废也。"⑤ 用作副词，先秦时期已经有用例，如《左传·襄公二十一年》："重茧，衣裘，鲜食而寝。"后来，一直沿用于文言之中。

---

① （东汉）许慎：《说文解字》，北京：中华书局，1963 年，第 45 页。
② （清）朱骏声：《说文通训定声》，北京：商务印书馆，1984 年，第 380 页。
③ 中国社会科学院语言研究所古代汉语研究室编《古代汉语虚词词典》，北京：商务印书馆，1999 年，第 881 页。
④ （东汉）许慎：《说文解字》，北京：中华书局，1963 年，第 244 页。
⑤ （清）段玉裁：《说文解字注》，上海：上海古籍出版社，1981 年，第 579 页。

厚

在《孔传》中，"厚"作程度副词，仅有1例。用于句中动词谓语前面，作状语，表动作行为的程度超出一般，可译为"努力地"、"多多地"等。

言我厚辅是文武之道而行之，或用能至于今日其政美。(《君奭》)

《说文解字》："厚，山陵之厚也。"① 本义是"山陵高大"，引申为"薄厚"的"厚"；又引申为"多"、"重"等。用作副词，先秦时期已经有用例，如《战国策·秦策一》："于是乃废文任武，厚养死士，缀甲厉兵，效胜于战场。"后来，一直沿用至今。②

颇

在《孔传》中，"颇"作程度副词，仅有1例。用于句中谓语前面，作状语，表程度较深，可译为"很"、"相当"等。

若尔乃为逸豫颇僻，大弃王命，则惟汝众方取天之威，我则致行天罚，离逖汝土，将远徙之。(《多方》)

《说文解字》："颇，头偏也。"③ 本义为"头偏斜"。由本义引申出"偏"、"倾斜"、"不正"等。例如，《左传·昭公二年》："君刑已颇，何以为盟主？""颇"的虚词义是由其实词义引申而来的，西汉时已经产生。作副词，"颇"既可以表程度深或数量多，也可以表程度浅或数量少。例如，《史记·袁盎晁错列传》："绛侯得释，盎颇有力。"后来，一直沿用至今。④

殊

在《孔传》中，"殊"作程度副词，仅有1例。用于句中形容词谓语

---

① （东汉）许慎：《说文解字》，北京：中华书局，1963年，第111页。
② 中国社会科学院语言研究所古代汉语研究室编《古代汉语虚词词典》，北京：商务印书馆，1999年，第231页。
③ （东汉）许慎：《说文解字》，北京：中华书局，1963年，第183页。
④ 中国社会科学院语言研究所古代汉语研究室编《古代汉语虚词词典》，北京：商务印书馆，1999年，第402页。

前面，作状语，表程度深，可译为"特别"、"非常"等。

每州之名山殊大之，以为其州之镇。(《舜典》)

《说文解字》："殊，死也。""曰断也。"① 《说文解字注》："凡汉诏云殊死者，皆谓死罪也。死罪者首身分离，故曰殊死。引申为'殊异'。'断'与'死'本无二义。""凡言殊异、殊绝，皆引申之义。"② 《玉篇》："殊，《仓颉》云：殊，异也。"先秦时期，"殊"常用于句中动词前面，虚化为副词，表动作行为的程度。例如，《公羊传·襄公三年》："戊寅，叔孙豹及诸侯之大夫，及陈袁侨盟。曷为殊及陈袁侨？为其与袁侨盟也。"后来，一直沿用至今。③

益

在《孔传》中，"益"作程度副词，仅有1例。用于句中动词谓语前面，作状语，表情况逐渐变化，可译为"渐渐"。

发言常在是文武，则天美周家，日益至矣，惟是文武不胜受。(《君奭》)

《说文解字》："益，饶也。从水皿，皿益之意也。"④ 《说文通训定声》："按从水，浮于皿，会意。字亦作溢。"⑤ "益"的本义是"水满了溢出来"，引申为"水涨"。例如，《吕氏春秋·察今》："澭水暴益，荆人弗知。"又引申为"增益"、"增加"等。例如，《孟子·告子下》："曾益其所不能。"副词"益"即从这一意义虚化而来，一般用于句中谓语前面，作状语。这种用法先秦已经存在，如《左传·襄公十四年》："自是晋人轻鲁币，而益敬其使。"后来，一直沿用至今。⑥

---

① (东汉) 许慎：《说文解字》，北京：中华书局，1963 年，第 85 页。

② (清) 段玉裁：《说文解字注》，上海：上海古籍出版社，1981 年，第 161 页。

③ 中国社会科学院语言研究所古代汉语研究室编《古代汉语虚词词典》，北京：商务印书馆，1999 年，第 527 页。

④ (东汉) 许慎：《说文解字》，北京：中华书局，1963 年，第 104 页。

⑤ (清) 朱骏声：《说文通训定声》，北京：商务印书馆，1984 年，第 412 页。

⑥ 中国社会科学院语言研究所古代汉语研究室编《古代汉语虚词词典》，北京：商务印书馆，1999 年，第 729 页。

最

在《孔传》中，"最"作程度副词，仅有 1 例。用于句中形容词谓语前，作状语，表状态达到顶点，可译为"最"。

言汝心最善，我心我德惟汝所知。(《康诰》)

《说文解字》："最，犯而取也。"① 本义为"攻取"。虚词"最"与本义无关，而是"冣"的误字。《说文解字》："冣，积也。"《说文解字注》："冣与聚音义皆同，与曰部之最音义皆别。""学者知有最字不知有冣字久矣。"② "最"的虚词义即由"冣"的"积"义引申而来。积聚必有低而高、由少而多，故可引申为"程度之高或次数、时间、人事的总和"。用作副词，先秦时期已经有用例，如《庄子·天下》："然惠施之口谈，自以为最贤。"后来，一直沿用至今。③

从以上分析看，在《孔传》中，程度副词的含义大致可以分为五类：其一，表示程度深、高，如"大"、"甚"、"难"、"特"、"又"、"已"、"笃"、"重"、"厚"、"颇"等；其二，表示程度在变化之中，如"益"；其三，表示程度适中，如"足"；其四，表示程度轻微，如"鲜"；其五，表示程度至极，如"至"、"极"。在语音形式上，这类副词均为单音节形式，无复音节形式的出现。在语法功能上，多数程度副词用作状语，既可以用于句中动词谓语前面，又可以用于形容词性谓语前面，如"大"、"甚"、"至"、"又"；或用于句中动词谓语前面，如"难"、"笃"、"更"、"极"、"足"、"鲜"、"厚"、"益"；或用于句中形容词性谓语前面，如"特"、"已"、"重"、"颇"、"殊"、"最"。此外，副词"甚"可以用于句中形容词谓语后面，作补语，表程度之深。从汉语历时流变角度看，《孔传》程度副词主要是继承先秦汉语而来，"颇"则约是西汉时产生。

---

① (东汉)许慎：《说文解字》，北京：中华书局，1963 年，第 157 页。
② (清)段玉裁：《说文解字注》，上海：上海古籍出版社，1981 年，第 353 页。
③ 中国社会科学院语言研究所古代汉语研究室编《古代汉语虚词词典》，北京：商务印书馆，1999 年，第 883 页。

第五节　判断副词

判断副词是指在句中起加强判断作用的一类副词。这类副词常用在句中谓语之前，具有系词的作用。在《孔传》中，判断副词凡 11 个。

当

在《孔传》中，"当"作判断副词，凡 207 例。用于句中动词、形容词谓语前面，作状语，表情理上情况应该或将会怎么样。

（一）"当"表动作行为是在情理中应该发生的，可译为"应该"、"应当"等。凡 200 例，诸如：

（1）言当依声律以和乐。（《舜典》）

（2）言人君当信蹈行古人之德，谋广聪明以辅谐其政。（《皋陶谟》）

（3）言慎在位，当先安好恶所止，念虑几微，以保其安，其辅臣必用直人。（《益稷》）

（4）众顽愚谏说之人，若所行不在于是而为非者，当察之。（《益稷》）

（5）继祖善业，当夙夜庶几视祖此配天之德而法之。（《太甲下》）

（6）言当敬身，念祖德。（《伊训》）

（7）已进告汝之后，顺于汝心与否，当以情告我，无敢有不敬。（《盘庚下》）

（8）叹以感王入其言，王者主民，当敬民事。（《高宗肜日》）

（9）高明谓天，言天为刚德，亦有柔克，不干四时，喻臣当执刚以正君，君亦当执柔以纳臣。（《洪范》）

（10）不敢废天命，言卜吉当必征之。（《大诰》）

（11）汝当大远求商家耆老成人之道，常以居心，则知训民。（《康诰》）

（12）言当修己以敬，无为可怨之事，勿用非善谋、非常法。（《康诰》）

（13）今往当使妹土之人继汝股肱之教，为纯一之行，其当勤种黍稷，奔走事其父兄。（《酒诰》）

（14）言当正身以帅民。（《酒诰》）

（15）侯、甸、男、卫之国当慎接之，况太史、内史掌国典法所宾友乎？（《酒诰》）

（16）我惟告汝曰，汝当固慎殷之善臣信用之。（《酒诰》）

（17）汝当信用其臣以通王教于民。（《梓材》）

（18）亦其为君之道，当先敬劳民，故汝往治民，必敬劳来之。（《梓材》）

（19）言王新即政，始服行教化，当如子之初生，习为善，则善矣。（《召诰》）

（20）我小子退坐之后，便就君于周，命立公后，公当留佑我。（《洛诰》）

（二）"当"表推断或预测某种情况应该怎么样，可译为"将会"。凡7例。

（1）大子之责，谓疾不可救于天，则当以旦代之。（《金縢》）

（2）小大多正自为不和，汝有方多士，当和之哉！（《多方》）

（3）我敬于刑，当使有德者惟典刑。（《吕刑》）

（4）叹而敕之，使敬用所言，当长辅汝君于常法。（《冏命》）

（5）在今尔安百姓兆民之道，当何所择？（《吕刑》）

（6）当何所敬？（《吕刑》）

（7）当何所度？（《吕刑》）

《说文解字》："当，田值也。"[1]《说文解字注》："值者持也，田与田相持也。引申之，凡相持、相抵皆曰'当'。"[2] 用作副词，先秦时期已经有用例，如《尚书·酒诰》："人无于监，当于民监。"后来，一直沿用至今。

必

在《孔传》中，"必"作判断副词，凡93例。用于句中动词谓语前面，作状语，表各种判断关系。

（一）"必"用于句中谓语前面，表对事态的推测或判断，可译为"必定"、"总会"等。凡28例，诸如：

---

① （东汉）许慎：《说文解字》，北京：中华书局，1963年，第291页。

② （清）段玉裁：《说文解字注》，上海：上海古籍出版社，1981年，第697页。

（1）名言此事，必在此义；言出此心，亦在此义。（《大禹谟》）

（2）叹能以威胜所爱，则必有成功。（《胤征》）

（3）此六者，弃德之君必有其一。（《五子之歌》）

（4）苟为不德无大，言恶有类，以类相致，必坠失宗庙。（《伊训》）

（5）言我先王安汝父祖之忠，今汝不忠汝父祖，必断绝弃汝命，不救汝死。（《盘庚中》）

（6）言殷之就亡，指汝功事所致，汝不得无死戮于殷国，必将灭亡，立可待。（《西伯戡黎》）

（7）言我梦与卜俱合于美善，以兵诛纣必克之占。（《泰誓中》）

（8）亦其为君之道，当先敬劳民，故汝往治民，必敬劳来之。（《梓材》）

（二）"必"用于句中谓语前面，表情理上的必要，可译为"必须"。凡40例，诸如：

（1）听下言纳于上，受上言宣于下，必以信。（《舜典》）

（2）选左右，必忠良。（《咸有一德》）

（3）言顺汝心，必以非道察之，勿以自臧。（《太甲下》）

（4）居位理事，必任能事。（《武成》）

（5）盛德必自敬，何狎易侮慢之有？（《旅獒》）

（6）言必反复思念，重刑之至也。（《康诰》）

（7）以其渐染恶俗，故必三申法令，且惟教之，则汝有此明训以享国。（《酒诰》）

（8）言此三者虽小官长，必慎择其人。（《立政》）

（9）为人君长，必有所含忍，其乃有所成。（《君陈》）

（10）王大发大命，临群臣，必斋戒沐浴。（《顾命》）

（三）"必"用于句中谓语前面，表事理之间确定不移的关系，可译为"必然"、"必定"等。凡14例，诸如：

（1）天子亲征，必载迁庙之祖主行，有功则赏祖主前，示不专。（《甘誓》）

（2）民无君主则恣情欲，必致祸乱。（《仲虺之诰》）

（3）言汤始修为人纲纪，有过则改，从谏如流，必先民之言是顺。（《伊训》）

（4）怠惰忽略，必乱其政。（《周官》）

（5）能柔远者必能柔近，然后国安。（《文侯之命》）

（四）"必"用于句中谓语前面，表态度坚决，可译为"必定"、"一定"等。凡 11 例，诸如：

（1）凶德如此，我必往诛之。（《汤誓》）

（2）人以言咈违汝心，必以道义求其意，勿拒逆之。（《太甲下》）

（3）其视纣罪，与桀同辜。言必诛之。（《泰誓中》）

（4）不敢废天命，言卜吉当必征之。（《大诰》）

（5）叹而敕之，凡行刑罚，汝必敬明之。欲其重慎。（《康诰》）

《说文解字》："必，分极也。"① 原意是"房子最高处设置的判别标记"，后引申为"判别事理之词"。用作副词，先秦时期已经有用例，如《战国策·东周策》："鼎入梁，必不出。……若入楚，鼎必不出。"后来，一直沿用至今。②

乃

在《孔传》中，"乃"作判断副词，常用于句中谓语前面，表对主语的判断，可译为"就是"。凡 25 例，诸如：

（1）言六府三事之功有次叙，皆可歌乐，乃德政之致。（《大禹谟》）

（2）言讬天以行虐于民，乃桀之大罪。（《仲虺之诰》）

（3）言修其身，使信德合于群下，惟乃明君。（《太甲中》）

（4）为人君长而不能治其家人之道，则于其小臣外正官之吏，并为威虐，大放弃王命，乃由非德用治之故。（《康诰》）

（5）言纣大厚于酒，昼夜不念自息，乃过差。（《酒诰》）

（6）非我敢取殷王命，乃天命。（《多士》）

（7）所谓芬芳非黍稷之气，乃明德之馨。（《君陈》）

（8）天子有善，则兆民赖之，其乃安宁长久之道。（《吕刑》）

---

① （东汉）许慎：《说文解字》，北京：中华书局，1963 年，第 28 页。

② 中国社会科学院语言研究所古代汉语研究室编《古代汉语虚词词典》，北京：商务印书馆，1999 年，第 22 页。

亦

在《孔传》中,"亦"作判断副词,用于句中谓语动词或形容词谓语前面,作状语,表对动作或事态的判断,并含有限制之意,可译为"只是"。凡 25 例,诸如:

(1) 非徒不敢,志在助君敬法,亦不暇饮酒。(《酒诰》)

(2) 我亦念天就于殷大罪而加诛者,故以纣不能正身念法。(《多士》)

(3) 开放无罪之人,必无枉纵,亦能用劝善。(《多方》)

(4) 冬大寒,亦天之常道,民犹怨咨。(《君牙》)

(5) 冒疾之人,是不能容人用之,不能安我子孙众人,亦曰危殆哉!(《秦誓》)

信

在《孔传》中,"信"作判断副词,凡 21 例。用于句中动词、形容词谓语前面,作状语,表示对行为、事态的肯定判断,可译为"确实"、"真正"等。诸如:

(1) 既有四德,又信恭能让。(《尧典》)

(2) 舜有深智文明温恭之德,信充塞上下。(《舜典》)

(3) 危则难安,微则难明,故戒以精一,信执其中。(《大禹谟》)

(4) 言汤布明武德,以宽政代桀虐政,兆民以此皆信怀我商王之德。(《伊训》)

(5) 汝治人能敬常在道德,是乃无不变化,其政教则信升于大道。(《君陈》)

(6) 五辞简核,信有罪验,则正之于五刑。(《吕刑》)

《说文解字》:"信,诚也"。[①] 本义是"诚信",又可以引申为"任凭"之义。例如,《荀子·哀公》:"明主任计不信怒;暗主怒不任计。"用作副词,见于先秦用例,如《左传·昭公元年》:"子皙信美矣,抑予南夫也。"

---

① (东汉)许慎:《说文解字》,北京:中华书局,1963 年,第 52 页。

后来，一直沿用于文言之中。①

其

在《孔传》中，"其"作推度副词、判断副词、疑问副词、劝令副词，凡33例。其中，"其"作判断副词，用于句中谓语前面，作状语，表对将采取的动作行为的肯定判断，可译为"大概"、"将要"等。凡13例，诸如：

（1）汤所往之民，皆喜曰："待我君来，其可苏息。"（《仲虺之诰》）

（2）我是其惟殷先智王之德，用安治民，为求等。（《康诰》）

（3）明惟天其以民不安罚诛我，我其不怨天。（《康诰》）

（4）尽执拘群饮酒者以归于京师，我其择罪重者而杀之。（《酒诰》）

（5）王使殷民上下相承有次序，则万年之道，民其长观我子孙而归其德矣。（《洛诰》）

（6）言天其长我命于此新邑，不可不徙。（《盘庚上》）

即

在《孔传》中，"即"作判断副词，凡5例。用于句中谓语前，表对人、事物或行为动作的肯定、强调，可译为"就是"。诸如：

（1）四岳，即上羲和之四子，分掌四岳之诸侯，故称焉。（《尧典》）

（2）王季即祖。（《无逸》）

实

在《孔传》中，"实"作判断副词，凡5例。用于句中动词谓语前，作状语，表对动作行为判断和强调，可译为"确实"、"实际上"等义。

（1）虽说之，其实在人。（《召诰》）

（2）言桀纣非实狂愚，以不念善，故灭亡。（《多方》）

（3）特言我闻自古有之，世有禄位而无礼教，少不以放荡陵邈有德

---

① 中国社会科学院语言研究所古代汉语研究室编《古代汉语虚词词典》，北京：商务印书馆，1999年，第657页。

者，如此实乱天道。(《毕命》)

（4）惟我一人无善，实恃左右前后有职位之士，匡正其不及。(《冏命》)

（5）若非人其实吉良，惟以货财配其吉良，以求入于仆侍之臣，汝当清审。(《冏命》)

《说文解字》："实，富也。"① 本义为"充实"，虚化为副词。先秦时期已经有用例，如《公羊传·僖公元年》："曷为不与？实与而文不与。"后来，一直沿用至今。②

务

在《孔传》中，"务"作判断副词，凡5例。用于句中动词谓语前面，作状语，表必须进行某种动作行为，可译为"必须"、"一定"等。

（1）学以顺志，务是敏疾，其德之修乃来。(《说命下》)

（2）立德务滋长，去恶务除本。(《泰誓下》)

（3）治民务除恶政，当如痛病在汝身欲去之，敬行我言。(《康诰》)

（4）听讼断狱，当务从宽恕，故往治民，亦当见其为君之事，察民以过误残败人者，当宽宥之。(《梓材》)

（5）敬天道，务崇先人之美。(《康王之诰》)

《说文解字》："务，趣也。"③ 《说文解字注》："务者，言其促疾于事也。"④ 其本义为"尽力从事于某事"。《管子·牧民》："不务地利，则仓廪不盈。"引申为"事务"、"急务"等。《史记·文帝本纪》："农，天下之本，务莫大焉。"又引申为"务必"义。"务"作副词，出现很早，先秦已经广泛使用，如《尚书·泰誓下》："树德务滋，除恶务本。"后来，一直沿用至今。⑤

---

① （东汉）许慎：《说文解字》，北京：中华书局，1963年，第150页。
② 中国社会科学院语言研究所古代汉语研究室编《古代汉语虚词词典》，北京：商务印书馆，1999年，第508页。
③ （东汉）许慎：《说文解字》，北京：中华书局，1963年，第292页。
④ （清）段玉裁：《说文解字注》，上海：上海古籍出版社，1981年，第720页。
⑤ 中国社会科学院语言研究所古代汉语研究室编《古代汉语虚词词典》，北京：商务印书馆，1999年，第627页。

则

在《孔传》中，"则"作判断副词，凡 3 例。用于句中动词或形容词前面，作状语，起强调作用，可译为"是"、"就是"等。

（1）安以守常则吉，动则凶。（《洪范》）

（2）一者备极，过甚则凶。（《洪范》）

（3）为政以德则治，不以德则乱。（《太甲下》）

《说文解字》："则，等画物也。"① 本义为"分画"。作虚词与本义无关，而是"曾"、"即"、"才"等的假借字。《说文解字注》："则，假借之为语词。"② 用作副词，先秦时期已经有用例，如《庄子·徐无鬼》："子则祥矣，父则不祥。"后来，一直沿用于文言中。③

固

在《孔传》中，"固"作判断副词，仅有 1 例。用于句中动词谓语前面，作状语，表情况本来如此，可译为"本来"。

以相夺攘，矫称上命，若固有之。（《吕刑》）

《说文解字》："固，四塞也。"④ 引申为"坚固"。《玉篇》："固，坚固也。"再引申为"坚持"、"确实"等。用作副词，先秦时期已经有用例，如《孟子·梁惠王上》："百姓皆以王为爱也，臣固知王之不忍也。"后来，一直沿用于文言之中。⑤

从以上分析看，在《孔传》中，判断副词凡 11 个。这类副词主要由先秦汉语继承而来。在语法功能上，这类副词主要在句中作状语，可以修

---

① （东汉）许慎：《说文解字》，北京：中华书局，1963 年，第 91 页。

② （清）段玉裁：《说文解字注》，上海：上海古籍出版社，1981 年，第 179 页。

③ 中国社会科学院语言研究所古代汉语研究室编《古代汉语虚词词典》，北京：商务印书馆，1999 年，第 811 页。

④ （东汉）许慎：《说文解字》，北京：中华书局，1963 年，第 129 页。

⑤ 中国社会科学院语言研究所古代汉语研究室编《古代汉语虚词词典》，北京：商务印书馆，1999 年，第 180 页。

饰形容词性谓语、动词性谓语或名词性谓语。在语义上，这类副词意义实在，黏着性比较强。同时，少数副词与其他类的副词存在兼类情况。

第六节　关联副词

关联副词是表示句子内部或者句子之间顺承、转折、递进等语法意义的一类副词。杨伯峻、何乐士指出，"关联副词常用于单句或复句中前后两项的连接，主要起修饰谓语的作用，虽有连接作用，但并不是并列连接的作用，因此还是副词而不是连词"①。在《孔传》中，关联副词凡9个。

乃

在《孔传》中，"乃"作关联副词，凡109例。

（一）"乃"用于分句中的动词谓语前面，表动作行为或事情前后相承，可译为"就"、"才"、"于是"等。凡107例，诸如：

（1）言余人尽已，唯鲧可试，无成乃退。（《尧典》）

（2）治水十三年，乃有赋法，与他州同。（《禹贡》）

（3）既班瑞之明月，乃顺春东巡。（《舜典》）

（4）股肱之臣喜乐尽忠，君之治功乃起，百官之业乃广。（《益稷》）

（5）王者如此，国乃昌盛。（《仲虺之诰》）

（6）告汝行事之难，当如射之有所准志，必中所志乃善。（《盘庚上》）

（7）言其能信蹈行此诚，则生人安其居，天子乃世世王天下。（《旅獒》）

（8）如服药必瞑眩极，其病乃除。（《说命上》）

（9）顺从我所告之言，则汝乃以殷民世世享国，福流后世。（《康诰》）

（10）其父母善子之行，子乃自絜厚，致用酒养也。（《酒诰》）

（11）于戊午七日甲子，是时诸侯皆会，故周公乃昧爽以赋功属役书，命众殷侯、甸、男服之邦伯，使就功。（《召诰》）

（12）曰，其当用是土中为治，使万国皆被美德，如此惟王乃有成功。

---

① 杨伯峻、何乐士：《古汉语语法及其发展》，北京：语文出版社，2003年，第352页。

（《洛语》）

（13）知九德之臣乃敢告教其君以立政。（《立政》）

（14）汤慎其施政于民，民乃劝善。（《多方》）

（15）凡制事必以古义议度终始，政乃不迷错。（《周官》）

（二）"乃"用于分句中的动词谓语前面，表后一动作行为与前分句是出乎意料，可译为"却"、"竟然"等。凡 2 例。

（1）父已致法，子乃不肯为堂基，况肯构立屋乎？（《大语》）

（2）其父已菑耕其田，其子乃不肯播种，况肯收获乎？（《大语》）

亦

在《孔传》中，"亦"作关联副词，用于单句或者复句的分句之中，作状语，表递进、转折、顺承、并列等关系。凡 19 例，诸如：

（1）言非但罪我，亦将罪汝。（《盘庚中》）

（2）虽天子亦必让以得之。（《说命中》）

（3）文王亦如殷家惟天所大佑，文王亦秉德蹈知天威，乃惟是五人明文王之德。（《君奭》）

（4）以朝臣无能立功至天，故其当视于此，我周受命无穷惟美，亦大惟艰难，不可轻忽，谓之易治。（《君奭》）

（5）言君既圣明，亦惟先正官贤臣能，左右明事其君，所以然。（《文侯之命》）

惟

在《孔传》中，"惟"作关联副词，多用于分句的谓语前面，表动作行为的理由、原因，可译为"由于"、"正因为"等。凡 8 例，诸如：

（1）我西土岐周，惟是怙恃文王之道，故其政教冒被四表，上闻于天，天美其治。（《康语》）

（2）天惟是桀恶，故更求民主以代之，大下明美之命于成汤，使王天下。（《多方》）

（3）文王亦如殷家惟天所大佑，文王亦秉德蹈知天威，乃惟是五人明

文王之德。(《君奭》)

(4) 言能明文王德,蹈行显见,覆冒下民,彰闻上天,惟是故受有殷之王命。(《君奭》)

(5) 文王没,武王立,惟此四人,庶几辅相武王蹈有天禄。(《君奭》)

又

在《孔传》中,"又"作关联副词,用于后面分句的谓语前面,作状语,表意义更进一层或并列,可译为"再"、"还能"等。凡7例,诸如:

(1) 言不忠信为嚚,又好争讼,可乎!(《尧典》)

(2) 地宜漆林,又宜桑蚕。(《禹贡》)

(3) 田第四,赋第二,又杂出第一。(《禹贡》)

(4) 言荒又简略。(《禹贡》)

(5) 言当和远,又能和近,安小大众国,劝使为善。(《顾命》)

反

在《孔传》中,"反"作关联副词,凡5例。用于句中动词谓语前面,作状语,表动作行为与情况相反,可译为"反而"、"反倒"等。

(1) 以谏辅纣,纣反杀之。(《泰誓中》)

(2) 奸邪之人,反尊信之。(《泰誓下》)

(3) 可法以安者,反放退之。(《泰誓下》)

(4) 帝乙爱焉,为作善字,而反大恶自强,惟进用刑,与暴德之人同于其国,并为威虐。(《立政》)

(5) 惟为我执古义之谋人,谓忠贤蹇叔等也,则曰未成我所欲,反忌之耳。(《秦誓》)

犹

在《孔传》中,"犹"作关联副词,用于句中动词谓语前面,表让步,可译为"还"、"尚且"等。凡5例。

(1) 大恶之人犹为人所大恶,况不善父母,不友兄弟者乎?(《康诰》)

（2）民之不安，虽小邑少民，犹有罚诛，不在多大，况曰不慎罚，明闻于天者乎？（《康诰》）

（3）自假自逸犹不敢，况敢聚会饮酒乎？（《酒诰》）

（4）王犹秉德忧臣，况臣下得不皆奔走？（《君奭》）

（5）小臣犹皆慎择其人，况大都邑之小长，以道艺为表干之臣及百官有司之职，可以非其任乎？（《立政》）

尚

在《孔传》中，"尚"作关联副词，用于句中动词谓语前面，作状语，表让步，以引出更进一层的意思，可译为"尚且"、"还"等。凡 3 例。

（1）言恼利小民，尚相顾于箴诲，恐其发动有过口之患，况我制汝死生之命，而汝不相教从我，是不若小民。（《盘庚上》）

（2）天将绝命，尚无知之，况能从先王之业乎？（《盘庚上》）

（3）今汝殷之诸侯皆尚得居汝常居，臣民皆尚得畋汝故田，汝何不顺从王政，广天之命，而自怀疑乎？（《多方》）

便

在《孔传》中，"便"作关联副词，用于句中动词谓语前，表前后情况相互承接，可译为"就"。仅有 1 例。

我小子退坐之后，便就君于周，命立公后，公当留佑我。（《洛诰》）

顾

在《孔传》中，"顾"作关联副词，仅有 1 例。用于句中动词谓语前面，作状语，表谓语所指与常理相反，可译为"反过来"。

民哀呼天，天亦哀之，其顾视天下有德者，命用勉敬者为民主。（《召诰》）

《说文解字》："顾，还视也。"① 这是"顾"字的本义。回过头来看和

---

① （东汉）许慎：《说文解字》，北京：中华书局，1963 年，第 182 页。

通常正面向前看相比较,就有了"反转"义。由"反转"义分化为"相反"、"转折"义,实词"顾"就虚化为副词和连词。虚词的用法约始于战国时期,如《战国策·秦策一》:"今三川周室,天下之市朝也,而王不争焉,顾争于戎狄,去王业远矣。"后来,一直沿用于文言中。①

从以上的分析看,在《孔传》中,关联副词凡 9 个。这类副词主要是继承先秦汉语而来的。在语法功能上,多数关联副词具有跨类现象,如"乃"、"亦"、"惟"、"又"、"犹"、"尚"、"便"等,而不跨类的只有 2 个。此外,这类副词虽然具有关联的意义,但连接作用不是很明显,仍然保留副词的性质。

第七节　推度副词

推度副词是指用于句中谓语之前,表示对事态、情况等估计和推度的一类副词②。在《孔传》中,推度副词凡 9 个。

庶

在《孔传》中,"庶"作副词,主要与"几"构成复合虚词"庶几",凡 29 例。一般用于句中谓语前面或句首,作状语。其中,"庶几"表对某种情况的推测,可译为"也许"、"大概"等。凡 14 例,诸如:

(1) 我文王在西土,辅训往日国君及御治事者、下民子孙,皆庶几能用上教,不厚于酒。(《酒诰》)

(2) 文王没,武王立,惟此四人,庶几辅相武王蹈有天禄。(《君奭》)

(3) 汝庶几不自忌,入于凶德,亦则用敬敬常在汝位。(《多方》)

(4) 听从我言,庶几有至命。(《吕刑》)

---

① 中国社会科学院语言研究所古代汉语研究室编《古代汉语虚词词典》,北京:商务印书馆,1999 年,第 185 页。
② 杨伯峻、何乐士:《古汉语语法及其发展》,北京:语文出版社,2003 年,第 345 页。

（5）国之光荣，为民所归，亦庶几其所任用贤之善也。（《秦誓》）

《说文解字》：“庶，屋下众也。”① 虚词“庶”与本义无关，而是假借字。《说文通训定声》：“庶，假借为度、为虑、为觑。”② 《尔雅·释言》：“庶，幸也。”《玉篇》：“庶，幸也，冀也。”用作副词，先秦时期已经有用例，如《左传·僖公十五年》：“好我者劝，恶我者惧，庶有益乎！”后来，一直沿用于文言之中。③

宜

在《孔传》中，“宜”作推度副词，凡16例。用于句中动词谓语前面，作状语，可译为“应该”。诸如：

（1）言先祖勤德，致有天下，故子孙得大承基业，宜念祖修德。（《太甲上》）

（2）赴敌宜速，待天休命，谓夜雨止毕陈。（《武成》）

（3）身事且宜敬慎，况所顺畴咨之司马乎？（《酒诰》）

（4）事从微至著，防之宜以初。（《洛诰》）

（5）而治乱所归不殊，宜慎其微。（《蔡仲之命》）

（6）群臣皆宜思夫人，夫人自治正于威仪。（《顾命》）

《说文解字》：“宜，所安也。”④ 本义是“适宜”、“合适”，引申为“应当”义。先秦使用比较普遍，如《韩非子·喻老》：“此宝也，宜为君子器，不宜为细人用。”后来，一直沿用至今。⑤

恐

在《孔传》中，“恐”作推度副词，凡11例。用于句中动词谓语前，

---

① （东汉）许慎：《说文解字》，北京：中华书局，1963年，第193页。

② （清）朱骏声：《说文通训定声》，北京：商务印书馆，1984年，第440页。

③ 中国社会科学院语言研究所古代汉语研究室编《古代汉语虚词词典》，北京：商务印书馆，1999年，第532页。

④ （东汉）许慎：《说文解字》，北京：中华书局，1963年，第151页。

⑤ 中国社会科学院语言研究所古代汉语研究室编《古代汉语虚词词典》，北京：商务印书馆，1999年，第710页。

表对动作行为或情况的估计，可译为"恐怕"、"担心"等。诸如：

（1）恐来世论道我放天子，常不去口。（《仲虺之诰》）

（2）始我商家，国于夏世，欲见翦除，若莠生苗，若秕在粟，恐被锄治簸扬。（《仲虺之诰》）

（3）常如不及，恐有过。（《伊训》）

（4）恐不得结信出言嗣续我志，以此故，我详审教命汝。（《顾命》）

（5）言我心之忧，欲改过自新，如日月并行过，如不复云来，虽欲改悔，恐死及之，无所益。（《秦誓》）

《说文解字》："恐，惧也。"[①] 本义是"害怕"、"畏惧"。例如，《荀子·非十二子》："是以不诱于誉，不恐于诽。"也可表示对事理的猜测。《助语辞集注》："恐，惧也；又虑也。若云'吾恐'是於事未形之时而先测其理势如此，预为之恐也。"[②] 当"恐"用在动词之前，则转化为副词，先秦时期已有用例，如《国语·晋语一》："君之仓廪固不实，又恐削封疆。"后来，一直沿用至今。[③]

若

在《孔传》中，"若"作推度副词，凡9例。用于句中动词谓语前面，作状语，表推测或大致估计，可译为"似乎"、"好像"等。诸如：

（1）包山上陵，浩浩盛大，若漫天。（《尧典》）

（2）夏桀昏乱，不恤下民，民之危险，若陷泥坠火，无救之者。（《仲虺之诰》）

（3）栗栗危心，若坠深渊。（《汤诰》）

（4）言民畏纣之虐，危惧不安，若崩摧其角，无所容头。（《泰誓中》）

（5）我惟小子，承先人之业，若涉渊水，往求我所以济渡。（《大诰》）

---

① （东汉）许慎：《说文解字》，北京：中华书局，1963年，第223页。

② （元）卢以伟（著），王克仲（集注）：《助语辞集注》，北京：中华书局，1988年，第144页。

③ 中国社会科学院语言研究所古代汉语研究室编《古代汉语虚词词典》，北京：商务印书馆，1999年，第331页。

其

在《孔传》中，"其"作推度副词，用于句中动词谓语前面，作状语，表估计、推测，可译为"大概"、"可能"等。凡7例，诸如：

（1）非但我受多福而已，其汝之美名，亦终见称诵于长世。（《君陈》）

（2）言民不能相匡以生，则当卜稽于龟以徙，曰："其如我所行。"（《盘庚上》）

（3）今汝其复言桀恶，其亦如我所闻之言。（《汤誓》）

（4）视先王成法，其长无过，其惟学乎！（《说命下》）

（5）祖己恐王未受其言，故乃复曰，天道其如其所言。（《高宗肜日》）

大

在《孔传》中，"大"作推度副词，凡4例。

（一）"大"用于句中动词谓语前面，表推度或估计，可译为"大致"、"大约"等。凡2例。

（1）汝群臣能退去傲上之心，施实德于民，至于婚姻僚友，则我大乃敢言汝有积德之臣。（《盘庚上》）

（2）既得其辞，服膺思念五六日，至于十日，至于三月，乃大断之。（《康诰》）

（二）"大"构成复合虚词"大较"、"大体"，凡2例。

1. "大较"用于句中谓语前面，作状语，表所述内容是大概的情况，可译为"大约"。仅有1例。

皆法壤田上、中、下大较三品，成九州之赋，明水害除。（《禹贡》）

2. "大体"用于句中谓语前面，作状语，表所述是约略情况，可译为"大体"。仅有1例。

言大体若身。（《益稷》）

将

在《孔传》中，"将"作推度副词，用于句中动词谓语前面，表主观上对动作行为、情况发展趋势的较肯定态度，可译为"定会"、"必然"等。凡 4 例。

（1）言殷之就亡，指汝功事所致，汝不得无死戮于殷国，必将灭亡，立可待。（《西伯戡黎》）

（2）言殷其不有治正四方之事，将必亡。（《微子》）

（3）其汝能敬行德，明我贤人在礼让，则后代将于此道大且是。（《君奭》）

（4）言殷众士骄恣过制，矜其所能，以自侈大，如此不变，将用恶自终。（《毕命》）

如

在《孔传》中，"如"作推度副词，凡 3 例。用于句中动词谓语前，表对情况的估计，可译为"似乎"、"仿佛"等。

（1）我视汝情如视火。（《盘庚上》）

（2）告汝行事之难，当如射之有所准志，必中所志乃善。（《盘庚上》）

（3）言殷将没亡，如涉大水，无涯际，无所依就。（《微子》）

《说文解字》："如，从随也。"[1]《说文解字注》："从随即随从义。""引申之，凡相似曰如，凡有所往曰如。"[2]"如"的虚词义是由实词义引申而来的。用作副词，先秦时期已经有用例，如《荀子·非相》："叶公子高入据楚，诛白公，定楚国，如反手尔。"后来，一直沿用于文言之中。[3]

或

在《孔传》中，"或"作推度副词，仅有 1 例。用于句中谓语前面，作状语，表对情况的推测，可译为"或许"。

---

① （东汉）许慎：《说文解字》，北京：中华书局，1963 年，第 262 页。

② （清）段玉裁：《说文解字注》，上海：上海古籍出版社，1981 年，第 620 页。

③ 中国社会科学院语言研究所古代汉语研究室编《古代汉语虚词词典》，北京：商务印书馆，1999 年，第 457 页。

言我厚辅是文武之道而行之，或用能至于今日其政美。(《君奭》)

《说文解字》："或，邦也。从口、戈，以守一。一，地也。域，或又从'土'。"①"或"本是"国"的古字，本义为"邦国"、"封国"，后加"土"成"域"。用作虚词的"或"与本义无关，可能是个假借字。用作副词，先秦时期已经出现，如《左传·桓公二年》："犹惧或失之，故昭令德以示子孙。"后来，一直沿用至今。②

从以上的分析看，在《孔传》中，推度副词凡 9 个。从语义和语法功能上看，这类副词多用于句中动词谓语前面，作状语；可以表示对事情的大约推度，也可表示对事情的肯定推度或判断。在语音形式上，单音节推度副词为主，复音节推度副词出现比较少，如"庶几"、"大体"、"大较"等。从历时流变角度看，这类副词主要是继承先秦汉语而来。

第八节 否定副词

否定副词是指用于句中谓语前面，表示否定或禁止的一类副词③。在《孔传》中，否定副词凡 7 个。

不

在《孔传》中，"不"作否定副词，凡 611 例。

(一)"不"用于句中动词谓语前面，作状语，表各种否定，可译为"不"、"不是"、"没有"、"不愿"等。凡 481 例，诸如：

(1)因禹陈九功而叹美之，言是汝之功，明众臣不及。(《大禹谟》)

(2)言天所赏罚，惟善恶所在，不避贵贱。(《皋陶谟》)

(3)舍其职官，还其私邑，以酒迷乱，不修其业。(《胤征》)

---

① (东汉)许慎:《说文解字》，北京:中华书局，1963 年，第 266 页。

② 中国社会科学院语言研究所古代汉语研究室编《古代汉语虚词词典》，北京:商务印书馆，1999 年，第 251 页。

③ 杨伯峻、何乐士:《古汉语语法及其发展》，北京:语文出版社，2003 年，第 320 页。

（4）夏桀昏乱，不恤下民，民之危险，若陷泥坠火，无救之者。(《仲虺之诰》)

（5）所以不蔽善人，不赦己罪，以其简在天心故也。(《汤诰》)

（6）言不顺伊尹之训。(《太甲上》)

（7）起信险伪肤受之言，我不知汝所讼言何谓。(《盘庚上》)

（8）言我世世数汝功勤，不掩蔽汝善，是我忠于汝。(《盘庚上》)

（9）此我有治政之臣，同位于父祖，不念尽忠，但念贝玉而已。(《盘庚中》)

（10）灾灭在近，我起受其败，言宗室大臣义不忍去。(《微子》)

（11）汝共我治民，有残人之心而不欲徙，是反父祖之行。(《盘庚中》)

（12）不使有位者逸豫民上，言立之主使治民。(《说命中》)

（13）今不诛纣，则为逆天，与纣同罪。(《泰誓上》)

（14）我不任贪货之人，敢奉用进进于善者。(《盘庚下》)

（15）商众能奔来降者，不迎击之，如此则所以役我西土之义。(《牧誓》)

（16）不侵夺其利，则来服矣。(《旅獒》)

（17）惠恤穷民，不慢鳏夫寡妇，用可用，敬可敬，刑可刑，明此道以示民。(《康诰》)

（18）商曰祀，箕子称祀，不忘本。(《洪范》)

（19）若兄弟父子之家，乃有朋友来伐其子，民养其劝不救者，以子恶故。(《大诰》)

（20）诸侯公卿并觐于王，王与周公俱至，文不见王，无事。(《召诰》)

（二）"不"用于句中形容词谓语前面，作状语，表对性质或状态的否定，可译为"不"。凡84例，诸如：

（1）尧知子不肖，有禅位之志，故明举明人在侧陋者。(《尧典》)

（2）能知为君难，为臣不易，则其政治，而众民皆疾修德。(《大禹谟》)

（3）暗于德，故自致不善。(《太甲中》)

（4）言汝为臣不忠，自取穷苦。(《盘庚中》)

（5）而治乱所归不殊，宜慎其微。(《蔡仲之命》)

（6）言王当视夏殷，法其历年，戒其不长。(《召诰》)

（7）进显其贤良者，以率勉其有不良者，使为善。(《君陈》)

（8）四面征讨诸侯之不直者，所以安其兆民。（《周官》）

（9）小大多正自为不和，汝有方多士，当和之哉！（《多方》）

（10）有扈与夏同姓，恃亲而不恭，是则威虐侮慢五行，怠惰弃废天地人之正道。（《甘誓》）

（11）天不洁其所为，故下咎罪。（《吕刑》）

（12）乃使汝所行尽顺，曰是有次叙，惟当自谓未有顺事，君子将兴，自以为不足。（《康诰》）

（13）言殷纣其终坠厥命，以出于不善之故，亦君所知。（《君奭》）

（14）言迪屡不静之事。（《多方》）

（15）成王崩年之四月，始生魄，月十六日，王有疾，故不悦怿。（《顾命》）

（三）"不"用于名词性谓语前面，作状语，表对人、事或行为的否定，可译为"不"。凡14例，诸如：

（1）为君不君，则辱其祖。（《太甲上》）

（2）言习行不义，将成其性。（《太甲上》）

（3）事不法古训而以能长世，非说所闻。（《说命下》）

（4）凶人尽盗食之，而纣不罪。（《泰誓上》）

（5）为人兄亦不念稚子之可哀，大不笃友于弟，是不友。（《康诰》）

（6）为人子不能敬身服行父道，而怠忽其业，大伤其父心，是不孝。（《康诰》）

（7）所以不暇饮酒，惟助其君成王道，明其德于正人之道，必正身敬法，其身正，不令而行。（《酒诰》）

（四）"不"用于句中数词作谓语的前面，表不足之意，可译为"不"。凡2例。

（1）二三，言不一。（《咸有一德》）

（2）德一，天降之善；不一，天降之灾；是在德。（《咸有一德》）

（五）"不"构成固定格式"不……不……"，用于句中表分别否定两种不同情况，可译为"不……不……"。凡30例，诸如：

（1）不敢不正桀罪诛之。（《汤誓》）

（2）言天其长我命于此新邑，不可不徙。（《盘庚上》）

（3）言人之罪恶，莫大于不孝不友。（《康诰》）

（4）王者其效实国君，及于御治事者，知其教命所施何用，不可不勤。（《梓材》）

（5）今天下疾我身，甚危殆，不起不悟。（《顾命》）

《说文解字》："不，鸟飞上翔不下来也。"[1] 用作副词，是假借字。先秦时期已经有用例，如《论语·乡党》："厩焚。子退朝，曰：'伤人乎？'不问马。"后来，一直沿用至今。[2]

无

在《孔传》中，"无"作否定副词，凡250例。

（一）"无"用于句中动词谓语、形容词谓语前面，作状语，表对动作行为、事实的否定，可译为"没"、"没有"等。凡151例，诸如：

（1）言皋陶能明信五刑，施之远近，蛮夷猾夏，使咸信服，无敢犯者。（《舜典》）

（2）言天于人无有亲疏，惟亲能敬身者。（《太甲下》）

（3）修德无小，则天下赉庆。（《伊训》）

（4）成功不退，其志无限，故为之极以安之。（《太甲下》）

（5）言能循汝祖所行，则我喜悦，王亦见叹美无穷。（《太甲上》）

（6）王用大敬其政教，无有逸豫之言，民用大变从化。（《盘庚上》）

（7）君臣无易，则政治明。（《洪范》）

（8）君臣以道相正，故下民无有相欺诳幻惑也。（《无逸》）

（9）惟圣人无念于善，则为狂人。（《多方》）

（10）而纣大为民主，肆行无道，事无可念，言无可听。（《多方》）

（11）商周贤圣之国，则无有立政用憸利之人者。（《立政》）

（12）三苗之民渍于乱政，起相渐化，泯泯为乱，棼棼同恶，皆无中于信义，以反背诅盟之约。（《吕刑》）

---

[1] （东汉）许慎：《说文解字》，北京：中华书局，1963年，第125页。

[2] 中国社会科学院语言研究所古代汉语研究室编《古代汉语虚词词典》，北京：商务印书馆，1999年，第35页。

（13）无简核诚信，不听理具狱，皆当严敬天威，无轻用刑。（《吕刑》）

（14）举八元使布之于四方，五教能从，无违命。（《舜典》）

（15）广视听于四方，使天下无壅塞。（《舜典》）

（16）惟文王圣德，为之子孙无忝厥祖，大承无穷之忧。（《君奭》）

（17）安小人之道必以顺，无荒废人事而自安。（《文侯之命》）

（18）军人无敢暴劫人，逾越人垣墙，物有自来者，无敢取之。（《费誓》）

（二）"无"用于句中动词谓语前面，作状语，表禁止、劝阻某一动作行为，可译为"不要"、"不许"等。凡41例，诸如：

（1）言太甲守常不改，无念闻伊尹之戒。（《太甲上》）

（2）所以迁此，重我民，无欲尽杀故。（《盘庚上》）

（3）言当惟为美政，无废我命。（《微子之命》）

（4）无得面从我违，而退后有言我不可弼。（《益稷》）

（5）长敬我言，大忧行之，无相与绝远弃废之。（《盘庚中》）

（6）往临人布汝教训，慎汝祖服命数，循用旧典，无失其常，以蕃屏周室。（《微子之命》）

（7）无绝弃我言而不念。（《康诰》）

（8）言当速用文王所作违教之罚，刑此乱五常者，无得赦。（《康诰》）

（9）人有顽嚚不喻，汝当训之，无忿怒疾之。（《君陈》）

（10）当各用心奉忧其所行顺道，无自荒怠，遗我稚子之羞辱。（《康王之诰》）

（三）"无"与副词"不"构成固定格式"无……不……"，表双重否定，可译为"所有……都……"。凡13例，诸如：

（1）皆使无敢不功善。（《费誓》）

（2）已进告汝之后，顺于汝心与否，当以情告我，无敢有不敬。（《盘庚下》）

（3）峙具桢榦，无敢不供。（《费誓》）

（4）谋其政，无有不先虑其难，有所废，有所起。（《君陈》）

（5）小臣皆良，仆役皆正，以旦夕承辅其君，故君出入起居，无有不敬。（《冏命》）

（四）"无"构成惯用词组"无不"、"无非"，凡45例。

1. "无不"用于句中动词或形容词谓语前面，表双重否定，可译为"没有谁不"、"没有什么不"等。凡43例，诸如：

（1）言我先世贤君，无不承安民而恤之。（《盘庚中》）

（2）虽微物皆顺之，明其余无不顺。（《伊训》）

（3）礼宾客，无不敬。（《洪范》）

（4）言王戒慎此四"惟"之事，信能明，政乃无不美。（《说命中》）

（5）言武王用受命帝庭之故，能定先人子孙于天下，四方之民无不敬畏。（《金縢》）

（6）厚次序汝正父之道而行之，无不顺我所为，则天下不敢弃汝命，常奉之。（《洛诰》）

（7）此其不听中正之君，人乃教之以非法，乃变乱先王之正法，至于小大，无不变乱。（《无逸》）

（8）自帝乙以上，无不显用有德，忧念齐敬，奉其祭祀。（《多士》）

（9）今我周家皆成文王功于不懈怠，则德教大覆冒海隅日所出之地，无不循化而使之。（《君奭》）

（10）文王君圣臣良，于小大所谋道德，天下无不循从其化，故我后世先祖归在王位。（《文侯之命》）

2. "无非"用于句中动词谓语前面，表双重否定，可译为"都是"。仅有2例。

（1）若游大川，我往与汝奭其共济渡成王，同于未在位即政时，汝大无非责我留。（《君奭》）

（2）天下咸罚，使民乱德，亦无非以酒为行者。（《酒诰》）

《说文解字》："无，亡也。……奇字'无'也。"① "无"在甲骨文中，有多种写法，但基本都是"象人舞蹈之形"。"跳舞"、"舞蹈"是"无"的本义。今存西周文献中，"无"已经借用作"有无"的"无"，本义则写作"舞"。《玉篇》："无，不有也。"《广韵》："无，有无也。"② 据许慎的解释，"无"这个否定词是从动词"逃失"引申抽象而成。作副词，先

---

① （东汉）许慎：《说文解字》，北京：中华书局，1963年，第267页。

② （宋）陈彭年等：《宋本广韵》，南京：江苏教育出版社，2002年，第19页。

秦已有用例，如《论语·述而》："二三子以我为隐乎？吾无隐乎尔。"后世一直沿用。①

非

在《孔传》中，"非"作否定副词，凡 81 例。

（一）"非"用于句中名词性谓语或判断句的其他谓语前面，表否定判断，可译为"不是"。凡 55 例，诸如：

（1）德非一方，以善为主，乃可师。（《咸有一德》）

（2）凡言"吁"者皆非帝意。（《尧典》）

（3）此荆在岐东，非荆州之荆。（《禹贡》）

（4）交，非一之义。（《说命下》）

（5）惟我循殷故事，怜愍汝，故徙教汝，非我罪咎，是惟天命。（《多士》）

（6）小罪非过失，乃惟终身行之，自为不常，用犯汝。（《康诰》）

（7）若纣克我，非我父罪，我之无善之致。（《泰誓下》）

（8）刑者非一也，然亦非杀汝。（《费誓》）

（9）嗣孙，诸侯嗣世子孙，非一世。（《吕刑》）

（10）天整齐于下民，使我为之，一日所行，非为天所终，惟为天所终，在人所行。（《吕刑》）

（二）"非"用于句中动词或形容词谓语前面，表对事实或状态的否定，可译为"不"、"不是"、"没有"等。凡 19 例。

1. "非"用于句中动词谓语前面。凡 15 例，诸如：

（1）我之欲徙，非废此德。（《盘庚上》）

（2）今我法先王惟民之承，故承汝使汝徙，惟与汝共喜安，非谓汝有恶徙汝，令比近于殃罚。（《盘庚中》）

（3）皆非长养牛马之地，欲使自生自死，示天下不复乘用。（《武成》）

（4）刑罚所以惩过，非杀人，欲使恶人极于病苦，莫敢犯者。（《吕刑》）

---

① 中国社会科学院语言研究所古代汉语研究室编《古代汉语虚词词典》，北京：商务印书馆，1999 年，第 611 页。

（5）言尧时主狱，有威有德有怨，非绝于威，惟绝于富。（《吕刑》）

2."非"用于句中形容词谓语前面。凡4例。

（1）言当修己以敬，无为可怨之事，勿用非善谋、非常法。（《康诰》）

（2）勿用小民过用非常。（《召诰》）

（3）言桀纣非实狂愚，以不念善，故灭亡。（《多方》）

（4）凡刑所以齐非齐，各有伦理，有要善。（《吕刑》）

（三）"非"与副词"不"构成固定格式"非……不……"，表假定性条件关系，可译为"不是……就不……"。凡2例。

（1）官贤才而任之，非贤材不可任。（《咸有一德》）

（2）言非贤不爵。（《说命中》）

（四）"非"构成的惯用词组，凡5例。

1."非"与"但"组成惯用词组"非但"。用于句中谓语前面，表事态、事理不一定仅限于谓语所述，可译为"不但"。凡4例。

（1）非但人应之，又乃明受天之报施，天又重命用美。（《益稷》）

（2）非但止汝身，辱及汝子。（《甘誓》）

（3）言非但罪我，亦将罪汝。（《盘庚中》）

（4）言此非但正事之臣，亦惟天顺其大德而佑之，长不见忘在王家。（《酒诰》）

2."非"与"徒"组合成惯用词组"非徒"。用于句中谓语前面，表事态、事理不仅限于谓语所述，可译为"不仅仅"。仅有1例。

非徒不敢，志在助君敬法，亦不暇饮酒。（《酒诰》）

《说文解字》："非，违也。从飞下翅，取其相背也。"① 所谓"违"、"背"可理解为"两物运动的方向相反"。"非"与实词连用，表示"否认"。"非"在句中用在谓语前面，构成否定式判断句。西周时期已有用例，如《尚书·大禹谟》："可爱非君，可畏非民。"两汉以后，"非"作为连系动词"是"的否定式沿用；近代汉语时期，"非"逐渐被"不是"所取代。②

---

① （东汉）许慎：《说文解字》，北京：中华书局，1963年，第245页。

② 中国社会科学院语言研究所古代汉语研究室编《古代汉语虚词词典》，北京：商务印书馆，1999年，第137页。

未

在《孔传》中，"未"作否定副词，凡33例。

（一）"未"用于句中动词谓语前面，作状语，表主体尚未施行动作行为，可译为"没有"。凡9例，诸如：

（1）尧知其性很庆圮族，未明其所能，而据众言可试，故遂用之。（《尧典》）

（2）此伐桀未知得罪于天地。（《汤诰》）

（3）言天怒纣之恶，命文王敬行天罚，功业未成而崩。（《泰誓上》）

（4）周公以成王未寤，故留东未还，改过自新，遣使者迎之，亦国家礼有德之宜。（《金縢》）

（5）此有三卿及次卿众大夫，则是文武未伐纣时。（《立政》）

（二）"未"用于句中动词谓语、形容词谓语或名词谓语前面，作状语，表事物还没达到某一状态，可译为"还没有"、"还不到"等。凡13例，诸如：

（1）未盈三岁足得一月，则置闰焉，以定四时之气节，成一岁之历象。（《尧典》）

（2）帝歌归美股肱，义未足，故续歌。（《益稷》）

（3）言诸侯归之，九年而卒，故大业未就。（《武成》）

（4）动不遇吉，短未六十，折未三十，言辛苦。（《洪范》）

（5）未成一篑，犹不为山，故曰功亏一篑。（《旅獒》）

（6）礼未彰，是亦未能抚顺公之大功。明不可以去。（《洛诰》）

（7）以道告汝众士，我惟汝未达德义，是以徙居西汝于洛邑，教诲汝。（《多士》）

（三）"未"用于句中动词谓语前面，作状语，表对谓语所述内容的否定态度，可译为"不"、"未"等。凡11例，诸如：

（1）召公、太公言王疾当敬卜吉凶，周公言未可以死近我先王。（《金縢》）

（2）言人为善为恶，各有百端，未必正同。（《蔡仲之命》）

（3）汝所蹈行，数为不安，汝心未爱我周故。（《多方》）

（4）汝未爱我周，播弃天命，是汝乃自为不常谋信于正道。（《多方》）

（5）成王信流言而疑周公，故周公既诛三监，而作诗解所以宜诛之意以遗王，王犹未悟，故欲让公而未敢。（《金縢》）

（6）假令今天下民不安，未定其心，于周教道屡数而未和同。（《康诰》）

《说文解字》："未，昧也，六月滋味也。五行，木老于未，象木重枝叶也。"① 虚词"未"是假借字。《说文通训定声》："未，假借为助语之词，与非、弗同意。"② 用作副词，先秦已有用例，如《荀子·天论》："水旱未至而饥，寒暑未薄而疾。"后来，一直沿用于文言之中。在现代汉语中，"未"已逐渐被"没"、"没有"所替代。③

勿

在《孔传》中，"勿"作否定副词，凡32例。

（一）"勿"用于句中动词谓语前面，作状语，表对动作行为的禁止或劝阻，可译为"不要"。凡26例，诸如：

（1）一意任贤，果于去邪，疑则勿行，道义所存于心，日以广矣。（《大禹谟》）

（2）无考无信验，不询专独，终必无成，故戒勿听用。（《大禹谟》）

（3）古之用刑，父子兄弟罪不相及，今云孥戮汝，无有所赦，权以胁之，使勿犯。（《汤誓》）

（4）人以言咈违汝心，必以道义求其意，勿拒逆之。（《太甲下》）

（5）言顺汝心，必以非道察之，勿以自臧。（《太甲下》）

（6）言当修己以敬，无为可怨之事，勿用非善谋、非常法。（《康诰》）

（7）又惟殷家蹈恶俗诸臣，惟众官化纣日久，乃沈湎于酒，勿用法杀之。（《酒诰》）

（8）勿用小民过用非常。（《召诰》）

---

① （东汉）许慎：《说文解字》，北京：中华书局，1963年，第311页。
② （清）朱骏声：《说文通训定声》，北京：商务印书馆，1984年，第375页。
③ 中国社会科学院语言研究所古代汉语研究室编《古代汉语虚词词典》，北京：商务印书馆，1999年，第602页。

（9）公勿去以废法，则四方其世世享公之德。（《洛诰》）

（10）言汝众士当是我，勿非我也。（《多士》）

（二）"勿"用于句中动词谓语前面，作状语，表对动作行为的否定，可译为"不"。凡6例，诸如：

（1）使政勿坏，在此三者而已。（《大禹谟》）

（2）言远近待之如一，罪以惩之，使勿犯，伐去其死道。（《盘庚上》）

（3）史、百执事言信有此事，周公使我勿道，今言之则负周公。（《金縢》）

（4）马牛其有风佚，臣妾逋亡，勿敢弃越垒伍而求逐之。（《费誓》）

《说文解字》："勿，州里所建旗。"① 虚词"勿"是假借字。《说文解字注》："勿，经传多作'物'而假借'勿'为'毋'亦有借为'没字者'。"② 用作副词，先秦时期已有用例，如《论语·卫灵公》："己所不欲，勿施于人。"后来，一直沿用至今。

否

在《孔传》中，"否"作否定副词，仅有1例，用于句中表对上文有关谓语的否定，可译为"不是这样"。

如五器，礼终则还之。三帛、生、死则否。（《舜典》）

《说文解字》："否，不也。"③ 《说文解字注》："不者，事之不然也；否者，说事之不然也。"④ 用作副词，先秦时期已经有用例，如《国语·晋语三》："公曰：'……国谓君何？'对曰：'小人曰不免，君子则否。'"后来，一直沿用至今。

莫

在《孔传》中，"莫"作否定副词，仅有1例。用于句中动词谓语前

---

① （东汉）许慎：《说文解字》，北京：中华书局，1963年，第196页。

② （清）段玉裁：《说文解字注》，上海：上海古籍出版社，1981年，第446页。

③ （东汉）许慎：《说文解字》，北京：中华书局，1963年，第34页。

④ （清）段玉裁：《说文解字注》，上海：上海古籍出版社，1981年，第61页。

面，作状语，表对事实的否定，常和"者"连用，可译为"没有"。

刑罚所以惩过，非杀人，欲使恶人极于病苦，莫敢犯者。(《吕刑》)

《说文解字》："莫，日且冥也。"① 即"暮"的本字。虚词"莫"是假借字。《说文通训定声》："莫，假借为无。"② 《说文解字注》："引申之义为有无之无。"③ 段玉裁认为是引申义。《广雅·释言》："莫，无也。"作"无"义的"莫"，在甲骨文中只有一两个疑似句例，但《诗经》里已经很常见。不过，这个"莫"的含义还是比较具体的，它总要和"人"、"物"等概念相容，表对该实体作总括性否定，作"没有人"、"没有什么"讲。这与"有"相对的"无"，意义有所不同。禁戒义的"莫"在先秦早期文献中未见，当是春秋战国以后才有的用法，如《左传·昭公二十八年》："非是，莫丧羊舌氏矣！"④

从以上的分析看，在《孔传》中，否定副词凡 7 个。从语义和语法功能上看，这类副词虽然数量有限、意义单纯，但用法复杂。它的基本语义特征是表示否定。一般用于修饰句中动词谓语、形容词谓语或名词谓语前面等。从历时流变角度看，这类副词主要是继承先秦汉语而来的。

第九节　疑问副词

疑问副词是指在句中疑问代词充当，并修饰谓语的一类副词。"因为它们不是询问人、事物、处所，不在句中做主语或者宾语，而是做状语，表示'为什么'、'怎么'或反诘。同时，它们作为副词出现的频率很高，不宜视为疑问代词"⑤。在《孔传》中，疑问副词凡 4 个。

---

① (东汉) 许慎：《说文解字》，北京：中华书局，1963 年，第 27 页。
② (清) 朱骏声：《说文通训定声》，北京：商务印书馆，1984 年，第 686 页。
③ (清) 段玉裁：《说文解字注》，上海：上海古籍出版社，1981 年，第 48 页。
④ 中国社会科学院语言研究所古代汉语研究室编《古代汉语虚词词典》，北京：商务印书馆，1999 年，第 370 页。
⑤ 杨伯峻、何乐士：《古汉语语法及其发展》，北京：语文出版社，2003 年，第 330 页。

何

在《孔传》中，"何"作疑问副词，凡 18 例。

（一）"何"用于句中动词谓语前面，表询问或者反问，可译为"为什么"、"哪里"、"何必"等。凡 14 例，诸如：

（1）汝忠诚不属逮古，苟不欲徙，相与沈溺，不考之先王，祸至自怨，何瘳差乎？（《盘庚中》）

（2）汝何不以诚信行宽裕之道于汝众方？（《多方》）

（3）其今汝何惩戒乎？（《吕刑》）

（4）言不徙无后计，汝何得久生在人上，祸将及汝。（《盘庚中》）

（5）天欲安民，我何敢不于前文王所受美命终毕之？（《大诰》）

（二）"何"构成复合虚词"何其"，用于句中动词谓语前，作状语，起加强语气作用，可译为"多么"。凡 4 例。

（1）我何其不于前文王安人之道、谋立其功所终乎？（《大诰》）

（2）天亦惟美于文王受命，我何其极卜法，敢不于从？（《大诰》）

（3）何其奈何不忧敬之？欲其行敬。（《召诰》）

（4）若不用古训典籍，于何其能顺乎？（《毕命》）

《说文解字》："何，儋也。"[1] 本义为"担负"，后假借为"谁何"之"何"。用作副词，先秦时期已经有用例，如《左传·僖公九年》："公曰：'何谓忠、贞？'"后来，一直沿用于文言之中。[2]

其

在《孔传》中，"其"作疑问副词，用于句中谓语前面，表反问语气，可译为"大概"、"将会"。凡 4 例。

（1）今惟殷纣无道，坠失天命，我其可不大视此为戒，抚安天下于是？（《酒诰》）

---

[1] （东汉）许慎：《说文解字》，北京：中华书局，1963 年，第 163 页。

[2] 中国社会科学院语言研究所古代汉语研究室编《古代汉语虚词词典》，北京：商务印书馆，1999 年，第 195 页。

（2）冲子成王其考行古人之德则善矣，况曰其有能考谋从天道乎？（《召诰》）

（3）言微微我浅末小子，其能如父祖治四方，以敬忌天威德乎？（《顾命》）

（4）惟天不与信无坚固治者，故辅佑我，我其敢求天位乎？（《多士》）

岂

在《孔传》中，"岂"作疑问副词，凡 3 例。用于句中动词谓语前面，作状语，表反问，可译为"难道"、"哪里"等。

（1）言古之君臣相与同劳逸，子孙所宜法之，我岂敢动用非常之罚胁汝乎？（《盘庚上》）

（2）言我徙，欲迎续汝命于天，岂以威胁汝乎？（《盘庚中》）

（3）言我生有寿命在天，民之所言，岂能害我。遂恶之辞。（《西伯戡黎》）

《说文解字》："岂，还师振旅乐也。"[1] 本义为"献捷祝功所奏的军乐"，经传字写作"恺"，今字作"凯"。虚词"岂"的来源，有不同说法。《说文解字注》："岂本重难之词，故引申以为疑词。……后人文字言岂者，若今俚语之难道。"[2] 朱骏声则认为是假借字。《说文通训定声》："岂，又发声之词。《广雅·释诂四》：'岂，词也。'"[3] 用作副词，先秦时期已经有用例，如《论语·子张》："仲尼岂贤于子乎？"后来，一直沿用于文言之中。[4]

亦

在《孔传》中，"亦"作疑问副词，用于疑问句中，作状语，表反问语气，可译为"还"。仅有 1 例。

---

① （东汉）许慎：《说文解字》，北京：中华书局，1963 年，第 102 页。

② （清）段玉裁：《说文解字注》，上海：上海古籍出版社，1981 年，第 440 页。

③ （清）朱骏声：《说文通训定声》，北京：商务印书馆，1984 年，第 549 页。

④ 中国社会科学院语言研究所古代汉语研究室编《古代汉语虚词词典》，北京：商务印书馆，1999 年，第 411 页。

人献十夫，是天助民，况亦用卜乎？（《大诰》）

从以上分析看，在《孔传》中，疑问副词凡 4 个。这类副词主要是继承先秦汉语而来。这些词相对于其他类副词，数量比较少。而且，这些词都表示疑问语气，由疑问代词兼任，但不在句中充当主语或宾语，且经常使用，因此具有副词的性质。

第十节　劝令副词

劝令副词是指在句中配合上下文义，表示劝诫、祈求或者命令意义的一类副词①。在《孔传》中，劝令副词凡 2 个。

庶

在《孔传》中，"庶"作副词，与"几"构成复合虚词"庶几"，表对某种情况的希望，可译为"但愿"、"希望"等。凡 15 例，诸如：

（1）言己已往之前，不能修德于其初，今庶几赖教训之德，谋终于善。悔过之辞。（《太甲中》）

（2）能考中德，则汝庶几能进馈祀于祖考矣。（《酒诰》）

（3）言当君臣勤忧敬德，曰，我受天命，大顺有夏之多历年，勿用废有殷历年，庶几兼之。（《召诰》）

（4）非但受怜赐，又乃蹈大道在王庭，庶几修汝事，有所服行在大官。（《多方》）

（5）庶几明听我言而行之哉！（《吕刑》）

其

在《孔传》中，"其"作劝令副词，用于句中谓语前面，表劝诫或请

---

①　杨伯峻、何乐士：《古汉语语法及其发展》，北京：语文出版社，2003 年，第 355 页。

求，可译为"一定要"、"千万"等。凡9例，诸如：

（1）其汝为政当以旧典常故事为师法，无以利口辩佞乱其官。（《周官》）

（2）叹美君子之道，所在念德，其无逸豫。（《无逸》）

（3）惟当清察罪人之辞，附以法理，其当详审能之。（《吕刑》）

（4）汝其戒治乱之机哉！（《蔡仲之命》）

（5）众伯君子、长官大夫、统庶士有正者，其汝常听我教，勿违犯。（《酒诰》）

从以上的分析看，在《孔传》中，劝令副词凡2个。这类副词常出现于句中谓语前面，有时也出现于句首，对谓语或全句起修饰作用。相对于《孔传》其他类别副词来说，这类副词数量比较少，而且，这类副词主要是继承先秦汉语而来。

第二章

副词的词频分析及其与古文《尚书》、清华简副词的比较研究

第一节 《孔传》副词词频统计与分析

为便于了解《孔传》副词词频情况,笔者用表格的形式进行了梳理与统计(见表 2 – 1)。

表 2 – 1 《孔传》副词词频统计

类别频次词目	判断副词	时间副词	程度副词	状态副词	疑问副词	关联副词	范围副词	劝令副词	否定副词	推度副词
信	21									
亦	25			98	1	19				
即	5	2								
乃	25					109	1			
则	3									
当	207									

类别 频次 词目	判断 副词	时间 副词	程度 副词	状态 副词	疑问 副词	关联 副词	范围 副词	劝令 副词	否定 副词	推度 副词
必	93									
固	1									
其	13				4			9		7
务	5									
实	5									
已		51	3							
始		25								
既		9								
将		35								4
又		29	3			7				
辄		2								
遂		25								
终		16								
初		8								
先		31								
新		8								
后		11								
日		8		8						
常		36								
再		4								
数		3								
便		1				1				
长		33								
近		1								
今		59								
久		11								
速		3								
本		5								
前		4								

续表

类别 频次 词目	判断 副词	时间 副词	程度 副词	状态 副词	疑问 副词	关联 副词	范围 副词	劝令 副词	否定 副词	推度 副词
次		5								
向		1								
且		1								
早		2								
朝		1								
渐		3								
继		1								
时		4								
昔		1								
尝		1								
以		2								
重			2	3						
足			2							
笃			2							
殊			1							
特			3	8						
难			5							
至			8							
甚			12							
鲜			2							
大			79	14						4
更			2	2			4			
厚			1							
极			2							
最			1							
益			1							
颇			1							
敬				54						
转				1						

续表

类别　　　　频次　词目	判断副词	时间副词	程度副词	状态副词	疑问副词	关联副词	范围副词	劝令副词	否定副词	推度副词
相				59						
复				12						
慎				24						
明				21						
群				2						
历				2						
错				4						
分				3						
疾				3						
过				2						
故				2						
宁				2						
专				3						
合				1						
肆				7						
互				3						
杂				6						
正				2						
别				6						
亲				2						
旁				21						
自				5		3				
尚				4						
易				18						
犹						5				
默				1						
迭				1						
恭				1						
独				3						

类别 频次 词目	判断 副词	时间 副词	程度 副词	状态 副词	疑问 副词	关联 副词	范围 副词	劝令 副词	否定 副词	推度 副词
果				1						
详				6						
枉				1						
审				1						
矫				1						
任				1						
轻				1						
善				2						
何					18					
岂					3					
惟						8	178			
顾						1				
反						5				
皆							189			
毕							1			
并							28			
总							2			
咸							5			
凡							28			
尽							14			
唯							1			
广							4			
俱							7			
各							50			
均							1			
同							16			
共							21			
徒							3			
率							1			

续表

类别 频次 词目	判断 副词	时间 副词	程度 副词	状态 副词	疑问 副词	关联 副词	范围 副词	劝令 副词	否定 副词	推度 副词
一							1			
多							11			
兼							1			
但							4			
悉							1			
胜							1			
普							1			
方							1			
备							1			
具							1			
通							1			
未									33	
不									611	
非									81	
无									250	
否									1	
勿									32	
莫									1	
若										9
宜										16
或										1
恐										11
如										3
庶								15		14
总计	403	442	130	424	26	158	578	24	1009	69

从表 2-1 可见：《孔传》副词各类词频之间存在明显差别；《孔传》副词存在跨类情况；《孔传》副词在句中的语法功能明显不同；《孔传》副词以单音节形式为主，复音节副词出现较少。以下将分别述之。

一 《孔传》副词各类词频之间存在明显差别

（一）判断副词："信（21 例）"、"亦（25 例）"、"即（5 例）"、"乃（25 例）"、"则（3 例）"、"当（207 例）"、"必（93 例）"、"固（1 例）"、"其（13 例）"、"务（5 例）"、"实（5 例）"。判断副词有 11 个，凡 403 例，占《孔传》副词总频率（3263）的 12.4%。

（二）时间副词："已（51 例）"、"始（25 例）"、"既（9 例）"、"将（35 例）"、"即（2 例）"、"辄（2 例）"、"遂（25 例）"、"终（16 例）"、"初（8 例）"、"先（31 例）"、"新（8 例）"、"后（11 例）"、"日（8 例）"、"常（36 例）"、"再（4 例）"、"数（3 例）"、"便（1 例）"、"长（33 例）"、"近（1 例）"、"今（59 例）"、"久（11 例）"、"速（3 例）"、"本（5 例）"、"前（4 例）"、"次（5 例）"、"向（1 例）"、"又（29 例）"、"且（1 例）"、"早（2 例）"、"朝（1 例）"、"渐（3 例）"、"继（1 例）"、"时（4 例）"、"昔（1 例）"、"尝（1 例）"、"以（2 例）"。时间副词有 36 个，凡 442 例，占《孔传》副词总频率（3263）的 13.5%。

（三）程度副词："已（3 例）"、"重（2 例）"、"足（2 例）"、"笃（2 例）"、"殊（1 例）"、"特（3 例）"、"难（5 例）"、"至（8 例）"、"又"（3 例）、"甚（12 例）"、"鲜（2 例）"、"大（79 例）"、"更（2 例）"、"厚（1 例）"、"极（2 例）"、"最（1 例）"、"益（1 例）"、"颇（1 例）"。程度副词有 18 个，凡 130 例，占《孔传》副词总频率（3263）的 4.0%。

（四）状态副词："亦（98 例）"、"敬（54 例）"、"转（1 例）"、"重（3 例）"、"相（59 例）"、"复（12 例）"、"慎（24 例）"、"明（21 例）"、"群（2 例）"、"历（2 例）"、"错（2 例）"、"特（8 例）"、"分（4 例）"、"疾（3 例）"、"过（3 例）"、"日（8 例）"、"故（2 例）"、"宁（2 例）"、"专（2 例）"、"合（3 例）"、"大（14 例）"、"肆（1 例）"、"互（7 例）"、"杂（3 例）"、"正（6 例）"、"更（2 例）"、"别（2 例）"、"亲（6 例）"、"旁（2 例）"、"自（21 例）"、"尚（5 例）"、"易（4 例）"、"犹（18 例）"、"默（1 例）"、"迭（1 例）"、"恭（1 例）"、"独（3 例）"、"果（1 例）"、"详（6 例）"、"枉（1 例）"、"审（1 例）"、"矫（1 例）"、"任（1 例）"、"轻（1 例）"、"善（2 例）"。状态

副词有 45 个，凡 424 例，占《孔传》副词总频率（3263）的 13.0%。

（五）疑问副词："亦（1 例）"、"何（18 例）"、"其（4 例）"、"岂（3 例）"。疑问副词有 4 个，凡 26 例，占《孔传》副词总频率（3263）的 0.8%。

（六）关联副词；"亦（19 例）"、"乃（109 例）"、"惟（8 例）"、"又"（7 例）"、"便（1 例）"、"顾（1 例）"、"尚（3 例）"、"犹（5 例）"、"反（5 例）"。关联副词有 9 个，凡 158 例，占《孔传》副词总频率（3263）的 4.8%。

（七）范围副词："皆（189 例）"、"毕（1 例）"、"并（28 例）"、"总（2 例）"、"咸（5 例）"、"凡（28 例）"、"尽（14 例）"、"唯（1 例）"、"乃（1 例）"、"广（4 例）"、"俱（7 例）"、"各（50 例）"、"均（1 例）"、"惟（178 例）"、"同（16 例）"、"共（21 例）"、"徒（3 例）"、"率（1 例）"、"更（4 例）"、"一（1 例）"、"多（11 例）"、"兼（1 例）"、"但（4 例）"、"悉（1 例）"、"胜（1 例）"、"普（1 例）"、"方（1 例）"、"备（1 例）"、"具（1 例）"、"通（1 例）"。范围副词有 30 个，凡 578 例，占《孔传》副词总频率（3263）的 17.7%。

（八）劝令副词："其（9 例）"、"庶（15 例）"。劝令副词有 2 个，凡 24 例，占《孔传》副词总频率（3263）的 0.7%。

（九）否定副词："未（33 例）"、"不（611 例）"、"非（81 例）"、"无（250 例）"、"否（1 例）"、"勿（32 例）"、"莫（1 例）"。否定副词有 7 个，凡 1009 例，占《孔传》副词总频率（3263）的 30.9%。

（十）推度副词："将（4 例）"、"若（9 例）"、"宜（16 例）"、"或（1 例）"、"大（4 例）"、"其（7 例）"、"庶（14 例）"、"恐（11 例）"、"如（3 例）"。推度副词有 9 个，凡 69 例，占《孔传》副词总频率（3263）的 2.1%。

综上可知，《孔传》状态副词的数量最多，为 45 个，使用的频率却不高，仅占 13.0%；否定副词虽然仅出现 7 个，在文中使用的频率却最高，为 30.9%。而就整个《孔传》副词的使用频率来看，劝令副词出现 2 个，使用频率仅为 0.7%。这表明在《孔传》副词系统中，不同类的副词所出现的个数与使用的频率具有不均衡性。

二　《孔传》副词存在跨类情况

（一）《孔传》具有单一功能、不跨类的副词有"信"、"以"、"皆"、"敬"、"始"、"毕"、"转"、"并"、"既"、"相"、"总"、"未"、"足"、"咸"、"复"、"不"、"若"、"凡"、"非"、"辄"、"何"、"尽"、"唯"、"无"、"遂"、"广"、"俱"、"慎"、"笃"、"终"、"各"、"均"、"否"、"初"、"则"、"明"、"殊"、"当"、"先"、"同"、"群"、"历"、"错"、"必"、"新"、"分"、"疾"、"后"、"过"、"勿"、"常"、"宜"、"或"、"故"、"宁"、"再"、"固"、"难"、"专"、"数"、"共"、"至"、"长"、"近"、"甚"、"合"、"徒"、"鲜"、"肆"、"互"、"率"、"顾"、"今"、"杂"、"正"、"别"、"亲"、"久"、"速"、"本"、"一"、"恐"、"如"、"旁"、"自"、"岂"、"易"、"前"、"多"、"务"、"反"、"次"、"默"、"厚"、"向"、"迭"、"且"、"极"、"早"、"兼"、"最"、"恭"、"朝"、"渐"、"独"、"实"、"果"、"但"、"继"、"时"、"悉"、"益"、"胜"、"详"、"枉"、"颇"、"审"、"昔"、"普"、"矫"、"方"、"任"、"尝"、"轻"、"莫"、"备"、"具"、"通"，凡128个。

（二）《孔传》跨两类的副词有"已"、"重"、"将"、"即"、"惟"、"特"、"日"、"便"、"庶"、"尚"、"犹"、"善"，凡12个。

（三）《孔传》跨三类的副词有"又"、"乃"、"大"、"更"，凡4个。

（四）《孔传》跨四类的副词有"亦"、"其"，凡2个。

考察副词的跨类情况可知，《孔传》大部分副词具有功能的单一性，其使用频率占《孔传》副词总数量的87.7%，体现出稳定性的特点。仅有少数副词可以跨类，占《孔传》副词总数量的12.3%。

三　《孔传》副词在句中的语法功能明显不同

副词在具体句子中的语法功能主要是作状语，修饰谓语性成分；有时也可以作补语，这种情况极少。从整个《孔传》副词系统看，主要是修饰动词性谓语成分，但也有修饰其他成分的，或者出现在句首。具体如下：

（一）修饰动词性谓语的副词有："以"、"毕"、"转"、"并"、"既"、

"相"、"总"、"足"、"将"、"复"、"若"、"辄"、"何"、"尽"、"遂"、"广"、"慎"、"笃"、"终"、"各"、"初"、"明"、"先"、"群"、"历"、"错"、"必"、"新"、"分"、"疾"、"后"、"勿"、"日"、"常"、"宜"、"或"、"故"、"宁"、"再"、"固"、"难"、"数"、"共"、"便"、"近"、"徒"、"鲜"、"肆"、"互"、"率"、"顾"、"杂"、"正"、"更"、"别"、"亲"、"速"、"本"、"一"、"其"、"恐"、"如"、"旁"、"自"、"尚"、"庶"、"岂"、"易"、"前"、"犹"、"多"、"务"、"反"、"次"、"默"、"厚"、"向"、"迭"、"且"、"极"、"兼"、"早"、"恭"、"朝"、"渐"、"独"、"实"、"果"、"但"、"继"、"时"、"悉"、"益"、"胜"、"详"、"枉"、"颇"、"审"、"昔"、"普"、"矫"、"方"、"枉"、"任"、"尝"、"轻"、"莫"、"备"、"具"、"善"、"通";凡111个,占《孔传》副词总数量的76%。

（二）既可以修饰动词性谓语,又可以修饰形容词性谓语的副词有:"信"、"已"、"亦"、"敬"、"重"、"咸"、"又"、"无"、"俱"、"当"、"同"、"特"、"专"、"至"、"长"、"甚"、"合"、"大"、"久";凡19个,占《孔传》副词总数量的13%。

（三）既可以修饰动词性谓语,又可以修饰形容词性谓语、名词性谓语的副词有:"皆"、"未"、"不"、"非";凡4个,占《孔传》副词总数量的2.7%。

（四）既可以修饰动词性谓语,又可以出现在句首的副词有:"始"、"惟"、"今";凡3个,占《孔传》副词总数量的2.1%。

（五）既可以修饰动词性谓语,又可以修饰名词性谓语的副词有:"即"、"凡"、"乃";凡3个,占《孔传》副词总数量的2.1%。

（六）用于句首的副词有:"唯";凡1个,占《孔传》副词总数量的0.7%。

（七）修饰形容词性谓语的副词有:"均"、"则"、"殊"、"过"、"最";凡5个,占《孔传》副词总数量的3.4%。

从以上的统计可知,副词在《孔传》中主要还是修饰动词性谓语成分,有些可以兼用。在《孔传》中,还有副词"否"比较特殊,不能归属于上面,因为其是表示对上文有关谓语的否定,而这个被否定的谓语没有出现。此外，在《孔传》中，副词在句中主要是状语，而仅有副词"甚"可以出现于句中谓语后面，作补语。

四 《孔传》副词以单音节形式为主，复音节副词出现较少

《孔传》副词有单音副词，也有复音节副词。单音节副词 145 个，凡 3149 例。复音节副词有 16 个："相与（9 例）"、"互相（4 例）"、"相率（8 例）"、"非但（4 例）"、"非徒（1 例）"、"无不（43 例）"、"无非（2 例）"、"各自（2 例）"、"日日（2 例）"、"大较（1 例）"、"大体（1 例）"、"更相（1 例）"、"庶几（29 例）"、"分明（1 例）"、"何其（4 例）"、"再三（2 例）"，凡 114 例。单音节副词占据绝对优势，占《孔传》副词总频率（3263）的 96.5%，而复音节副词只占 3.5%。

从单音节副词内部情况看："不（611 例）"出现频率最高，占《孔传》单音节副词总频率（3149）的 19.4%，占《孔传》副词总频率（3263）的 18.7%。其次是"无（250 例）"，占《孔传》单音节副词总频率（3149）的 7.9%，占《孔传》副词总频率（3263）的 7.7%。而出现频率最低的副词只出现 1 例，即"备"，占《孔传》单音节副词总频率（3149）的 0.03%，占《孔传》副词总频率（3263）的 0.03%。各单音节副词出现频率不均衡，相差比较悬殊。

从复音节副词内部情况看："无不（43 例）"出现频率最高，占《孔传》复音节副词总频率（114）的 37.7%，占《孔传》副词总频率（3263）的 1.3%。而出现频率最低的仅有 1 例，即"分明"，占《孔传》复音节副词总频率（114）的 0.9%，占《孔传》副词总频率（3263）的 0.03%。各复音节副词出现频率不均衡，相差比较悬殊。

第二节 《孔传》副词与古文《尚书》副词的 比较研究

学术界一般认为传世《尚书》文本中今文《尚书》33 篇之外的 25 篇古文《尚书》与《孔传》是共时材料。本节我们将《孔传》副词与古文《尚

书》副词进行多角度比较，分析二者之异同，以求演绎二者的特点与规律。

一 《孔传》副词与古文《尚书》数量及词频的对比分析

（一）副词数量比较

从表2-2和表2-3可以看出，在古文《尚书》中，副词凡92个；在《孔传》中，副词凡146个。从数量的对比看，二者相差较大，古文《尚书》副词总数量（92）仅为《孔传》副词总数量（146）的63%左右。从古文《尚书》副词数量的内部情况看：第一，时间副词最多，凡22个；其次是范围副词，凡20个；再次是情态副词，凡11个；这三者分别占古文《尚书》副词总数量（92）的23.9%、21.7%、11.9%，其他类别副词的相差彼此不大，其总数量占了不到古文《尚书》副词总数量（92）的50%。第二，从副词小类数量由多至少看，古文《尚书》副词可以排列为：时间副词（22例）、范围副词（20例）、情态副词（11例）、否定副词（9例）、程度副词（8例）与关联副词（8例）、语气副词（5例）与表敬副词（5例）、表数副词（4例）。而从《孔传》副词数量的内部情况看：第一，状态副词最多，凡45个；其次是时间副词，凡36个；再次是范围副词，凡30个，分别占《孔传》副词总数量（146）的30.8%、24.5%、20.5%，其他类副词的总数量仅占了《孔传》副词总数量（146）的不到50%。第二，从副词小类数量由多至少看，《孔传》副词可以排列为：状态副词（45例）、时间副词（36例）、范围副词（30例）、程度副词（18例）、判断副词（11例）、推度副词（9例）与关联副词（9例）、否定副词（7例）、疑问副词（4例）、劝令副词（2例）。通过比较分析，我们可以发现，古文《尚书》与《孔传》副词小类的排列词序较为一致；从出现的比例上看，二者部分小类副词比较接近，如时间副词、范围副词，等等。

表2-2 古文《尚书》副词数量分布情况

词类 数量	情态 副词	时间 副词	程度 副词	范围 副词	表数 副词	语气 副词	否定 副词	关联 副词	表敬 副词
92	11	22	8	20	4	5	9	8	5

资料来源：李斌《古文〈尚书〉虚词研究》，扬州大学，博士学位论文，2011年，第173页。

表 2 - 3　《孔传》副词数量分布情况

词类数量	状态副词	时间副词	程度副词	范围副词	判断副词	推度副词	否定副词	关联副词	疑问副词	劝令副词
146	45	36	18	30	11	9	7	9	4	2

（二）副词词频的对比分析

从表 2 - 4 和表 2 - 5 可以看出，在古文《尚书》中，否定副词（279例）占总词频（614）的 45%，词频最高；其他小类副词的词频从高到低依次是：时间副词（82 例）、范围副词（79 例）、关联副词（70 例）、情态副词（42 例）、语气副词（31 例）、表敬副词（17 例）、程度副词（9例）、表数副词（5 例）。在《孔传》中，与古文《尚书》相同的是，否定副词数量占绝对优势，占总词频（3263）的 30.9%；其后依次是范围副词、时间副词、状态副词、判断副词，等等。此外，在古文《尚书》和《孔传》中，关联副词和程度副词都相对较少，二者的副词小类都呈明显的阶梯状分布。

表 2 - 4　古文《尚书》副词词频分布情况

词类频次	情态副词	时间副词	程度副词	范围副词	表数副词	语气副词	否定副词	关联副词	表敬副词
614	42	82	9	79	5	31	279	70	17

资料来源：李斌《古文尚书〈虚词研究〉》，扬州大学，博士学位论文，2011 年，第 173 页。

表 2 - 5　《孔传》副词词频分布情况

词类频次	状态副词	时间副词	程度副词	范围副词	判断副词	推度副词	否定副词	关联副词	疑问副词	劝令副词
3263	424	442	130	578	403	69	1009	158	26	24

二　《孔传》副词与古文《尚书》副词语音形式及其表义特征的对比分析

（一）副词语音形式比较

从语音形式上，在古文《尚书》中，副词凡 92 个，都是单音节副词，

在使用频率上，凡 614 次。而在《孔传》中，单音节副词凡 145 个，凡 3149
次；复音节副词凡 16 个，凡 114 例，所占比例相当小，所占比例为 3.5%。
由此可见，《孔传》中复音副词在所有的副词中占比例很小，而古文《尚书》
中则没有复音节副词的出现。

（二）副词的表义特征比较

从语义特征比较看，在古文《尚书》中，副词凡 92 个，其中可以表多
义的副词凡 5 个："其"、"大"、"尚"、"惟"、"肇"，占了副词总数量
5.4%。例如，"其"可作时间副词亦可作语气副词，"大"既可作程度副词
又可作范围副词，等等。而在《孔传》中，表多义的副词很多。例如："亦"
可作状态副词、判断副词、疑问副词、关联副词，"已"可作时间副词或程
度副词，"大"可作程度副词、状态副词、推度副词，等等。

1. 程度副词的比较

在古文《尚书》中，程度副词凡 8 个，占副词总数量的 8.7%，词频为
9 次。而在《孔传》中，程度副词凡 18 个，占副词总数量的 12.3%，词频
为 130 次。从数据对比来看，《孔传》中的程度副词数量上与古文《尚书》
相差不大，但使用比较广泛。而古文《尚书》的程度副词在使用频率上相对
较低，基本上是每个程度副词仅仅出现一次。程度副词在语义上一般可以表
示最高级、比较级、轻微级等三个层级。从古文《尚书》程度副词来看，它
们表"程度之深"，都属于表"最高级"的范畴。而在《孔传》中，程度副
词的语义所表的程度比较多样化，大致可以分为：表示程度深、表示程度在
变化之中、表示程度适中、表示程度轻微、表示程度至极。同时，在《孔
传》中，程度副词的粘着性很强，均与句中谓语中心语紧贴一起。

2. 范围副词的比较

古文《尚书》范围副词凡 20 个，即："毕"、"并"、"播"、"大"、
"凡"、"方"、"敷"、"弘"、"交"、"具"、"俱"、"旁"、"佥"、"率"、
"同"、"惟"、"咸"、"相"、"胥"、"一"，占副词总数量的 22%。其中，表
总括性凡 13 个，表齐、同义凡 6 个，表唯一性仅 1 个。在《孔传》中，范
围副词凡 30 个，占副词总数量的 21%，表示两种语义。其中，表示总括性
意义的凡 24 个，即："皆"、"惟"、"各"、"并"、"凡"、"共"、"同"、

"尽"、"俱"、"咸"、"广"、"总"、"备"、"方"、"兼"、"具"、"均"、
"率"、"普"、"胜"、"通"、"悉"、"一";表示限定范围意义的凡 6 个,
即:"多"、"但"、"徒"、"毕"、"唯"、"乃"。《孔传》范围副词的意义相
对简单,语义的单一性比较明显。

3. 关联副词的比较

在古文《尚书》中,关联副词凡 8 个,即:"则"、"惟"、"遂"、"犹"、
"乃"、"尚"、"丕"、"亦",占副词总数量的 9%,词频数为 70 次。它们表
示的语法关系主要是顺承、类同、因果、递进等关系。其中,有 4 个单独表
示顺承关系,相当于副词总个数的一半;"则"既可表示顺承关系,也可表
示条件关系;"亦"亦既可表示顺承关系,也可表示类同关系。在《孔传》
中,关联副词凡 9 个,即:"乃"、"亦"、"又"、"反"、"惟"、"犹"、
"尚"、"便"、"顾",词频数 158 次。它们表示的语法关系主要是顺承、因
果、递进、转折等关系,以表顺承关系为主。由此可见,古文《尚书》与
《孔传》中关联副词数量基本相等,但《孔传》关联副词使用频率比较高。
同时,二者有 2 个关联副词都同时使用,相似性比较高。

4. 否定副词的比较

在古文《尚书》中,否定副词凡 9 个,占总数的 10%,即:"不"、
"非"、"匪"、"否"、"弗"、"罔"、"未"、"无"、"勿",词频凡 279 次。
《孔传》否定副词凡 7 个,占总数的 5%,即:"不"、"无"、"非"、
"未"、"勿"、"否"、"莫",词频凡 1009 次。从数量上看,二者没有什么
太大差别,这和否定副词本身的语法特点有关系,因为否定副词从甲骨
文、金文时期开始,已经基本形成一个比较完善、比较封闭的系统而独立
于词类系统中,其后期的发展并没有比较大的变化。但从词频上看,相差
较大,《孔传》否定副词的出现频率占绝对优势。从语义角度看,古文
《尚书》和《孔传》副词都可以表示"单纯的否定"、"禁止性的否定"等
两种否定意义。具体来看,在古文《尚书》中,绝大部分否定副词属单纯
的否定,如:"不"、"非"、"匪"、"否"、"弗"、"罔"、"未";表禁止性
的否定的副词主要是"无"、"勿"。另外,否定副词"罔"也可表禁止否
定。在《孔传》中,表单纯的否定的副词有:"不"、"非"、"未"、"否"、
"莫",而表禁止性的否定副词有:"无"、"勿"。由此,从数量和语义角

度看古文《尚书》与《孔传》否定副词，二者具有一定程度上的相似性。

5. 时间副词的比较

在古文《尚书》中，时间副词凡 22 个，即："常"、"初"、"俶"、"恒"、"既"、"将"、"今"、"旧"、"其"、"日"、"时"、"始"、"往"、"昔"、"遹"、"先"、"新"、"庸"、"永"、"哉"、"肇"、"终"，占副词总数量的 23.9%，词频凡 82 次，是古文《尚书》的副词系统中数量最多的一个小类，表示各种各样的时间概念。一类表示抽象的时间长度，可以分为三个小类：其一，表示动作行为发生在过去时间，如"旧"、"往"、"昔"。其二，表示动作行为发生在现在时间，如"今"。其三，表示动作行为发生在将来时间，如"将"、"其"。一类表示具体的时间状态，可以分为五个小类：其一，表示动作行为发生的先后，如"先"。其二，表示动作行为开始发生，如"初"、"俶"、"始"、"新"、"哉"、"肇"。其三，表示动作行为已经完成，如"既"、"终"。其四，表示动作行为的经常不断，如"常"、"恒"、"日"、"时"、"庸"。其五，表示动作行为持续时间长久，如"旧"、"遹"、"永"。在《孔传》中，时间副词凡 36 个，词频为 442 次，占《孔传》副词总词频的 13.5%。从数量和语音形式看，二者在本副词系统中占据的比例、出现的频次都比较高，均以单音节时间副词为主，复音节形式比较少，如在《孔传》中出现"日日"一词，凡 2 例。《孔传》中时间副词的数量比古文《尚书》的多出 14 个，并且，古文《尚书》中"常"、"初"、"既"、"将"、"今"、"日"、"时"、"始"、"昔"、"新"、"终"、"先"等 12 个词在《孔传》中均有出现，而"俶"、"恒"、"旧"、"其"、"往"、"遹"、"庸"、"哉"、"肇"、"永"等 10 个没有出现，但所表示的语义则逐渐由其他形式的时间副词替代。此外，《孔传》与古文《尚书》的时间副词语法功能比较单一，二者也存在跨类现象。

6. 状态副词的比较

在古文《尚书》中，状态副词（情态副词）凡 8 个，即："必"、"忱"、"力"、"懋"、"明"、"协"、"允"、"肇"，占副词总数量的 8.6%，词频凡 42 次。古文《尚书》的情态副词比较特殊，在古文《尚书》整个副词系统中所占的比例比较小。在《孔传》中，状态副词凡 45

个，出现频次为 424 次，且多数为单音节副词，也存在少数复音节副词。比较《孔传》与古文《尚书》，二者在数量上相差比较悬殊，但也都存在跨类现象。同时，古文《尚书》中的部分状态副词在《孔传》中没有出现。从今文《尚书》看，状态副词凡 44 个，是副词系统中最大的副词小类。由此，可以看出，在任何一部文献专书或者任何一个断代语言的副词系统中，状态副词总是最为活跃的，《孔传》与今文《尚书》状态副词在整个副词系统中所占的比例合于状态副词的一般共性特点。

第三节　《孔传》副词与清华简副词的比较研究

《清华大学藏战国竹简》简称"清华简"，是可靠的出土语言材料，其第一册九篇文章既有古文《尚书》篇目，也有今文《尚书》篇目。将《孔传》与之比较、分析，可以从异同中考察《孔传》副词的特点。本节拟详细比较二者的数量、词类、语音形式和表义特征。

一　《孔传》副词与清华简副词数量及词频的对比分析

（一）副词数量比较

从表 2 - 3 可以看出，在《孔传》中，副词凡 146 个，其副词数量由多到少依次为：状态副词（45）、时间副词（36）、范围副词（30）、程度副词（18）、判断副词（11）、关联副词（9）与推度副词（9）、否定副词（7）、疑问副词（4）、劝令副词（2）。其中，以状态副词、时间副词、范围副词等三类使用较为广泛。从数量阶梯形式看，《孔传》副词可以大致分为四级阶梯：第一级阶梯是状态副词、时间副词、范围副词；第二级阶梯是程度副词；第三级阶梯是判断副词、关联副词、否定副词；第四级阶梯是疑问副词、劝令副词。从表 2 - 6 可以看出，在清华简中，副词凡 71 个，其副词数量由多到少依次为：时间副词（17）、范围副词（14）、情态副词（11）、否定副词（9）、关联副词（8）、表敬副词（6）、程度副词（3）、表数副词（2）、语气副词（1）。其中，以时间副词、范围副词、情态副词等三类使用较为广泛。从数量阶梯形式看，清华简副词可以分为四级阶梯：第一级阶梯是时间副词和范围副词；第二级阶梯是情态副词、否定副词和关联副词；第三级阶梯是表敬副词；第四级阶梯是程度副词、表数副词和语气副词。由此，从数量和阶梯等级角度看，清华简副词总的数量仅占《孔传》副词总量的50%左右，远远不如《孔传》副词系统那样丰富。因此，《孔传》副词与清华简副词虽有一定的共同性，但存在明显的差异性以及历史发展性。

表 2 – 6　清华简副词数量分布情况

词类\数量	情态副词	时间副词	程度副词	范围副词	表数副词	语气副词	否定副词	关联副词	表敬副词
71	11	17	3	14	2	1	9	8	6

资料来源：刘硕敏《清华简副词研究》，扬州大学，硕士学位论文，2013年，第53页。

（二）副词词频的对比分析

从表 2 – 5 可以看出，在《孔传》中，副词系统词频从高到低依次是：否定副词、范围副词、时间副词、状态副词、判断副词、关联副词、程度副词、推度副词、疑问副词、劝令副词。从词频数量上看，《孔传》副词词频可分成四级阶梯：第一级阶梯是否定副词；第二级阶梯是范围副词、时间副词、状态副词、判断副词；第三级阶梯是关联副词、程度副词；第四级阶梯是推度副词、疑问副词、劝令副词。其中，以否定副词、范围副词、判断副词、时间副词等四类词频相对比较高，以否定副词为最高。从表 2 – 7 可以看出，在清华简中，副词系统词频从高到低依次是：否定副词、关联副词、时间副词、范围副词、情态副词、表数副词、语气副词、表敬副词。与《孔传》副词对比看，清华简副词词频最高的也是否定副词，属于《孔传》副词的第一级阶梯；其次，词频相对比较高的是关联副词、时间副词、范围副词。由此可见，否定副词是《孔传》和清华简副词中最活跃的类别；而《孔传》副词在使用的频率上远远比较清华简副词更加高。

表 2 - 7　清华简副词词频分布情况

词类 词频	情态 副词	时间 副词	程度 副词	范围 副词	表数 副词	语气 副词	否定 副词	关联 副词	表敬 副词
303	16	44	13	43	7	7	100	66	7

资料来源：刘硕敏《清华简副词研究》，扬州大学，硕士学位论文，2013 年，第 53 页。

二　《孔传》副词与清华简副词语音形式及其表义特征的对比分析

（一）副词语音形式比较

在《孔传》中，副词有单音节副词，也有复音节副词。其中，单音节副词凡 145 个，复音节副词凡 16 个；单音节副词占据绝对优势。而在清华简中，副词凡 71 个，复音副词仅 3 个，占整个副词系统的 4%；而且，3个复音副词皆是叠音副词，且皆为情态副词，用于句中谓语之前表示动作行为进行时的情状。由此，从语音形式看，《孔传》复音节副词在数量上相对于清华简副词来说，有了比较大的发展。这也符合汉语词汇由单音节逐渐向复音节发展演变之规律。

（二）副词的表义特征比较

从副词的语义角度看，在《孔传》中，大部分副词具有功能的单一性，但部分副词表义相对比较丰富，存在多种跨类情况。这类副词占《孔传》副词总数量的 12.3% 。例如，跨两类的副词有："已"、"重"、"将"、"即"、"惟"、"特"、"日"、"便"、"庶"、"尚"、"犹"、"善" 等 12 个；跨三类的副词有："又"、"乃"、"大"、"更" 等 4 个；跨四类的副词有："亦"、"其" 等 2 个。而在清华简中，副词凡 71 个，表多义的副词仅有 4个，约占数词总量的 5% 。例如，"方"可表范围和时间，"懋"可表情态和表敬，"其"可表时间和语气，"斯"可表关联和范围。

1．时间副词的比较

在《孔传》中，时间副词凡 36 个，占副词系统总数量的近 1/4。其中，有表示行为已经发生的，如"已"、"尝"、"既"；表示行为将要发生的,如"将"、"且";表示动作行为正在发生的,如"今"、"速";表示动作或状态的持续,如"常"、"长",等等。而在清华简中,时间副词凡17个,约占清华简副词总数的1/4,是清华简副词数量最多的一个小类。考察时间副词在具体语境中的意义,又可以细分为几种意义类型:一是表示抽象的时间长度,如"表示动作行为发生在过去时间"、"表示动作行为发生在现在时间"、"表示动作行为发生在将来时间",等等;一是表示具体的时间状态,如"表示动作行为发生的先后"、"表示动作行为开始发生"、"表示动作行为正在进行"、"表示动作行为已经完成"、"表示动作行为持续时间长久"、"表示动作行为的发生急遽",等等。由此,比较《孔传》与清华简时间副词在所表时间意义上的异同可知:清华简时间副词的表义功能更加完备,而《孔传》时间副词仅能表示动作行为继续持续、动作行为将要发生、动作行为已经发生,语义功能上相对分明。

2. 范围副词的比较

在《孔传》中,范围副词凡30个,既可表全部范围,亦可表限定范围。其中,表全部范围的副词有:"皆"、"惟"、"各"、"并"、"凡"、"共"、"同"、"尽"、"俱"、"咸"、"广"、"总"、"备"、"方"、"兼"、"其"、"均"、"率"、"普"、"胜"、"通"、"悉"、"一",凡24个;表限定范围的副词有:"多"、"但"、"徒"、"毕"、"唯"、"更",凡6个。在清华简中,范围副词凡14个,按副词的表义类型可将其分成三类:表全部的范围副词、表齐同的范围副词、表限定的范围副词,其中,表全部的范围副词占优势。比较《孔传》与清华简范围副词的表义类型,清华简范围副词的表义类型更加丰富,如清华简中有表"齐同义"的范围副词"胥"。

3. 程度副词的比较

在《孔传》中,程度副词凡18个,词频为130次。按程度副词的意义大致可以分为五类:其一,表示程度深、高:"大"、"甚"、"难"、"特"、"又"、"已"、"笃"、"重"、"厚"、"颇";其二,表示程度在变化之中:"益";其三,表示程度适中:"足";其四,表示程度轻微:"鲜";其五,表示程度至极:"至"、"极"。在清华简中,程度副词仅有3个:"大"、"多"、"皇",词频为13次。根据前人的研究表明,程度副词在先秦汉语时期,数量比较少,到西汉时期才大量出现。因此,从数量角度看，清华简程度副词数量较少而《孔传》程度副词数量较多。从表义类型上看，《孔传》表义更加丰富多样，如可表程度之深、高，可表程度在变化之中，可表程度适中，可表程度轻微，可表程度至极；而清华简程度副词表义较单一，皆表程度至极。这使得二者的区别性比较明显。

4. 关联副词的比较

在《孔传》中，关联副词凡9个，即："乃"、"亦"、"惟"、"又"、"反"、"犹"、"尚"、"便"、"顾"；词频为158次。在清华简中，关联副词凡8个，即："乃"、"则"、"犹"、"用"、"亦"、"斯"、"丕"、"矧"，词频为66次。比较二者的副词数量和词频数：二者关联副词数相近，但词频相差较多，即《孔传》关联副词使用频率更高。此外，《孔传》与清华简相同的关联副词有："乃"、"亦"、"犹"。"乃"二者用法相似。"犹"除和《孔传》一样表"让步"外，还可表"既成状态的持续"。"亦"皆是《孔传》和清华简用法最复杂的一个关联副词。清华简"亦"可表因果、并列、相承、递进四种语法关系；《孔传》"亦"也可表递进、转折、顺承和并列四种语法关系。

5. 否定副词的比较

在《孔传》中，否定副词凡7个，即："不"、"无"、"非"、"未"、"勿"、"否"、"莫"，词频为1009次。《孔传》否定副词数量虽不多，但其使用频率却相当高，其词频数亦是《孔传》副词系统中数量最多的一个副词小类。这是一种副词数量与其使用频率数不平衡的现象。在清华简中，否定副词亦是如此：否定副词凡9个，词频数为100次。比较二者否定副词的异同，清华简否定副词数量更多，且《孔传》所有的否定副词几乎都可见于清华简否定副词系统。这说明，否定副词小类的成员自古就比较稳定且语法功能优越，故能历经历史淘汰后仍然保留在语言中。从二者的表义类型上看，《孔传》中否定副词的意义可以分为单纯的否定和禁止性的否定，表单纯的否定有："不"、"非"、"未"、"否"、"莫"，表禁止性的否定有："无"、"勿"。清华简否定副词用法相似：一是表单纯否定，如"不"、"非"、"莫"、"未"、"无"、"弗"、"蔑"；一是表禁止性否定，如"勿"、"毋"。

6. 状态副词的比较

在《孔传》中，状态副词凡45个，词频为424次，占《孔传》副词总频率的 12.9%，比例比较高。与《孔传》状态副词相比，清华简状态副词（情态副词）凡 11 个，即："必"、"果"、"工（恐）"、"汲汲"、"穆穆"、"懋"、"逆"、"勤"、"亲"、"翼翼"、"允"，词频凡 16 次。在语音形式上，两者出现单音节副词，也有少数复音节副词，但在数量、出现频率上相差比较悬殊。"果"作状态副词均出现于二者中，各有 1 例，表"果真"之义。在语法功能上，二者中的状态副词均主要用于句中动词谓语前面，而《孔传》出现用于形容词谓语前面的情况，如"犹"、"专"等。同时，《孔传》部分状态副词还可以作其他类副词，如"亦"、"犹"、"大"、"日"等，而清华简状态副词中则不存在兼类现象。这一现象也反映出状态副词在汉语历史的发展过程，在数量上是不断增长的，在语义上不是逐渐丰富的。

总的说来，副词在《孔传》虚词系统中数量最大，有单音节副词 145 个，复音节副词 16 个，凡 3263 个语例。不仅数量比较多，而且表义也比较丰富，可以分为十个小类；小类与小类之间的使用频率以及单个词使用的频率差别都比较大。这是《孔传》副词系统的鲜明特点。同时《孔传》副词除了"次"、"颇"等少数词外，其他均见于先秦时期。

下 编
《尚书孔传》代词、连词、介词、语气词、助词研究

第三章

代词的功用及其特点

　　在古代汉语中，代词是指在句中起指称、替代作用的一类虚词。关于代词，黎锦熙先生曾撰文指出："代词问题是一个比较复杂而不易解决的问题。虽然大家在过去作过不少讨论，但直到今天仍然还没有得出一个比较让人满意的结论。"① 黎氏所谓的"问题"，是指目前对于代词的争论主要集中在：代词的界定、代词是归属于实词还是虚词、代词的分类等三个方面。关于代词的界定，不同学者基于自身对代词的认知使用的名称也有不同。例如：马建忠在《马氏文通》中将代词称为"代字"，认为"代字者，所以指明也，文中随在代名而有所指也"②。王力在《中国语法理论》中认为，"凡词能替代实词者叫代词"③。周法高在《中国古代语法·称代篇》中认为，"代词是一种语言形式或语法形式，它在某些习惯的情形下，

---

① 黎锦熙：《语法再研讨——代词和代名词》，《中国语文》，1960 年第 6 期。
② 马建忠：《马氏文通》，北京：商务印书馆，1983 年，第 20 页。
③ 王力：《中国语法理论》，《王力文集》（第一卷），济南：山东教育出版社，1984 年，第 260 页。

代替一类语言形式中之任意形式"①。章士钊在《中等国文典》中将代词称之为"代名词",并认为"代名词者,与词相代为用,其作用亦如名词也"②。吕叔湘在《近代汉语指代词》中认为,"什么是指代词,就是一般所说的代词,这类词多数既有称代的作用,又有指示的作用"③。但是,就目前看,"代词"至今仍然是比较通用的称呼。

而关于代词的词性问题,马建忠、金兆梓、黎锦熙、杨树达、陈承泽等学者将代词归入实词范畴。吕叔湘先生在《中国文法要略》中对代词的实词属性产生怀疑。其后,王力先生的《中国语法纲要》认为"代词是半虚词"。而后,王氏在《汉语的词类》中把代词的"半虚词"改定为"虚词"。吕叔湘、朱德熙的《语法修辞讲话》则明确将代词归入虚词,杨树达的《词诠》把代词列为虚词。④ 近些年来,较多学者以及关于虚词的著作也将代词纳入虚词范畴进行研究。因此,代词具有不确定和概括性,与其他实词相比,具有明显的特殊性,本书仍将代词放入虚词范畴进行研究。

关于代词的分类,吕叔湘先生指出:"代词这个类,成员不多,可是相当复杂。原因是代词不是按照句法功能划分出来的类。因此,代词在总的范围内和内部分类方面都有不同的意见。"⑤ 因此,对于代词的分类,历来学者们都有所不同。诸如,马建忠最早将代词分为"指名代字"、"接读代字"、"询问代字"、"指示代字"等四类⑥。黎锦熙把代词分为"称谓代名词"、"指示代名词"、"疑问代名词"、"联接代名词"等四类⑦。杨树达把代词分为"人称代名词"、"指示代名词"、"疑问代名词"、"复牒代名

---

① 周法高:《中国古代语法·称代篇》,台北:台湾"中央研究院"历史语言研究所,1959年,第1页。
② 章士钊:《中等国文典》,北京:商务印书馆,1911年,第67页。
③ 吕叔湘:《近代汉语指代词》,《吕叔湘文集》(第三卷),沈阳:辽宁教育出版社,2002年,第3页。
④ 何金松:《虚词历时词典》,武汉:湖北人民出版社,1994年,第15页。
⑤ 吕叔湘:《汉语语法分析问题》,《吕叔湘文集》(第二卷),沈阳:辽宁教育出版社,2002年,第494页。
⑥ 马建忠:《马氏文通》,北京:商务印书馆,1983年,第33页。
⑦ 黎锦熙:《新著国语文法》,北京:商务印书馆,1992年,第18页。

词"等四类①。周法高把代词分为"第一、第二、第三身代词"、"指示代词"、"询问代词"、"其他代词"等四类②。王力把代词分为"人称代词"、"无定代词"、"复指代词"、"交互代词"、"被饰代词"、"指示代词"、"疑问代词"等七类③。杨伯峻、何乐士把代词分为"人称代词"、"指示代词"、"疑问代词"等三类，并在每一类下面又划分出多种小类④。不同分类为代词的深入研究提供了不同的研究视角。本书采用杨、何两位学者的分类法以及相关概念，将代词划分为"人称代词"、"指示代词"、"疑问代词"，并从代词的语法意义和语法功能出发，穷尽性地统计并逐一描写、分析《孔传》中出现的"之"、"其"、"此"、"是"、"谁"、"自"、"斯"、"汝"、"我"、"焉"、"己"、"厥"、"何"、"自己"、"莫"、"予"、"尔"、"吾"、"彼"、"子"、"佗"、"然"、"诸"、"他"、"乃"、"靡"等26个代词。下分类述之。

第一节　人称代词的用法及其特点

人称代词是指代具体言语交际环境中双方的一类代词。这类代词通常只有称代作用，不用来指示。在《孔传》中，人称代词凡14个。

其

在《孔传》中，"其"作人称代词，指代第三人称，用于句中表人、事或物的名词前面，作定语、宾语、主语、兼语等，相当于"他（们）的"、"它（们）的"。凡552例。

（一）"其"在句中作定语。凡397例，诸如：

---

① 杨树达：《高等国文法》，北京：商务印书馆，1984年，第44页。
② 周法高：《中国古代语法·称代篇》，台北：台湾"中央研究院"历史语言研究所，1959年，第68页。
③ 王力：《中国语法理论》，《王力文集》（第一卷），济南：山东教育出版社，1984年，第278页。
④ 杨伯峻、何乐士：《古汉语语法及其发展》（上册），北京：语文出版社，2003年，第99页。

(1) 故其名闻充溢四外，至于天地。(《尧典》)

(2) 易谓岁改易于北方，平均在察其政，以顺天常。(《尧典》)

(3) 阴阳和，风雨时，各以其节，不有迷错愆伏。(《舜典》)

(4) 言早夜敬思其职，典礼施政教，使正直而清明。(《舜典》)

(5) 皋陶布行其德，下治于民，民归服之。(《大禹谟》)

(6) 日日严敬其身，敬行六德，以信治政事，则可以为诸侯。(《皋陶谟》)

(7) 四近前后左右之臣，敕使敬其职。(《益稷》)

(8) 三物皆出云梦之泽，近泽三国常致贡之，其名天下称善。(《禹贡》)

(9) 天子立七庙，有德之王则为祖宗，其庙不毁，故可观德。(《咸有一德》)

(10) 叹以感王入其言，王者主民，当敬民事。(《高宗肜日》)

(二) "其" 在句中作兼语。凡71例，诸如：

(1) 佞人乱德，尧忧其败政，故流放之。(《皋陶谟》)

(2) 益以此义佐禹，欲其修德致远。(《大禹谟》)

(3) 禹言有苗、驩兜之徒甚佞如此，尧畏其乱政，故迁放之。(《皋陶谟》)

(4) 故群臣畏罪不争，无能止其慢心。(《泰誓上》)

(5) 欲其终身奉行，后世遵则。(《蔡仲之命》)

(6) 乱弃其所陈祭祀，不复当享鬼神。(《牧誓》)

(7) 天以汤故，五年须暇汤之子孙，冀其改悔。(《多方》)

(8) 言侍御之臣，无小大亲疏，皆当勉汝君为德，更代修进其所不及。(《冏命》)

(三) "其" 在句中作主语。凡66例，诸如：

(1) 然其所推之贤，不许其让，敕使往宅百揆。(《舜典》)

(2) 言其外布文德教命，内则敬承尧舜。(《大禹谟》)

(3) 然其所陈，从而美之曰："用汝言，致可以立功。"(《皋陶谟》)

(4) 然其贤，不许让。(《舜典》)

(5) 其不免于过，则亦宜矣。(《旅獒》)

（6）其已得吉卜，则经营规度城郭郊庙朝市之位处。（《召诰》）

（7）此其不听中正之君，有人诳惑之，言小人怨憾诅詈汝，则信受之。（《无逸》）

（8）其顺常道，及抚国事，如我所为，惟用在周之百官。（《洛诰》）

（四）"其"在句中作宾语。凡14例，诸如：

（1）言我非敢独勤而已，惟恭敬奉其币帛，用供待王，能求天长命。（《召诰》）

（2）共谓供其职事。（《舜典》）

（3）文王君圣臣良，于小大所谋道德，天下无不循从其化，故我后世先祖归在王位。（《文侯之命》）

（4）言为君监民，惟若农夫之考田，已劳力布发之，惟其陈列修治，为其疆畔畎垄，然后功成。（《梓材》）

（5）无令若火始然，焰焰尚微，其所及，灼然有次序，不其绝。（《洛诰》）

（五）"其"在句中，用在数词前面，作定语，表领有的数量，相当于"其中之……"、"其中的"等。凡4例。

（1）三德，九德之中有其三。（《皋陶谟》）

（2）此六者，弃德之君必有其一。（《五子之歌》）

（3）言文王德大，故受众方之国，三分天下而有其二。（《泰誓下》）

（4）谓三分天下有其二，以授武王。（《康诰》）

之

在《孔传》中，"之"作人称代词，指代第三人称，在句中作动词宾语或介词宾语；可以指代人、物、事等，可译为"他"、"它"、"他们"、"它们"等。凡528例。

（一）"之"在句中直接作动词宾语。凡475例，诸如：

（1）然其所举，言我亦闻之，其德行如何？（《尧典》）

（2）言善政之道，美以戒之，威以督之，歌以劝之。（《大禹谟》）

（3）民所叛者天讨之，是天明可畏之效。（《皋陶谟》）

（4）王者封五色土为社，建诸侯则各割其方色土与之，使立社。（《禹

贡》）

（5）天子亲征，又载社主，谓之社事，不用命奔北者，则戮之于社主前。（《甘誓》）

（6）非我小子敢行此事，桀有昏德，天命诛之，今顺天。（《汤誓》）

（7）其难无以为易，其慎无以轻之，群臣当和一心以事君，政乃善。（《咸有一德》）

（8）远近待之如一，罪以惩之，使勿犯，伐去其死道。（《盘庚上》）

（9）比干忠谏，谓其心异于人，剖而观之。（《泰誓下》）

（10）化恶为善，如欲去疾，治之以理，则惟民其尽弃恶修善。（《康诰》）

（二）"之"在句中与动词后面的名词成分共同作句中动词的宾语，构成双宾语结构；"之"在句中作间接宾语。凡12例，诸如：

（1）于其无好德之人，汝虽与之爵禄，其为汝用恶道以败汝善。（《洪范》）

（2）不合于中之人，汝与之福，则是人此其惟大之中。（《洪范》）

（3）谓有德之人生此地，以此地名赐之姓以显之。（《禹贡》）

（4）诸侯五国立贤者一人为方伯，谓之五长，以相统治，以奖帝室。（《益稷》）

（5）伏牺氏天下，龙马出河，遂则其文以画八卦，谓之河图，及典谟皆历代传宝之。（《顾命》）

（三）"之"在句中出现在不及物动词、名词或形容词后面作宾语，构成使动用法或意动用法。凡27例，诸如：

（1）明九德之常，以择人而官之，则政之善。（《皋陶谟》）

（2）近先王，则训于义，无成其过，不使世人迷惑怪之。（《太甲上》）

（3）言伊尹不能使其君如尧舜，则耻之。（《说命下》）

（4）非天私商而王之，佑助一德，所以王。（《咸有一德》）

（5）小大多正自为不和，汝有方多士，当和之哉！（《多方》）

（6）以文德蛮来之，不制以法。（《禹贡》）

（四）"之"在句中用于两个动词之间，既作前面动词的宾语，又作后面动词的主语，作兼语。凡10例，诸如：

（1）尧不听舜让，使之摄位。（《舜典》）

（2）教之皆无常饮酒。（《酒诰》）

（3）王为政当不敢后能用之士，必任之为先。（《召诰》）

（4）王顺其事叹告毕公，代周公为大师，为东伯，命之代君陈。（《毕命》）

（5）其当清察，能使之不行。（《吕刑》）

（五）“之”在句中作介词宾语，构成介宾结构；位于动词前面，作状语。凡4例。

（1）还五瑞于诸侯，与之正始。（《舜典》）

（2）戒诸侯与之更始。（《汤诰》）

（3）明我周王为之除害。（《武成》）

（4）惟文王圣德，为之子孙无忝厥祖，大承无穷之忧。（《君奭》）

汝

在《孔传》中，“汝”作人称代词，指代第二人称，凡320例。在句中，作主语、兼语、定语或宾语；可表单数，又可表复数；可译为“你”、“你们”等。

（一）“汝”在句中作主语。凡156例，诸如：

（1）助我所有之民，富而教之，汝翼成我。（《益稷》）

（2）以五采明施于五色，作尊卑之服，汝明制之。（《益稷》）

（3）汝不从我命，所含恶德，但不畏惧我耳。（《盘庚上》）

（4）汝若不善于所言，则我无闻于所行之事。（《说命中》）

（5）不合于中之人，汝与之福，则是人此其惟大之中。（《洪范》）

（6）汝当大远求商家耆老成人之道，常以居心，则知训民。（《康诰》）

（7）汝乃其速用此典刑宜于时世者，循理以刑杀，则亦惟君长之正道。（《康诰》）

（8）汝能以进老成人为醉饱，考中德为用逸，则此乃信任王者正事之大臣。（《酒诰》）

（二）“汝”在句中作宾语。凡57例，诸如：

（1）我刑戮汝，非我咎也。（《盘庚上》）

（2）善自作福，恶自作灾，我不敢动用非罚加汝，非德赏汝乎？（《盘庚上》）

（3）小罪非过失，乃惟终身行之，自为不常，用犯汝。（《康诰》）

（4）所以徙汝，是我不欲杀汝，故惟是教命申戒之。（《多士》）

（5）有国土诸侯，告汝以善用刑之道。（《吕刑》）

（三）"汝"在句中作兼语。凡 17 例，诸如：

（1）起信险伪肤受之言，我不知汝所讼言何谓。（《盘庚上》）

（2）言天下蹈行我德，是汝治水之功有次序，敢不念乎！（《益稷》）

（3）我不顺若此多诰而已，欲使汝念躬行之闵勉也。（《君奭》）

（4）以汝率德改行之故，故我命汝为诸侯于东土。（《蔡仲之命》）

（5）今往承其业，当慎汝所主，此循其常法而教训之。（《君陈》）

（四）"汝"在句中作定语。凡 90 例，诸如：

（1）言为天子勤此三者，则天之禄籍长终汝身。（《大禹谟》）

（2）然其所陈，从而美之曰："用汝言，致可以立功。"（《皋陶谟》）

（3）天子率臣下为起治之事，当慎汝法度，敬其职。（《益稷》）

（4）人以言咈违汝心，必以道义求其意，勿拒逆之。（《太甲下》）

（5）言我世世数汝功勤，不掩蔽汝善，是我忠于汝。（《盘庚上》）

（6）言匡正汝君，使循先王之道，蹈成汤之踪，以安天下。（《说命上》）

我

在《孔传》中，"我"作人称代词，指代第一人称，凡 314 例。在句中，作主语、定语、宾语、兼语；可表单数，又可表复数；可译为"我"、"我们"等。

（一）"我"在句中作主语。凡 155 例，诸如：

（1）凶德如此，我必往诛之。（《汤誓》）

（2）起信险伪肤受之言，我不知汝所讼言何谓。（《盘庚上》）

（3）善自作福，恶自作灾，我不敢动用非罚加汝，非德赏汝乎？（《盘庚上》）

（4）我不任贪货之人，敢奉用进进于善者。（《盘庚下》）

（5）言我生有寿命在天，民之所言，岂能害我。遂恶之辞。（《西伯戡

黎》)

（6）言今我伐纣，正是天人合同之时，不可违失。(《泰誓上》)

（7）言我举武事，侵入纣郊疆伐之。(《泰誓中》)

（8）言我不敢闭绝天所下咸用而不行，将欲伐四国。(《大诰》)

（二）"我"在句中作宾语。凡 24 例，诸如：

（1）已进告汝之后，顺于汝心与否，当以情告我，无敢有不敬。(《盘庚下》)

（2）天之美应，震动民心，故用依附我。(《武成》)

（3）遗我大宝龟，疑则卜之，以继天明，就其命而行之。(《大诰》)

（4）言公当明安我童子，不可去之。(《洛诰》)

（5）天佑我，故汝众士臣服我。(《多士》)

（6）惟天不与信无坚固治者，故辅佑我，我其敢求天位乎？(《多士》)

（三）"我"在句中作定语。凡 108 例，诸如：

（1）一汝心力，以从我命。(《大禹谟》)

（2）言天下蹈行我德，是汝治水之功有次序，敢不念乎！(《益稷》)

（3）言我先世贤君，无不承安民而恤之。(《盘庚中》)

（4）不从我谋，罚及汝身，虽悔可及乎？(《盘庚上》)

（5）下及我治事众士，大小无不皆明听誓。(《泰誓上》)

（6）言武王愈，此所以待能念我天子事，成周道。(《金縢》)

（7）言我周家有大化诚辞，为天所辅，其成我民矣。(《大诰》)

（8）若不念我言、不用我法者，病其君道，是汝长恶，惟我亦恶汝。(《康诰》)

（四）"我"在句中作兼语。凡 27 例，诸如：

（1）言天使我辑安汝国家。(《汤诰》)

（2）始攻桀伐无道，由我始修德于亳。(《伊训》)

（3）言汝当教训于我，使我志通达。(《说命下》)

（4）神庶几助我渡民危害，无为神羞辱。(《武成》)

（5）史、百执事言信有此事，周公使我勿道，今言之则负周公。(《金縢》)

（6）言王命我来，承安汝文德之祖文王所受命之民，是所以不得去。

(《洛诰》)

(7) 天整齐于下民,使我为之,一日所行,非为天所终,惟为天所终,在人所行。(《吕刑》)

《说文解字》:"我,施身自谓也。"① 《说文解字注》:"施者,旗貌也。"② 孙锡信指出,"我"在甲骨文中就已经作为第一人称代词,使用频率最高,指代功能最强。它可以用作主格、宾格和领格,且可以建用于单数与复数,用法从商代起就已经定型。③ 管燮初认为,"我"是人称代词中出现最早的一个自称代词。"我"在甲骨刻辞中已经相当发达,是唯一可作主语、宾语和修饰语的自称代词。"我"在金文中也是唯一可作主语、宾语、兼语和修饰语的自称代词。④ 今古文《尚书》中,"我"出现229例,《孔传》中出现314例,可见,"我"的使用已经比较普遍。

自

在《孔传》中,"自"作己称代词,凡96例。用于句中动词前面,表动作行为是施事主体自己进行或施事主体接受自己的行为动作,可译为"自己"、"自"等。

(一)"自"在句中作主语。凡75例,诸如:

(1) 自来而取曰攘。(《微子》)

(2) 自满者人损之,自谦者人益之,是天之常道。(《大禹谟》)

(3) 言天灾可避,自作灾不可逃。(《太甲中》)

(4) 乃使汝所行尽顺,曰是有次叙,惟当自谓未有顺事,君子将兴,自以为不足。(《康诰》)

(5) 今汝殷之诸侯皆尚得居汝常居,臣民皆尚得畎汝故田,汝何不顺从王政,广天之命,而自怀疑乎?(《多方》)

(6) 召公既述周公所言,又自陈己意,以终其戒。(《召诰》)

(二)"自"在句中作宾语。凡21例,诸如:

---

① (东汉)许慎:《说文解字》,北京:中华书局,1963年,第267页。
② (清)段玉裁:《说文解字注》,上海:上海古籍出版社,1981年,第632页。
③ 孙锡信:《汉语历史语法要略》,上海:复旦大学出版社,1992年,第17页。
④ 管燮初:《西周金文语法研究》,北京:商务印书馆,1981年,第33页。

（1）我一心命汝，汝违我是自臭败。（《盘庚中》）

（2）言纣大厚于酒，昼夜不念自息，乃过差。（《酒诰》）

（3）言禹恶衣薄食，卑其宫室，而尽力为民，执心谦冲，不自盈大。（《大禹谟》）

（4）言叙典秩礼，命德讨罚无非天意者，故人君居天官，听政治事，不可以不自勉。（《皋陶谟》）

（5）盛德必自敬，何狎易侮慢之有？（《旅獒》）

（6）于在内服治事百官众正及次大夫服事尊官，亦不自逸。（《酒诰》）

己

在《孔传》中，"己"作己称代词，凡 34 例。用于句中动词前、后，可作主语、宾语、定语、兼语，相当于"自己"。

（一）"己"在句中作主语。凡 15 例，诸如：

（1）言己年老，厌倦万机，汝不懈怠于位，称总我众，欲使摄。（《大禹谟》）

（2）然己谋之于心，谋及卜筮，四者合从，卜不因吉，无所枚卜。（《大禹谟》）

（3）言己思日孜孜不怠，奉承臣功而已。（《益稷》）

（4）己能无恶于民，民之有过，在我教不至。（《泰誓中》）

（5）若己有非，惟受人责，即改之如水流下，是惟艰哉。（《秦誓》）

（二）"己"在句中作宾语。凡 7 例，诸如：

（1）皋陶因帝勉己，遂称帝之德，所以明民不犯上也。（《大禹谟》）

（2）言其有令德，善事父母，行己以恭。（《君陈》）

（3）言此责群臣正己。（《冏命》）

（三）"己"在句中作定语。凡 9 例，诸如：

（1）所以不蔽善人，不赦己罪，以其简在天心故也。（《汤诰》）

（2）伊尹见一夫不得其所，则以为己罪。（《说命下》）

（3）召公既述周公所言，又自陈己意，以终其戒。（《召诰》）

（4）视水见己形，视民行事见吉凶。（《酒诰》）

（5）言祖业之大，己才之弱，故心怀危惧。（《君牙》）

（四）"己"在句中作兼语。凡3例，诸如：

（1）天亦劳慎我民欲安之，如人有疾，欲己去之。（《大诰》）

（2）礼成于三，故酌者实三爵于王，王三进爵，三祭酒，三奠爵，告己受群臣所传顾命。（《顾命》）

焉

在《孔传》中，"焉"作人称代词，指代第三人称，凡5例。常出现于句中动词后面，作宾语，指第三人称的人或事物，可译为"他"、"它"等。

（1）盛之筐篚而贡焉。（《禹贡》）

（2）汤有功烈之祖，故称焉。（《伊训》）

（3）断行是诚道，大法敏德，信则人任焉，敏则有功。（《康诰》）

（4）诸侯在，故托焉。（《召诰》）

（5）帝乙爱焉，为作善字，而反大恶自强，惟进用刑，与暴德之人同于其国，并为威虐。（《立政》）

尔

在《孔传》中，"尔"作人称代词，指代第二人称，凡4例。在句中作定语、主语，可译为"你"、"你（们）的"等。

（一）"尔"在句中作定语。凡2例。

（1）无用尔万方，言非所及。（《汤诰》）

（2）布求贤智，使师辅于尔嗣王。（《伊训》）

（二）"尔"在句中作主语。凡2例。

（1）若尔乃为逸豫颇僻，大弃王命，则惟汝众方取天之威，我则致行天罚，离逖汝土，将远徙之。（《多方》）

（2）在今尔安百姓兆民之道，当何所择？（《吕刑》）

《说文解字》："爾，丽爾，犹靡丽也。"[①] 虚词"爾"与本义无关，而是"汝"的假借字。《说文解字注》："后人以其与汝双声，假借为爾汝

---

① （东汉）许慎：《说文解字》，北京：中华书局，1963年，第70页。

字。又假借为'尔'字。"① 今"尔"是"爾"的简体字。用例已见于先秦，如《左传·宣公十五年》："我无尔诈，尔无我虞。"后来，一直沿用于文言中。② 易孟醇认为，在甲骨文和金文中，"尔"均不见作人称代词；作人称代词始见于《尚书·周书》③。钱宗武教授指出，"研究证明，甲骨文确未出现对称代词'尔'，然而金文中已经出现'尔'。在今文《尚书》中，对称代词'尔'出现的频率已渐次增大，不仅《周书》有，《商书》也有，仅《盘庚》三篇即有 17 次"④。孙锡信指出，"爾"在中古时期，往往简作"尔"，如《世说新语》唐写本残卷即如此。"尔"又作"你"。《玉篇》："你，乃里切，尔也。"《广韵》里"你"属泥母字止韵。可见，"尔"从上古到中古，音义都无大变，只是词形简化为"尔"、"你"罢了。⑤

子

在《孔传》中，"子"作人称代词，指代第二人称，凡 3 例。在句中作主语、宾语、定语，相当于"你"。

（1）其父母善子之行，子乃自絜厚，致用酒养也。（《酒诰》）

（2）周公尽礼致敬，言我复还明君之政于子。（《洛诰》）

（3）我所成明子法，乃尽文祖之德，谓典礼也。（《洛诰》）

厥

在《孔传》中，"厥"作人称代词，指代第三人称，凡 2 例。在句中作定语，表领属关系，可译为"他的"。

（1）言微子累世享德，不忝厥祖，虽同公侯，而特为万国法式。（《微子之命》）

（2）惟文王圣德，为之子孙无忝厥祖，大承无穷之忧。（《君奭》）

① （清）段玉裁：《说文解字注》，上海：上海古籍出版社，1981 年，第 128 页。

② 中国社会科学院语言研究所古代汉语研究室编《古代汉语虚词词典》，北京：商务印书馆，1999 年，第 127 页。

③ 易孟醇：《先秦语法》，长沙：湖南教育出版社，1989 年，第 31 页。

④ 钱宗武：《今文尚书语法研究》，北京：商务印书馆，2004 年，第 126 页。

⑤ 孙锡信：《汉语历史语法要略》，上海：复旦大学出版社，1992 年，第 32 页。

《说文解字》："厥，发石也。"① 本义是"石"。虚词"厥"用其假借义。《说文解字注》："厥，其也，此假借也，假借盛行而本义废矣。"②《尔雅》："厥，其也。"这是由动词转化为代词的假借义。《经传释词》："厥，犹之也。"甲骨文、金文中已经常见"厥"的虚词用法，后以《尚书》用得最多。先秦其他著作也常见它的用例，后沿用于文言中。③ 易孟醇指出，"厥"作第三人称代词时，它与"其"一样，常作定语。它多见于西周及其以前的典籍中。到了春秋时期，"厥"作代词便逐渐减少了。例如，《左传》中仅 10 例，《墨子》中 11 例，而《论语》、《庄子》等中已无"厥"作代词的。后代只在引文中或有意仿古作品中才以"厥"作"其"。④ 钱宗武教授指出，自《尚书》时代开始，"厥"、"其"在汉语文献语言中发展中的走向，"厥"字呈下降状态，"其"呈上升趋势。到了两汉时期，取"其"舍"厥"已经成为文献语言的主要选择。⑤

自己

在《孔传》中，"自己"作己称代词，仅有 1 例。在句中作兼语，可译为"自己"。

用人之言，若自己出。（《仲虺之诰》）

予

在《孔传》中，"予"作人称代词，指代第一人称，仅有 1 例。在句中作兼语，可译为"我"。

其人有祸，则曰："我过，百姓有过，在予一人。"（《无逸》）

吾

在《孔传》中，"吾"作人称代词，指代第一人称，仅有 1 例。在句

---

① （东汉）许慎：《说文解字》，北京：中华书局，1963 年，第 193 页。
② （清）段玉裁：《说文解字注》，上海：上海古籍出版社，1981 年，第 447 页。
③ 中国社会科学院语言研究所古代汉语研究室编《古代汉语虚词词典》，北京：商务印书馆，1999 年，第 323 页。
④ 易孟醇：《先秦语法》，长沙：湖南教育出版社，1989 年，第 189 页。
⑤ 钱宗武：《今文尚书语法研究》，北京：商务印书馆，2004 年，第 144 页。

中作主语，可译为"我"。

纣言："吾所以有兆民，有天命。"（《泰誓上》）

乃

在《孔传》中，"乃"作人称代词，指代第二人称，仅有 1 例。在句中作主语，相当于"你"。

若乃不畏，则入可畏之刑。（《周官》）

从以上的分析看，在《孔传》中，人称代词比较丰富。第一人称代词有"我"、"予"、"吾"，第二人称代词有"汝"、"尔"、"子"、"乃"，第三人称代词有"其"、"之"、"焉"、"厥"。另外，己称代词有"自"、"己"、"自己"。杨伯峻、何乐士指出，在先秦汉语中，人称代词"我"、"予"、"吾"、"汝"、"尔"、"子"、"乃"、"其"、"之"、"厥"、"自"、"己"均已出现[1]。何氏认为，"焉"作第三人称代词在先秦已经出现[2]。而关于人称代词"汝"，陈翠珠认为，"甲骨文中，既有'女'也有'汝'。殷商之后，二者用为对称代词。战国以后，'汝'作人称代词的用例逐渐普遍。东汉以后，二者有明确分工，'女'一般作名词使用，很少再用对称代词。'汝'成了一个专门的对称代词（即第二人称代词）"[3]。在《孔传》中，"汝"出现 320 例，而"女"作人称代词没有出现。

第二节　指示代词的用法及其特点

指示代词是指称各种事物和现象的一类代词。在句中，指示代词兼有指示和称代两种作用，称代是它作为代词的共同属性，指示是它作为指示代词的特殊属性。当它以代词的身份代替名词在句中作主语或宾语时，它

---

① 杨伯峻、何乐士：《古汉语语法及其发展》，北京：语文出版社，2003 年，第 100 页。
② 何乐士：《古代汉语虚词词典》，北京：语文出版社，2006 年，第 463 页。
③ 陈翠珠：《汉语人称代词考论》，华中师范大学，博士学位论文，2009 年，第 69 页。

也同时含有指示、区别的作用。当它位于实体词前面作定语时，其指示作用更加明显①。在《孔传》中，指示代词凡 12 个。

此

在《孔传》中，"此"作指示代词，表近指，凡 203 例。其可以代人、事、物、情况、处所、时间等，作主语、宾语、定语、谓语等，可译为"这"、"这个"、"这样"等。

（一）"此"在句中作主语。凡 54 例，诸如：

（1）此举其目，下别序之。（《尧典》）

（2）此居治西方之官，掌秋天之政也。（《尧典》）

（3）上总言羲和敬顺昊天，此分别仲叔，各有所掌。（《尧典》）

（4）凡此皆先举所施功之山于上，而后条列所治水于下，互相备。（《禹贡》）

（5）汝能以进老成人为醉饱，考中德为用逸，则此乃信任王者正事之大臣。（《酒诰》）

（6）厚尊大礼，举秩大祀，皆次秩无礼文而宜在祀典者，凡此待公而行。（《洛诰》）

（7）监谓成周之监，此指谓所迁顽民殷众士。（《多方》）

（8）此有三卿及次卿众大夫，则是文武未伐纣时。（《立政》）

（9）此戒凡有官位，但言卿士，举其掌事者。（《周官》）

（10）此言凡人有初无终，未见圣道，如不能得见。（《君陈》）

（二）"此"在句中作宾语。凡 52 例，诸如：

（1）君如此，则臣懈惰，万事堕废，其功不成。（《益稷》）

（2）谓天子如此，则俊德治能之士并在官。（《皋陶谟》）

（3）言汤布明武德，以宽政代桀虐政，兆民以此皆信怀我商王之德。（《伊训》）

（4）诸侯犯此，国亡之道。（《伊训》）

（5）所以迁此，重我民，无欲尽杀故。（《盘庚上》）

---

① 杨伯峻、何乐士：《古汉语语法及其发展》，北京：语文出版社，2003 年，145 页。

（6）我求济渡，在布行大道，在布陈文武受命，在此不忘大功。（《大诰》）

（7）四国作大难于京师，西土人亦不安，于此蠢动。（《大诰》）

（8）汝惟当奉用先正之臣所行故事、旧典、文籍是法，民之治乱在此而已，用之则民治，废之则民乱。（《君牙》）

（三）"此"在句中作定语。凡97例，诸如：

（1）民改岁入此室处，以辟风寒。（《尧典》）

（2）念此人在此功，废此人在此罪。（《大禹谟》）

（3）会，五采也，以五采成此画焉。（《益稷》）

（4）二水经此州而入海，有似于朝，百川以海为宗。（《禹贡》）

（5）言我顺和怀此新邑，欲利汝众，故大从其志而徙之。（《盘庚中》）

（6）言以此道左右成汤，功至大天，无能及者。（《说命下》）

（7）言其能信蹈行此诚，则生人安其居，天子乃世世王天下。（《旅獒》）

（8）言周公摄政尽此十二月，大安文武受命之事，惟七年，天下太平。（《洛诰》）

《说文解字》："此，止也。形声。从匕从止，止亦声。"① "止"即"停步"，"匕"指"美食"。"止"与"匕"联合起来表示"在美食前停住脚步"。本义为"就餐"。引申义为"到位"，再引申为位置指示的代词："近处"、"就近"、"这里"、"这"。虚词"此"是本义的引申义。《说文解字注》："《释诂》曰：'已，止也。'正互相发明。于物为止之处；于文为止止词。"②《尔雅·释诂》："兹，此也。"刑昺疏："此者，对彼之称，言近在是也。"用作代词，甲骨文中有"此"，但金文和《周易》中不见"此"。③ 这或许与在上古时期，近指代词存在时代与地域的差异有关，如"此"在今文《尚书》中出现3例，在《诗经》中出现85例，在《论语》中出现0例，在《左传》中出现233例，《孟子》中出现112例，在《公羊传》中出现271例，在《穀梁传》中出现98例，在《韩非子》中出现509

① （东汉）许慎：《说文解字》，北京：中华书局，1963年，第38页。
② （清）段玉裁：《说文解字注》，上海：上海古籍出版社，1981年，第68页。
③ 易孟醇：《先秦语法》，长沙：湖南教育出版社，1989年，第197页。

例，在《礼记·檀弓》中出现 1 例，在《礼记·大学》中出现 16 例①。

是

在《孔传》中，"是"作指示代词，表近指，凡 131 例。其多用来指代上文已经出现过的人、事、物、处所、情况、论述等，在句中可以作主语、谓语、宾语、定语，可译为"这（个）"、"这些"等。

（一）"是"在句中作主语。凡 81 例，诸如：

（1）除小月六，为六日，是为一岁有余十二日。（《尧典》）

（2）使我从心所欲而政以治，民动顺上命，若草应风，是汝能明刑之美。（《大禹谟》）

（3）不为逸豫贪欲之教，是有国者之常。（《皋陶谟》）

（4）昧求财货美色，常游戏畋猎，是淫过之风俗。（《伊训》）

（5）德一，天降之善；不一，天降之灾；是在德。（《咸有一德》）

（6）言人贵旧，器贵新，汝不徙，是不贵旧。（《盘庚上》）

（7）憸人不训于德，是使其君无显名在其世。（《立政》）

（8）言民之行己，尽用顺道，是多乐。（《秦誓》）

（二）"是"在句中作谓语。凡 8 例，诸如：

（1）百官皆是，言政无非。（《皋陶谟》）

（2）言武王所修皆是，所任得人，故垂拱而天下治。（《武成》）

（3）我长念天亡殷恶主，亦犹是矣。（《大诰》）

（4）自遗智命，无不在其初生，为政之道，亦犹是也。（《召诰》）

（三）"是"在句中作宾语。凡 14 例，诸如：

（1）用是绝其世，不得嗣。（《益稷》）

（2）言遂丧亡于是，至于今，到不待久。（《微子》）

（3）凡其众民中心之所陈言，凡顺是行之，则可以近益天子之光明。（《洪范》）

（4）能治我所受天民，和平我众狱众慎之事，如是则勿有以代之。

---

① 殷国光、龙国富、赵彤：《汉语史纲要》，北京：中国人民大学出版社，2011 年，第 187 页。

（《立政》）

（四）"是"在句中作定语。凡 28 例，诸如：

（1）谁能咸熙庶绩，顺是事者，将登用之。（《尧典》）

（2）敬我是命，修其职，使有终。（《说命上》）

（3）言无是道。（《说命下》）

（4）则如是信谗者，不长念其为君之道，不宽缓其心。（《无逸》）

（5）若用是行货之人，则病其官职。（《冏命》）

（6）众人之难在于饥，汝后稷，布种是百谷以济之。（《舜典》）

其

在《孔传》中，"其"作指示代词，用于句中的名词或名词性词组前面，作定语，可以表远指、近指，凡 50 例。

（一）"其"在句中表远指，相当于"那"、"那样"、"那些"等。凡 31 例，诸如：

（1）凡其正直之人，既当以爵禄富之，又当以善道接之。（《洪范》）

（2）九岁则能否幽明有别，黜退其幽者，升进其明者。（《舜典》）

（3）葛伯游行，见农民之饷于田者，杀其人，夺其饷，故谓之仇饷。（《仲虺之诰》）

（4）言当用其众人之贤者与其小臣之良者，以通达卿大夫及都家之政于国。（《梓材》）

（5）简别其德行修者，亦别其有不修者，善以劝能，恶以沮否。（《君陈》）

（二）"其"在句中表近指，相当于"这"、"这种"、"这个"等。凡 19 例，诸如：

（1）称其人有德，必言其所行某事某事以为验。（《皋陶谟》）

（2）言服不可加非其人，兵不可任非其才。（《说命中》）

（3）言圣帝明王立政修教，不惟多其官，惟在得其人。（《周官》）

（4）居内外之官及平法者皆得其人，则此惟君矣。（《立政》）

（5）叹此五者立政之本，知忧得其人者少。（《立政》）

（三）"其"和"余"组合构惯用词组"其余"，在句中作主语或者宾语、兼语，相当于"其他的"、"别的"。凡 4 例，诸如：

（1）举清者和则其余皆从矣。（《舜典》）

（2）谓五岳牲礼视三公，四渎视诸侯，其余视伯子男。（《舜典》）

（3）言其余人久染污俗，本无恶心，皆与更新，一无所问。（《胤征》）

（4）虽微物皆顺之，明其余无不顺。（《伊训》）

然

在《孔传》中，"然"作指示代词，表近指，凡 4 例。在句中作谓语，可译为"这样"。

（1）我徙汝，非我天子奉德，不能使民安之，是惟天命宜然。（《多士》）

（2）君子且犹然，况王者乎？（《无逸》）

（3）以其折狱属五常之中正，皆中有善，所以然也。（《吕刑》）

（4）言君既圣明，亦惟先正官贤臣能，左右明事其君，所以然。（《文侯之命》）

之

在《孔传》中，"之"作指示代词，表近指，在句中作动词宾语，可译为"这样"、"这样的事"等。凡 3 例。

（1）虽说之，其实在人。（《召诰》）

（2）特言我闻自古有之，世有禄位而无礼教，少不以放荡陵邈有德者，如此实乱天道。（《毕命》）

（3）惟察察便巧善为辨佞之言，使君子回心易辞，我前多有之，以我昧昧思之不明故也。（《秦誓》）

诸

在《孔传》中，"诸"作指示代词，表逐指，凡 3 例。在句中作定语，可译为"各个"、"所有"等。

（1）文王庶几能修政化，以和我所有诸夏，亦惟贤臣之助为治，有如此虢、闳。（《君奭》）

（2）及诸御治事者。（《顾命》）

（3）轻重诸刑罚各有权宜。（《吕刑》）

《说文解字》："诸，辩也。"[1]《说文解字注》："'辩'当作'辨'，判也。按：辨下夺'词'字，'诸'不训'辨'，辨之词也。词者，意内而言外也。""诸"作虚词，西周时期已经产生。最早作指代词，表示"各"、"凡"、"众"之义。《说文解字注》："凡举其一，则其余谓之'诸'以别之，因之训'诸'为众。"[2]又引申为代词，意义相当于"之"。此外，"诸"又可以作介词和助词。现代汉语中保留了"诸"的指代词用法，其他用法都消失了。[3]

莫

在《孔传》中，"莫"作指示代词，表无定指，凡2例。在句中作主语，可译为"没有什么（人）"。

（1）言人之罪恶，莫大于不孝不友。（《康诰》）

（2）言知臣下之勤劳，然后莫不尽心力。（《立政》）

彼

在《孔传》中，"彼"作指示代词，表远指，凡2例。在句中作定语，相当于"那"、"那样"。

（1）特命久老之人，知文王故事者，大能远省识古事，汝知文王若彼之勤劳哉！（《大诰》）

（2）彼天下被宽裕之政，则我民无远用来。（《洛诰》）

《说文解字》："彼，往有所加也。"[4]《玉篇》："彼，对此之称。"《助字辨略》："俗谓此曰这个，曰者样；谓彼曰那个，曰那样。"[5]本义是远指

---

① （东汉）许慎：《说文解字》，北京：中华书局，1963年，第51页。

② （清）段玉裁：《说文解字注》，上海：上海古籍出版社，1981年，第90页。

③ 中国社会科学院语言研究所古代汉语研究室编《古代汉语虚词词典》，北京：商务印书馆，1999年，第858页。

④ （东汉）许慎：《说文解字》，北京：中华书局，1963年，第43页。

⑤ （清）刘淇：《助字辨略》，北京：中华书局，2004年，第124页。

代词"那",与"此"相对。由于远指代词有旁指义,故引申为第三人称代词。王力认为:"上古有一个'彼'字可用于主语,但是'彼'字的指示性很重,又往往带有感情色彩,并不是一般的人称代词。"① 王氏的观点是正确的。"彼"作远指代词或定语的例子在先秦典籍中有很多,后一直沿用至今。

斯

在《孔传》中,"斯"作指示代词,表近指,仅有 1 例。表指代上文中出现的。在句中作定语,可译为"这"。

舜慎美笃行斯道。(《舜典》)

《说文解字》:"斯,析也。"② 《尔雅·释言》:"斯,离也。"本义是"用斧子把物体劈开。""斯"很早就借用为近指代词。《尔雅·释诂》:"斯,此也。"佚名《助语辞补》:"斯,此也。"王鸣昌、魏维新《助语辞补义附录》:"斯,犹此也。'此'字显而直,'斯'字文而轻。"谢鼎卿《虚字阐释》:"斯,指物词。"③ 《易》、《书》、《诗》都有见例。但是,先秦后期的典籍对它的使用,频率是很不均衡的,如《论语》、《礼记》只用"斯"而不用"此",而《墨子》、《韩非子》则仅一例,其余用"此"。从通俗文献看,"斯"在口语中的消亡要比指代词"是"、"此"要快。④ 究其变化,"从上古到近代,指示代词的发展变化很大。其最主要的变化是:第一,无论是纯然指示失误的代词'是'、'斯'、'此'等,还是兼任第三人称代词用法的指示代词'彼'、'其'、'之',在口语中逐渐消失,代之而起的是新的指示代词'这'、'那'及其复音形式。第二,指示代词由兼用向专门化方向发展。在上古,指示代词有专门的指示代词和兼任两类。到近代,仅有专门的指示代词一类"⑤。

---

① 王力:《汉语史稿》,北京:中华书局,1980 年,第 281 页。
② (东汉)许慎:《说文解字》,北京:中华书局,1963 年,第 300 页。
③ 易孟醇:《先秦语法》,长沙:湖南教育出版社,1989 年,第 199 页。
④ 中国社会科学院语言研究所古代汉语研究室编《古代汉语虚词词典》,北京:商务印书馆,1999 年,第 545 页。
⑤ 殷国光、龙国富、赵彤:《汉语史纲要》,北京:中国人民大学出版社,2011 年,第 189 页。

他

在《孔传》中，"他"作指示代词，表旁指，仅有 1 例。在句中作定语，可译为"别的"。

如有束修一介臣，断断犄然专一之臣，虽无他伎艺，其心休休焉乐善，其如是，则能有所容。(《秦誓》)

《说文解字》："它，虫也。"① 《说文解字注》："其字或作'佗'，又俗作'他'。经典多作'它'，犹言彼也。"② 本义为"蛇"，其字假借为代词。"佗"是"它"的假借字；"他"是"它"的俗体字。先秦已有用例，后一直沿用至今。今"佗"字已经不用，"他"用来指人，"它"用来指代除人以外的其他事物。"他"作第三人称代词，是汉魏以后的后起义。现代汉语仍然使用。③ 杨伯峻、何乐士认为："甲骨文中，因卜问祭于先祖，常有'不它'、'亡它'字样。在古籍中，'他'字经常用为旁指指示代词或形容词。用为他称代词，可以说源于后汉。"④ 而"他"字，《马氏文通》列入"指名代字"中的"所为语者"，即第三人称代词。这个结论是不符合汉语发展史的，因为《马氏文通》不是断代语法，无法分辨古今语法的不同。在先秦，"他"字不作第三人称代词，而是意为"旁的"、"另外的"。"他"作第三人称代词是后代的事。⑤ 在《孔传》中，"他"作指示代词仅出现 1 例，并无作人称代词的语例出现。

靡

在《孔传》中，"靡"作指示代词，表无定指，仅有 1 例。在句中作主语，可译为"没有什么（人、事、物）"。

靡不有初，鲜克有终，故戒慎终如其始。(《仲虺之诰》)

---

① （东汉）许慎：《说文解字》，北京：中华书局，1963 年，第 285 页。
② （清）段玉裁：《说文解字注》，上海：上海古籍出版社，1981 年，第 13 页。
③ 中国社会科学院语言研究所古代汉语研究室编《古代汉语虚词词典》，北京：商务印书馆，1999 年，第 565 页。
④ 杨伯峻、何乐士：《古汉语语法及其发展》，北京：语文出版社，2003 年，第 131 页。
⑤ 易孟醇：《先秦语法》，长沙：湖南教育出版社，1989 年，第 215 页。

佗

在《孔传》中，"佗"作指示代词，表旁指，仅有 1 例。在句中作宾语，可译为"别的"。

言天下事已之我周矣，不贰之佗，惟汝殷王家已之我，不复有变。（《多士》）

从以上分析看，在《孔传》中，指示代词又可以细划分为：近指代词有"此"、"是"、"然"、"之"、"斯"，远指代词有"彼"，旁指代词有"他"、"佗"，无定代词有"莫"、"靡"。"其"既可以远指，也可以近指；"诸"是逐指。在语法功能上，《孔传》指示代词在句中功能比较丰富，既可以作主语、宾语，又可以作定语、谓语。从汉语历时演变角度看，《孔传》中的指示代词均继承先秦汉语而来的。

第三节　疑问代词的用法及其特点

疑问代词是指在句中询问人、处所、事物等的一类代词。在《孔传》中，疑问代词凡 2 个。

何

在《孔传》中，"何"作疑问代词，凡 11 例。在句中作定语、宾语、谓语等，相当于"什么"。

（一）"何"在句中作宾语，凡 3 例。

（1）起信险伪肤受之言，我不知汝所讼言何谓。（《盘庚上》）

（2）在今尔安百姓兆民之道，当何所择？（《吕刑》）

（3）盛德必自敬，何狎易侮慢之有？（《旅獒》）

（二）"何"在句中作定语，凡 4 例。

（1）比桀于日，曰："是日何时丧？我与汝俱亡！"欲杀身以丧桀。

（《汤誓》）

（2）明告天，问桀百姓有何罪而加虐乎？（《汤诰》）

（3）问何由。（《洪范》）

（4）王者其效实国君，及于御治事者，知其教命所施何用，不可不勤。（《梓材》）

（三）"何"构成惯用词组"如何"、"如之何"、"何为"，凡4例。

1. "如何"由动词"如"和疑问代词"何"构成，先秦时期已经产生，表询问；在句中作谓语，可译为"怎么样"。凡2例。

（1）然其所举，言我亦闻之，其德行如何？（《尧典》）

（2）天生纣为乱，是天毒下灾，四方化纣沈湎，不可如何。（《微子》）

2. "何为"由疑问代词"何"和介词"为"构成，表原因询问。在句中作状语，可译为"为什么"。仅有1例。

今既失政，而陈久于此而不徙，汤必大重下罪疾于我，曰："何为虐我民而不徙乎？"（《盘庚中》）

3. "如之何"由动词"如"和疑问代词"何"之间加代词"之"构成，在句中作状语，表询问方法、方式，可译为"怎么办"。仅有1例。

汝无指意告我殷邦颠陨跻坠，如之何其救之？（《微子》）

谁

在《孔传》中，"谁"作疑问代词，凡6例。表指代人，在句中作主语、谓语、兼语、宾语。

（一）"谁"在句中作主语，凡3例。

（1）谁能咸熙庶绩，顺是事者，将登用之。（《尧典》）

（2）问："谁能顺我百工事者？"朝臣举垂。（《舜典》）

（3）言王如此，谁敢不敬顺王之美命而谏者乎？（《说命上》）

（二）"谁"在句中作谓语，仅有1例。

求其人使居百揆之官，信立其功，顺其事者谁乎？（《舜典》）

（三）"谁"在句中作兼语，仅有1例。

复求谁能顺我事者。（《尧典》）

（四）"谁"在句中作宾语，仅有1例。

言当依谁以复国乎？（《五子之歌》）

《说文解字》："谁，谁何也。"① 《中国古代语法·称代篇》："疑问代词'谁'，甲骨文、周金文未见此用法，今文《书经》无之，《诗经》及列国时代常见。通常作名词，解作'什么人'。""谁"的词义古今变化不大，都当"什么人"、"何人"讲。但是，古代汉语中的"谁"还可以用于询问事物、意义与"何"相同。② 然而，易孟醇认为，"谁"、"孰"二字于甲骨文、金文中均无见。"谁"最先见于《尚书》中，但仅一例，《诗》中44例。"孰"于《尚书》、《诗》中均无见，最先见于《论语》中，共16见。③ 钱宗武教授指出，今文《尚书》可能是"谁"的始见文献，《虞夏书》的《皋陶谟》仅有一个语例。在文献语言中，"谁"是问人的专用疑问代词，可以作主语、动词宾语、介词宾语、定语和判断句的合成谓语。马建忠曰："谁"字惟以询人，主次、宾次、偏次皆用焉。今文《尚书》"谁"仅1见，作主语。④

从以上的分析看，在《孔传》中，疑问代词出现的数量比较少，主要是"谁"和"何"，分别代人和代物。在语法功能上，《孔传》疑问代词功能比较丰富，可以在句中作主语、谓语、宾语、定语、兼语等多种成分。从汉语历时发展演变看，这类疑问代词都是从先秦汉语中继承而来的。

第四节　代词统计与分析

为便于了解《孔传》代词词频情况，笔者用表格的形式进行了梳理与统计（见表3-1）。

---

① （东汉）许慎：《说文解字》，北京：中华书局，1963年，第57页。
② 中国社会科学院语言研究所古代汉语研究室编《古代汉语虚词词典》，北京：商务印书馆，1999年，第536页。
③ 易孟醇：《先秦语法》，长沙：湖南教育出版社，1989年，第219页。
④ 钱宗武：《今文尚书语法研究》，北京：商务印书馆，2004年，第163页。

表 3 – 1 《孔传》代词词频统计

频次 类别 词目	人称代词	指示代词	疑问代词
之	528	3	
其	552	50	
此		203	
是		131	
谁			6
自	96		
斯		1	
汝	320		
我	314		
焉	5		
己	34		
厥	2		
何			11
自己	1		
莫		2	
予	1		
尔	4		
吾	1		
彼		2	
子	3		
他		1	
佗		1	
然		4	
诸		3	
乃	1		
靡		1	
总计	1862	402	17

从表 3 – 1 可见：《孔传》代词内部个体之间频率存在明显差异性；

《孔传》代词各类之间词频呈现明显不同；《孔传》代词在句中的语法功能呈现出明显差别。以下将分别述之。

一　《孔传》代词内部个体之间频率存在明显差异性

在《孔传》代词系统中，共出现代词"之（531 例）"、"其（602 例）"、"此（203 例）"、"是（131 例）"、"谁（6 例）"、"自（96 例）"、"斯（1 例）"、"汝（320 例）"、"我（314 例）"、"焉（5 例）"、"己（34 例）"、"厥（2 例）"、"何（11 例）"、"自己（1 例）"、"莫（2 例）"、"予（1 例）"、"尔（4 例）"、"吾（1 例）"、"彼（2 例）"、"子（3 例）"、"他（1 例）"、"佗（1 例）"、"然（4 例）"、"诸（3）"、"乃（1 例）"、"靡（1 例）"。26 个代词，凡 2281 例。各个代词出现的频次占《孔传》代词总频率如下：

"之"占 23.3%；"其"占 26.4%；"此"占 8.9%；"是"占 5.7%；"谁"占 0.3%；"自"占 42%；"斯"占 0.04%；"汝"占 14%；"我"占 13.8%；"焉"占 0.2%；"己"占 14.9%；"厥"占 0.08%；"何"占 0.5%；"自己"占 0.04%；"莫"占 0.08%；"予"占 0.04%；"尔"占 0.04%；"吾"占 0.04%；"彼"占 0.08%；"子"占 0.13%；"他"占 0.04%；"佗"占 0.04%；"然"占 0.18%；"诸"占 0.13%；"乃"占 0.04%；"靡"占 0.04%。

从以上统计结果可知，"其"、"之"、"汝"、"我"、"此"等出现比率比较高，是高频代词；"斯"、"予"、"自己"、"乃"、"靡"、"他"、"佗"、"尔"、"吾"等出现比率低，是低频代词。

二　《孔传》代词各类之间词频呈现明显不同

（一）人称代词："之（528 例）"、"其（552 例）"、"自（96 例）"、"汝（320 例）"、"我（314 例）"、"焉（5 例）"、"己（34 例）"、"厥（2 例）"、"自己（1 例）"、"予（1 例）"、"尔（4 例）"、"吾（1 例）"、"子（3 例）"、"乃（1 例）"，有 14 个，凡 1862 例，占《孔传》代词总数量（26）的 53.8%，占《孔传》代词总频率（2281）的 81.6%。

在《孔传》中，人称代词又可以分为以下四类：

1. 指代第一人称代词："我（314 例）"、"予（1 例）"、"吾（1例）"，有 3 个，凡 316 例，占《孔传》人称代词总数量（14）的 21.4%，占《孔传》人称代词总频率（1862）的 17%。

2. 指代第二人称代词："汝（320 例）"、"尔（4 例）"、"子（3 例）"、"乃（1 例）"，有 4 个，凡 328 例，占《孔传》人称代词总数量（14）的 28.6%，占《孔传》人称代词总频率（1862）的 17.6%。

3. 指代第三人称代词："之（528 例）"、"其（552 例）"、"焉（5例）"、"厥（2 例）"，有 4 个，凡 1091 例，占《孔传》人称代词总数量（14）的 28.6%，占《孔传》人称代词总频率（1862）的 58.4%。

4. 指代己称代词："自（96 例）"、"己（34 例）"、"自己（1 例）"，有 3 个，凡 131 例，占《孔传》人称代词总数量（14）的 21.4%，占《孔传》人称代词总频率（1862）的 7%。

从《孔传》人称代词统计数据看，指代第三人称的代词所占比例最高，而指代己称代词比例最低。

（二）指示代词："之（3 例）"、"其（50 例）"、"此（203 例）"、"是（131 例）"、"斯（1 例）"、"莫（2 例）"、"彼（2 例）"、"他（1例）"、"佗（1 例）"、"然（4 例）"、"诸（3 例）"、"靡（1 例）"，有 12个，凡 402 例，占《孔传》代词总数量（26）的 46.2%，占《孔传》代词总频率（2281）的 17.6%。

在《孔传》中，指示代词又可以分为以下五类：

1. 表远指："其（31 例）"、"彼（2 例）"，有 2 个，凡 33 例，占《孔传》指示代词总数量（12）的 16.7%，占《孔传》指示代词总频率（402）的 8.2%。

2. 表近指："之（3 例）"、"其（19 例）"、"此（203 例）"、"是（131 例）"、"斯（1 例）"、"然（4 例）"，有 6 个，凡 361 例，占《孔传》指示代词总数量（12）的 50%，占《孔传》指示代词总频率（402）的 89.8%。

3. 表逐指："诸（3 例）"，有 1 个，凡 3 例，占《孔传》指示代词总数量（12）的 8.3%，占《孔传》指示代词总频率（402）的 0.7%。

4. 表旁指："他（1 例）"、"佗（1 例）"，有 2 个，凡 2 例，占《孔传》指示代词总数量（12）的 16.7%，占《孔传》指示代词总频率（402）的 0.5%。

5. 表无定指："莫（2 例）"、"靡（1 例）"，有 2 个，凡 3 例，占《孔传》指示代词总数量（12）的 16.7%，占《孔传》指示代词总频率（402）的 0.7%。

从《孔传》指示代词统计数据看，表近指的指示代词所占比例最高，表旁指的指示代词比例最低。

（三）疑问代词："谁（6 例）"、"何（11 例）"，有 2 个，凡 17 例，占《孔传》代词总数量（26）的 0.8%，占《孔传》代词总频率（2281）的 0.7%。

由此，从整个《孔传》代词系统看，人称代词出现频率最高，指示代词其次，疑问代词最低。

三　《孔传》代词在句中的语法功能呈现明显差别

根据代词在句子中的语法功能，我们可以把《孔传》代词分为以下六类，并加以考察与分析。

（一）代词在句中作主语："其（68 例）"、"此（54 例）"、"是（81 例）"、"谁（3 例）"、"自（75 例）"、"汝（156 例）"、"我（155 例）"、"己（15 例）"、"莫（2 例）"、"尔（2 例）"、"吾（1 例）"、"子（1 例）"、"乃（1 例）"、"靡（1 例）"，有 14 个，凡 615 例，占《孔传》代词总数量（26）的 53.8%，占《孔传》代词总频率（2281）的 26.9%。

（二）代词在句中作谓语："是（8 例）"、"谁（1 例）"、"何（2 例）"、"然（4 例）"，有 4 个，凡 15 例，占《孔传》代词总数量（26）的 15.4%，占《孔传》代词总频率（2281）的 0.7%。

（三）代词在句中作宾语："之（521 例）"、"其（14 例）"、"此（52 例）"、"是（14 例）"、"谁（1 例）"、"自（21 例）"、"汝（57 例）"、"我（24 例）"、"焉（5 例）"、"己（7 例）"、"何（3 例）"、"子（1 例）"、"佗（1 例）"，有 13 个，凡 721 例，占《孔传》代词总数量（26）的 50%，占《孔传》代词总频率（2281）的 31.6%。

（四）代词在句中作定语："其（452例）"、"此（97例）"、"是（28例）"、"斯（1例）"、"汝（90例）"、"我（108例）"、"己（9例）"、"厥（2例）"、"何（4例）"、"尔（2例）"、"彼（2例）"、"子（1例）"、"他（1例）"、"诸（3例）"，有14个，凡800例，占《孔传》代词总数量（26）的53.8%，占《孔传》代词总频率（2281）的35%。

（五）代词在句中作兼语："之（10例）"、"其（72例）"、"谁（1例）"、"汝（17例）"、"我（27例）"、"己（3例）"、"自己（1例）"、"予（1例）"，有8个，凡132例，占《孔传》代词总数量（26）的30.8%，占《孔传》代词总频率（2281）的5.8%。

（六）代词在句中作状语："何（2例）"，有1个，凡2例，占《孔传》代词总数量（26）的3.8%，占《孔传》代词总频率（2281）的0.09%。

由上面的统计、分析看，《孔传》中的代词在句中语法功能呈现出集中化特点，主要体现在代词作定语和宾语频率上，而作谓语和状语的频率比较低。同时，又体现出代词的语法功能跨类情况：一是代词在句中作一种成分，有"斯"、"焉"、"厥"、"自己"、"莫"、"予"、"吾"、"彼"、"他"、"佗"、"然"、"靡"、"乃"、"诸"等14个；二是代词在句中作两种成分，有"自"、"尔"等2个；三是代词在句中作三种成分，有"之"、"此"、"子"等3个；四是代词在句中作四种成分，有"其"、"是"、"谁"、"汝"、"我"、"己"、"何"等7个。

总的来看，《孔传》共有26个代词，凡2281例；共有人称代词、指示代词、疑问代词等三个小类。代词的集中化的特点比较明显，例如：在三类代词中，人称代词高达81.8%；在指示代词中，表近指的代词多达89.8%。同时，我们还注意到，除了己称代词"自己"外，《孔传》其他25个代词均在先秦时期已经出现。

第四章

连词的类型、用法及其特点

　　古代汉语中，连词是指在句法结构中仅仅起连接作用的词。"在特征上，连词一般不独立作句中成分，也没有修饰作用；其前也没有其他附加成分。在功能上，连词可以连接词与词、词组与词组、句子与句子，并表示它们之间的各种关系。"① 对于连词的分类问题，前辈学者，多有论述。他们或依据意义标准，或依据形式标准，或依据意义与形式结合标准，或依据功能标准，对连词进行了比较细致的划分，但意见并不统一。比较有代表性的有：马建忠在《马氏文通》中把"连字"分为"提起连字"、"承接连字"、"转捩连字"、"推拓连字"等四类②。黎锦熙在《新著国语文法》中把连词分为"等立"、"平列"、"选择"、"承接"、"转折"等五类③。杨树达在《高等国文法》中把连词分为"等立"、"选择"、"承递"、

---

　　① 杨伯峻、何乐士：《古汉语语法及其发展》（上），北京：语文出版社，2003 年，第 453 页。
　　② 马建忠：《马氏文通》，北京：商务印书馆，1983 年，第 5 页。
　　③ 黎锦熙：《新著国语文法》，北京：商务印书馆，1992 年，第 7 页。

"转捩"、"提契"、"推拓"、"假设"、"比况"、"陪从"等九类①。史有为在《汉语连词的功能、界限和位置》一文中把连词分为"主语前连词"、"主语后连词"、"主语前后连词"、"并列词语前连词"、"并列词语后连词"等四类②。易孟醇在《先秦语法》中把连词分为"连接词与词"、"连接短语与短语"、"连接分句与分句"、"连接句子与句子"、"连接段与段"等五类③。黄成稳在《张志公谈〈中学教学语法系统提要〉（试用）》一文中把连词分为"并列"、"递进"、"转折"、"因果"、"条件"、"假设"、"选择"等七类④。胡裕树在《现代汉语》中把连词分为"连接词或词组表联合关系"、"连接词或词组表偏正关系"、"连接分句表联合关系"、"连接分句表偏正关系"等四类⑤。杨伯峻、何乐士在《古汉语语法及其发展》中把连词分为"并列"、"顺承"、"转折"、"选择"、"递进"、"让步"、"因果"、"假设"等八类⑥。综合前人的观点，本书把意义和形式作为主要标准，并参照杨伯峻、何乐士两位学者对连词的分类以及定义，穷尽性地统计并逐一描写、分析《孔传》中出现的"而"、"故"、"以"、"已"、"则"、"与"、"然"、"及"、"乃"、"因"、"虽"、"况"、"若"、"或"、"苟"、"但"、"用"、"如"、"其"、"且"、"既"、"於"、"而后"、"以此"、"从而"、"是以"、"因而"、"用是"、"而况"、"然后"、"於是"、"假令"、"若乃"等连词，凡33个。下分类述之。

第一节　顺承连词

顺承连词是指表句中前后某两项之间顺接关系的一类连词。在《孔传》中，这类连词数量是最多的，凡11个。

① 杨树达：《高等国文法》，北京：商务印书馆，1984年，第19页。
② 史有为：《汉语连词的功能、界限和位置》，《中央民族学院学报》（增刊），1986年第3辑。
③ 易孟醇：《先秦语法》，长沙：湖南大学出版社，1989年，第687页。
④ 黄成稳：《张志公谈〈中学教学语法系统提要〉（试用）》，《语文教学通讯》，1984年第4期。
⑤ 胡裕树：《现代汉语》，上海：上海教育出版社，1995年，第295页。
⑥ 杨伯峻、何乐士：《古汉语语法及其发展》，北京：语文出版社，2003年，第455页。

则

在《孔传》中，"则"在句中表顺承关系，凡 320 例。

（一）"则"在句中表连接前后两项在时间上有先后相承关系，可译为"便"、"才"等。凡 5 例。

（1）如五器，礼终则还之。（《舜典》）

（2）瞽，乐官，乐官进鼓则伐之。（《胤征》）

（3）问则有得，所以足，不问专固，所以小。（《仲虺之诰》）

（4）有亡道，则推而亡之；有存道，则辅而固之。（《仲虺之诰》）

（5）王者封五色土为社，建诸侯则各割其方色土与之，使立社。（《禹贡》）

（二）"则"在句中所连接的后一部分对前一部分加以说明或解释、判断，可译为"就是"。凡 28 例，诸如：

（1）在位七十年，则时年八十六，老将求代。（《尧典》）

（2）明九德之常，以择人而官之，则政之善。（《皋陶谟》）

（3）顺人有常之性，能安立其道教，则惟为君之道。（《汤诰》）

（4）从是三王，各承其后而立者，生则逸豫无度。（《无逸》）

（5）有善则群臣之功。（《盘庚上》）

（6）汝大能进老成人之道，则为君矣。（《酒诰》）

（三）"则"在句中所连接的前一部分表原因、条件，后一部分表结果，或在事理上具有相承关系，可译为"就"、"便"等。凡 287 例，诸如：

（1）明试其言，以要其功，功成则赐车服以表显其能用。（《舜典》）

（2）又当顾畏于下民僭差礼义，能此二者，则德化立，美道成也。（《召诰》）

（3）上有狭人之心，则下无所自尽矣。（《咸有一德》）

（4）惟其正官之人，于小臣诸有符节之吏，及外庶子，其有不循大常者，则亦在无赦之科。（《康诰》）

（5）言定四时成岁历，以告时授事，则能信治百官，众功皆广，叹其善。（《尧典》）

（6）三考九年，功用不成，则放退之。（《尧典》）

（7）言天子常戒慎，无怠惰荒废，则四夷归往之。（《大禹谟》）

（8）日日严敬其身，敬行六德，以信治政事，则可以为诸侯。（《皋陶谟》）

（9）君如此，则臣懈惰，万事堕废，其功不成。（《益稷》）

（10）言能循汝祖所行，则我喜悦，王亦见叹美无穷。（《太甲上》）

以

在《孔传》中，"以"出现在句中，表所连接的前后两项是顺承关系，凡 266 例。

（一）"以"在句中所连接的前项表动作行为，后项表动作行为的目的，可译为"来"、"去"、"以"等。凡 225 例，诸如：

（1）言匡正汝君，使循先王之道，蹈成汤之踪，以安天下。（《说命上》）

（2）言纣废至尊之敬，营卑亵恶事，作过制技巧，以恣耳目之欲。（《泰誓下》）

（3）武王死，周公摄政，其弟管叔及蔡叔、霍叔乃放言于国，以诬周公，以惑成王。（《金縢》）

（4）往临人布汝教训，慎汝祖服命数，循用旧典，无失其常，以蕃屏周室。（《微子之命》）

（5）言当用其众人之贤者与其小臣之良者，以通达卿大夫及都家之政于国。（《梓材》）

（6）四方旁来为敬敬之道，以迎太平之政，不迷惑于文武所勤之教。（《洛诰》）

（7）叹而顺其事以告汝众方，非天用释弃桀，桀纵恶自弃，故诛放。（《多方》）

（8）尧于是以二女妻舜，观其法度接二女，以治家观治国。（《尧典》）

（9）言我文德之父，能成其王功，大当天命，以抚绥四方中夏。（《武成》）

（10）能合受三六之德而用之，以布施政教，使九德之人皆用事。（《皋陶谟》）

（二）"以"在句中所连接的前后两项构成"状语＋谓语"关系，可译为"地"、"去"，或者不译。凡 5 例。

（1）一意任贤，果于去邪，疑则勿行，道义所存于心，日以广矣。（《大禹谟》）

（2）言常悚惧惟危，夜半以起，思所以免其过悔。《（同命》）

（3）言吉人竭日以为善，凶人亦竭日以行恶。（《泰誓中》）

（4）扶相者，被以冠冕，加朝服，凭玉几以出命。（《顾命》）

（5）精意以享谓之禋。（《舜典》）

（三）"以"在句中所连接的后项为"上"、"下"、"往"、"北"、"东"等，与前项结合一起表时间、范围、处所等。凡 15 例，诸如：

（1）其所陈"九德"以下之言，顺于古道，可致行。（《皋陶谟》）

（2）自今以往，进进于善。（《盘庚中》）

（3）五行以下，箕子所陈。（《洪范》）

（4）西倾、朱圉在积石以东。（《禹贡》）

（5）妹，地名，纣所都朝歌以北是。（《酒诰》）

（6）自帝乙以上，无不显用有德，忧念齐敬，奉其祭祀。（《多士》）

（四）"以"在句中所连接的前项表原因或一动作行为，后项表结果，可译为"以至于"、"从而"等。凡 21 例，诸如：

（1）掌夏之官平叙南方化育之事，敬行其教，以致其功。（《尧典》）

（2）先君后臣，众事乃安，以成其义。（《益稷》）

（3）言古制存，而太康失其业，以取亡。（《五子之歌》）

（4）无失亡祖命而不勤德，以自颠覆。（《太甲上》）

（5）言人君行己不慎其德，以速灭败，虽欲改悔，其可追及乎？（《五子之歌》）

（6）言己放纵情欲，毁败礼仪法度，以召罪于其身。（《太甲中》）

（7）言桀谋其政，不成于享，故天下是丧亡以祸之，使天下有国圣人代之。（《多方》）

（8）此殷众士，居宠日久，怙恃奢侈，以灭德义。（《毕命》）

（9）三苗之民渎于乱政，起相渐化，泯泯为乱，棼棼同恶，皆无中于信义，以反背诅盟之约。（《吕刑》）

（10）所惩戒惟是苗民非察于狱之施刑，以取灭亡。（《吕刑》）

而

在《孔传》中，"而"出现在句中，表顺承关系，凡 137 例。

（一）"而"连接的前后两项为"状 + 中"关系，即前项为状语，一般由动词、介宾词组或时间名词充当，表动作行为的方式、状态、时间；后项为谓语中心成分；可译为"就"、"着"、"地"等。凡 27 例，诸如：

（1）四岳同辞而对，禹代鲧为宗伯，入为天子司空。（《舜典》）

（2）叹而言"念"，重其言。（《大禹谟》）

（3）沿河顺流而北，千里而东，千里而南。（《禹贡》）

（4）自河至朝歌，出四百里，五日而至。（《武成》）

（5）遗我大宝龟，疑则卜之，以继天明，就其命而行之。（《大诰》）

（6）周公以成王命诰康叔，顺其事而言之，欲令明施大教命于妹国。（《酒诰》）

（7）言政化由公而立，我童子徒早起夜寐，慎其祭祀而已。（《洛诰》）

（8）文王九十七而终。（《无逸》）

（9）为德，直道而行，于心逸豫而名日美。（《周官》）

（10）顺其戒而告之，不言群臣，以外见内。（《康王之诰》）

（二）"而"连接的前后两项发生的顺序互相承接，可译为"就"、"然后"等。凡 76 例，诸如：

（1）日出于谷而天下明，故称旸谷。（《尧典》）

（2）岁起于东而始就耕，谓之东作。（《尧典》）

（3）皆服舜用刑当其罪，故作者先叙典刑而连引四罪，明皆征用所行，于此总见之。（《舜典》）

（4）因禹陈九功而叹美之，言是汝之功，明众臣不及。（《大禹谟》）

（5）二水经此州而入海，有似于朝，百川以海为宗。（《禹贡》）

（6）君能受谏，则臣不待命，其承意而谏之。（《说命上》）

（7）始生魄，月十六日，明消而魄生。（《康诰》）

（8）司马、司徒、司空，列国诸侯三卿，慎择其人而任之，则君道定，况汝刚断于酒乎？（《酒诰》）

（9）今我周家皆成文王功于不懈怠，则德教大覆冒海隅日所出之地，无不循化而使之。（《君奭》）

（10）太保既拜而祭，既祭，受福。（《顾命》）

（三）“而”连接的前后两项在事理上前后顺承连接，前面表原因或条件，后面表结果，可译为“就”、“来”、“因而”等。凡33例，诸如：

（1）言化九族而平和章明。（《尧典》）

（2）过而有害，当缓赦之。（《舜典》）

（3）言天因民而降之福，民所归者天命之。（《皋陶谟》）

（4）言汤推是终始所与之难，勉修其德，能配天而行之。（《太甲下》）

（5）非天私商而王之，佑助一德，所以王。（《咸有一德》）

（6）不徙则祸毒在汝身，徙奉持所痛而悔之，则于身无所及。（《盘庚上》）

（7）言我厚辅是文武之道而行之，或用能至于今日其政美。（《君奭》）

（8）言仰惟先代之法是顺，训蹈其所建官而则之，不敢自同尧舜之官，准拟夏殷而蹈之。（《周官》）

（9）今往承其业，当慎汝所主，此循其常法而教训之。（《君陈》）

（10）断狱成辞而信，当输汝信于王。（《吕刑》）

（四）“而”出现于句中，与“下”连用，表与动作方位的起、限，可译为“以”。仅有1例。

天子服日月而下，诸侯自龙衮而下至黼黻，士服藻火，大夫加粉米。（《益稷》）

然后

在《孔传》中，复合虚词“然后”作连词，凡14例。“然”本为代词，义为“如此”、“这样”。“然后”实际上是“如此而后”的意思。后来，逐渐凝固为一个词，与今语同。[1]用在句中表顺承关系，可译为“之后”、“然后”等。诸如：

---

[1]　中国社会科学院语言研究所古代汉语研究室编《古代汉语虚词词典》，北京：商务印书馆，1999年，第445页。

（1）官占之法，先断人志，后命于元龟，言志定然后卜。（《大禹谟》）

（2）将举事而汝则有大疑，先尽汝心以谋虑之，次及卿士众民，然后卜筮以决之。（《洪范》）

（3）言为君监民，惟若农夫之考田，已劳力布发之，惟其陈列修治，为其疆畔畎垄，然后功成。（《梓材》）

（4）卜必先墨画龟，然后灼之，兆顺食墨。（《洛诰》）

（5）言知臣下之勤劳，然后莫不尽心力。（《立政》）

（6）言当先学古训，然后入官治政。（《周官》）

（7）有威可畏，有仪可象，然后足以率人。（《顾命》）

（8）诸侯有大功，赐弓矢，然后专征伐。（《文侯之命》）

（9）言善政有渐，如登高升远必用下近为始，然后终致高远。（《太甲下》）

（10）言先尽其心，然后乃能尽其力，人君所以成功。（《咸有一德》）

已

在《孔传》中，"已"通"以"，作连词，凡8例。用于句中，与"上"、"下"、"往"等连用，表范围或时间。诸如：

（1）众士，百夫长已上。（《泰誓下》）

（2）帝乙已上，要察囚情，绝戮众罪，亦能用劝善。（《多方》）

（3）从今已往，惟以正是之道治众狱众慎，其勿误。（《立政》）

（4）叹而敕之，公卿已下，各敬居汝所有之官，治汝所有之职。（《周官》）

於是

在《孔传》中，复合虚词"於是"作连词，凡7例。用于句中，表句子间的顺承关系，可译为"于是"。

（1）尧於是以二女妻舜，观其法度接二女，以治家观治国。（《尧典》）

（2）於是礼命立以为相，使在左右。（《说命上》）

（3）凡民用得罪，为寇盗攘窃奸宄，杀人颠越人，於是以取货利。

(《康诰》)

（4）汝惟君道使顺常，於是曰："我有典常之师可师法。"（《梓材》）

（5）在桐三年，思集用光，起就王位，於是知小人之所依。（《无逸》）

（6）三苗之主，顽凶若民，敢行虐刑，以杀戮无罪，於是始大为截人耳鼻，椓阴，黥面，以加无辜，故曰"五虐"。（《吕刑》）

（7）桀洪舒于民，故亦惟有夏之民贪叨忿愤而逆命，於是桀民尊敬其能剿割夏邑者。（《多方》）

"於是"是由介词"於"和代词"是"组成。本为介宾词组，虚化为连词，先秦已有用例，如《庄子·让王》："於是夫负妻戴，携子以入于海，终身不返也。"一直沿用至今。①

用

在《孔传》中，"用"出现于复句中的分句之首，表事理上的顺承关系，可译为"于是"、"来"等。凡5例。

（1）言我当与厚敬之臣，奉承民命，用长居新邑。（《盘庚下》）

（2）敛是五福之道以为教，用布与众民使慕之。（《洪范》）

（3）惟周家新升王位，当尽和天下赏罚，能定其功，用布遗后人之美。（《康王之诰》）

（4）慎殷顽民，恐其叛乱，故徙于洛邑，密近王室，用化其教。（《毕命》）

（5）从朝至日昳不暇食，思虑政事，用皆和万民。（《无逸》）

《说文解字》："用，可施行也。"②"用"这一本义在《周易》中还常见到。它常在动词前面，表示认可所述事实能付诸实施，性质属助动词。由本义分离出"使用"、"施行"等义，在殷商甲骨文中已经见到句例，以后一直沿用，并由此滋生出一系列意义上有区别的动词用法。另一方面又虚化，滋生出以"凭借"义为核心的种种介词用法，这些用法与介词

---

① 中国社会科学院语言研究所古代汉语研究室编《古代汉语虚词词典》，北京：商务印书馆，1999年，第778页。

② （东汉）许慎：《说文解字》，北京：中华书局，1963年，第70页。

"以"相类似。在所介进对象需要较多词语才能说清楚时，它就移前独立成句读，而"用"仍留在后句动词谓语前面，表前后语段之间的关系，于是"用"就进一步虚化为连词。这种用法在先秦典籍中较多，以后逐渐被"以"字代替，但在某些仿古著作中，仍使用"用"字。①

用是

在《孔传》中，惯用词组"用是"作连词，凡5例。用于句中，表顺承关系，可译为"因此"。

（1）孝恭之人，祭祀则神散享，施令则人敬和，用是封立汝于上公之位，正此东方华夏之国。（《微子之命》）

（2）用是诚道安汝心，顾省汝德，无令有非，远汝谋，思为长久。（《康诰》）

（3）用是道临君周国，率群臣循大法。（《顾命》）

（4）用是绝其世，不得嗣。（《益稷》）

（5）用是土中致治，则王其有天之成命，治民今获太平之美。（《召诰》）

因

在《孔传》中，"因"用于句中，表句子所述事理上顺承关系，可译为"于是"、"就"等。凡2例。

（1）周公摄政七年二月十五日，日月相望，因纪之。（《召诰》）

（2）命汝继嗣其道，言任重，因以托戒。（《顾命》）

"因"本义是"依靠"、"依凭"。《说文解字》："因，就也。"②《说文解字注》："'就'下曰：'就，高也。'为高必因丘陵，为大必就基址。故'因'从口大。就其区域而扩充之也。"③引申为"因袭"、"沿袭"、"原因"等，均为实词，现代汉语仍然使用。"因"的虚词用法是从其实词义

---

① 中国社会科学院语言研究所古代汉语研究室编《古代汉语虚词词典》，北京：商务印书馆，1999年，第738页。

② （东汉）许慎：《说文解字》，北京：中华书局，1963年，第129页。

③ （清）段玉裁：《说文解字注》，上海：上海古籍出版社，1981年，第229页。

引申而来的，先秦早起已经产生，如《庄子·让王》："因自投清冷之渊。"作连词，"因"随着汉语词汇逐渐复音化的趋势，渐渐被"因为"、"因而"、"因此"等复音词所取代。但是，现代汉语中偶尔还使用。①

因而

在《孔传》中，惯用词组"因而"作连词，凡 1 例。用于句中，表顺承关系，可译为"于是"。

禹因而第之，以成九类，常道所以次叙。(《洪范》)

而后

在《孔传》中，惯用词组"而后"由连词"而"与时间词语"后"构成，表句中前后两项顺承关系，可译为"然后"。仅有 1 例。

凡此皆先举所施功之山于上，而后条列所治水于下，互相备。(《禹贡》)

从以上分析可以看出，《孔传》顺承连词在句法结构中使用比较灵活，既可以出现于句中，也可以出现于句首，主要起到顺接、连接作用。在语法功能上，既可以连接词语，又可以连接分句；其中，连接词语时，可以是名词性词语，也可以是动词性词语。从汉语历时流变角度看，《孔传》中的顺承连词基本是从先秦汉语中传承而来的。例如，李明晓、胡波、张国艳指出，在楚简中，顺承连词有"而"、"以"、"则"、"安"、"於"、"乃"、"斯"、"若"、"且"、"庸"、"因"、"而后"、"然后"、"然而"、"然则"等 15 个②；殷国光在《〈吕氏春秋〉词类研究》中指出，在《吕氏春秋》中，顺承连词有"而"、"以"、"则"、"因"、"若"、"焉"、"由"、"用"、"盖"、"於是"、"因而"等 11 个③。

---

① 中国社会科学院语言研究所古代汉语研究室编《古代汉语虚词词典》，北京：商务印书馆，1999 年，第 730 页。
② 李明晓、胡波、张国艳：《战国秦汉简牍虚词研究》，成都：四川大学出版社，2011 年，第 276 页。
③ 殷国光：《〈吕氏春秋〉词类研究》，北京：华夏出版社，1997 年，第 337 页。

第二节　假设连词

假设连词是指表示句中前后两项假设关系的一类连词。在《孔传》中，假设连词的数量仅次于顺接连词，凡9个。

若

在《孔传》中，"若"作连词，凡19例。用于假设复句的前一分句前面，表假设关系，后面分句表结果；可译为"如果"、"假如"等。诸如：

（1）汝若不善于所言，则我无闻于所行之事。（《说命中》）

（2）今若不出逃难，我殷家宗庙乃陨坠无主。（《微子》）

（3）若纣克我，非我父罪，我之无善之致。（《泰誓下》）

（4）于我小子先卜敬成周道，若谓今四国不可征，则王室有害，故宜从卜。（《大诰》）

（5）若不念我言、不用我法者，病其君道，是汝长恶，惟我亦恶汝。（《康诰》）

（6）汝若忽忽不用我教辞，惟我一人不忧汝，乃不洁汝政事，是汝同于见杀之罪。（《酒诰》）

（7）若游大川，我往与汝奭其共济渡成王，同于未在位即政时，汝大无非责我留。（《君奭》）

（8）若二三其令，乱之道。（《周官》）

（9）若不用古训典籍，于何其能顺乎？（《毕命》）

（10）若己有非，惟受人责，即改之如水流下，是惟艰哉。（《秦誓》）

《说文解字》："若，择菜也。"①"若"，本义为择菜，这一意义早已消失。由本义引申为"选择"。如《国语·晋语二》："夫晋国之乱，吾谁使先若夫二公子而立之？以为朝夕之急。"这种用法在古籍中极为罕见。作虚词的"若"，是一个假借字，可作代词、连词、副词和助词等。用作连

---

① （东汉）许慎：《说文解字》，北京：中华书局，1963年，第24页。

词，先秦时期已经有用例，如《左传·僖公四年》："君若以德绥诸侯，谁敢不服？君若以力，楚国方城以为城，汉水以为池，虽众，无所用之。"后来，一直沿用至今。①

乃

在《孔传》中，"乃"用于句中，表假设关系，可译为"假如"。凡9例。

（1）若兄弟父子之家，乃有朋友来伐其子，民养其劝不救者，以子恶故。（《大诰》）

（2）乃使汝所行尽顺，曰是有次叙，惟当自谓未有顺事，君子将兴，自以为不足。（《康诰》）

（3）汝乃是不勉为政，汝是惟不可长哉！（《洛诰》）

（4）于为人父不能字爱其子，乃疾恶其子，是不慈。（《康诰》）

（5）于为人弟不念天之明道，乃不能恭事其兄，是不恭。（《康诰》）

（6）小罪非过失，乃惟终身行之，自为不常，用犯汝。（《康诰》）

（7）惟天命我周邦，汝受天命厚矣，当辅大天命，视群臣有功者记载之，乃汝新即政，其当尽自教众官，躬化之。（《洛诰》）

（8）稼穑农夫之艰难，事先知之，乃谋逸豫，则知小人之所依怙。（《无逸》）

（9）汝乃不大居安天命，是汝乃尽播弃天命。（《多方》）

其

在《孔传》中，"其"作连词，凡7例。用于复句中，表假设关系，可译为"如果"、"假如"等。

（1）商其没亡，我二人无所为臣仆，欲以死谏纣。（《微子》）

（2）其汝能敬行德，明我贤人在礼让，则后代将于此道大且是。（《君奭》）

（3）众人其有得侠马牛、逃臣妾，皆敬还复之，我则商度汝功，赐与

---

① 中国社会科学院语言研究所古代汉语研究室编《古代汉语虚词词典》，北京：商务印书馆，1999年，第470页。

汝。(《费誓》)

(4) 言殷其不有治正四方之事，将必亡。(《微子》)

(5) 马牛其有风佚，臣妾逋亡，勿敢弃越垒伍而求逐之。(《费誓》)

(6) 公其惟以是成周之治，为周家立无穷之基业，于公亦有无穷之名，以闻于后世。(《毕命》)

(7) 其汝能敬行德，明我贤人在礼让，则后代将于此道大且是。(《君奭》)

苟

在《孔传》中，"苟"作连词，凡 5 例。用于复句的前一分句前面，表假设关系，后面分句表推断，可译为"如果"、"假如"等。

(1) 虽治其官，苟有先后之差，则无赦，况废官乎!(《胤征》)

(2) 苟为不德无大，言恶有类，以类相致，必坠失宗庙。(《伊训》)

(3) 如怠惰之农，苟自安逸，不强作劳于田亩，则黍稷无所有。(《盘庚上》)

(4) 汝忠诚不属逮古，苟不欲徙，相与沈溺，不考之先王，祸至自怨，何瘳差乎?(《盘庚中》)

(5) 汝不谋长久之计，思汝不徙之灾，苟不欲徙，是大劝忧之道。(《盘庚中》)

《说文解字》："苟，艸也。"[1] 本义是"一种草名"，假借为"苟诚"、"苟且"等义。用作连词，先秦时期已经有用例，如《论语·颜渊》："季康子患盗，问于孔子。孔子对曰：'苟子之不欲，虽赏之不窃。'"后来，一直沿用至今。[2]

如

在《孔传》中，"如"作连词，凡 2 例。用于假设复句的前面表假设，

① (东汉)许慎：《说文解字》，北京：中华书局，1963 年，第 188 页。

② 中国社会科学院语言研究所古代汉语研究室编《古代汉语虚词词典》，北京：商务印书馆，1999 年，第 178 页。

后面分句表结果；可译为"如果"、"假如"等。

（1）如服药必瞑眩极，其病乃除。（《说命上》）

（2）如有来修一介臣，断断猗然专一之臣，虽无他伎艺，其心休休焉乐善，其如是，则能有所容。（《秦誓》）

而

在《孔传》中，"而"出现于句中主语、谓语之间，表假设关系，可译为"如果"。仅有1例。

人而不学，其犹正墙面而立，临政事必烦。（《周官》）

《说文解字》："而，须也。"[1] 本义是"胡须"，在先秦时期已经不常用了，秦汉以后完全消失。虚词"而"是假借字。可作人称代词、连词、语气词等。中古以后"而"作人称代词和语气词逐渐少用乃至消失。[2] 钱宗武教授认为，"而"是文献语言中最为灵活的一个高频连词，它既可以连接词与词、词组与词组，也可以连接句子与句子，用来表示偏正、并列等关系。管燮初《殷虚甲骨刻辞的语法研究》和《西周金文语法研究》列举的连词没有"而"。张玉金先生的《甲骨文语法学》统计的甲骨文中有6个连词，也没有"而"。或许"而"作连词不见于甲骨文和西周金文。[3] 在《孔传》中，"而"已经有顺承、假设、转折、递进、并列等5种用法，可见其已经使用比较广泛。

则

在《孔传》中，"则"用于句中表假设关系，其所连接的前项表假设，后项表推论，可译为"假如"、"如果"等。仅有1例。

我周则鸣凤不得闻，况曰其有能格于皇天乎？（《君奭》）

---

① （东汉）许慎：《说文解字》，北京：中华书局，1963年，第196页。

② 中国社会科学院语言研究所古代汉语研究室编《古代汉语虚词词典》，北京：商务印书馆，1999年，第117页。

③ 钱宗武：《今文尚书语法研究》，北京：商务印书馆，2004年，第235页。

若乃

在《孔传》中，复合虚词"若乃"作连词，仅有 1 例。用于句中表假设关系，可译为"如果"。

若乃不善其善，则民无所劝慕。(《毕命》)

假令

在《孔传》中，复合虚词"假令"作连词，仅有 1 例。在句中表假设关系，可译为"如果"。

假令今天下民不安，未定其心，于周教道屡数而未和同。(《康诰》)

关于"假令"，《古代汉语虚词词典》指出，"假令"作假设连词，用例始见于汉代，如《史记·管晏列传》："假令晏子在，余虽为之执鞭，所忻慕焉。"后来，一直沿用于文言之中[1]。据此，我们查阅了《孟子》、《荀子》、《晏子春秋》等先秦典籍，并无发现该词的用例。我们又从汉语历时发展的角度考察部分文献典籍，西汉时期：《新书》中出现 1 例[2]，《盐铁论》中未出现[3]，《淮南子》未出现[4]，《毛传》未出现；西汉晚期：《九章算术》中出现 4 例[5]；东汉时期：《太平经》中出现 6 例[6]，《论衡》中出现 7 例[7]，《郑笺》中出现 1 例；魏晋南北朝时期：《真诰》（东晋）中出现 1 例[8]，《颜氏家训》（北齐）中出现 2 例[9]，《论语义疏》（南朝）中出现多例[10]，《三国志》（西晋）中也多有见例[11]。此外，刘潜在

---

① 中国社会科学院语言研究所古代汉语研究室编《古代汉语虚词词典》，北京：商务印书馆，1999 年，第 286 页。

② 黎路遥：《〈新书〉虚词研究》，安徽大学，硕士学位论文，2006 年，第 58 页。

③ 李爱红：《〈盐铁论〉虚词研究》，华东师范大学，博士学位论文，2006 年。

④ 赵琴：《〈淮南子〉连词研究》，苏州大学，硕士学位论文，2010 年。

⑤ 邹述法：《〈九章算术〉虚词研究》，江西师范大学，硕士学位论文，2010 年，第 46 页。

⑥ 方松：《〈太平经〉连词研究》，西南大学，硕士学位论文，2010 年，第 38 页。

⑦ 吴庆峰：《〈论衡〉虚词通释》，济南：齐鲁书社，2011 年，第 118 页。

⑧ 王磊：《〈真诰〉连词研究》，四川大学，硕士学位论文，2004 年，第 22 页。

⑨ 郝玲：《〈颜氏家训〉虚词研究》，内蒙古师范大学，硕士学位论文，2011 年，第 43 页。

⑩ 徐望驾：《〈论语义疏〉语言研究》，北京：中国社会科学出版社，2006 年，第 169 页。

⑪ 柳士镇：《魏晋南北朝历史语法》，南京：南京大学出版社，1992 年，第 44 页。

《汉语假设复句的演变》中指出："在上古时期（这里的上古时期是指先秦两汉），'假令'作假设连词已经出现。"① 由此，我们可以认为，假设连词"假令"在汉代时期已经出现。西汉初期使用较少，并随着汉语的发展，使用范围逐渐扩展，在魏晋南北朝时期已经使用的比较普遍。

从以上的分析看，在《孔传》中，假设连词在句法结构上均出现于复句的句首或者处在句中主语和谓语之间。在语法功能上，主要表示假设关系，其中假设连词所构成的句子中前项多表示假设关系，后项表示推论、结果，可译为"假如"、"如果"之义。从汉语历时流变角度看，《孔传》中的假设连词除了"假令"约是出现于汉代时期，其他主要是从先秦汉语传承而来的。

第三节　转折连词

转折连词是指在句中表连接的前后两项之间是转折关系的一类连词。它在《孔传》中的数量并不像顺接连词和假设连词那样丰富，主要有"而"、"然"、"但"等，凡3个。

而

在《孔传》中，"而"出现于句中，表转折关系，凡90例。

（一）"而"连接词组与词组，表所连接的两部分意思上相对或相反，可译为"但是"、"却"等。凡55例，诸如：

（1）言共工自为谋言，起用行事而违背之。（《尧典》）

（2）有扈与夏同姓，恃亲而不恭，是则威虐侮慢五行，怠惰弃废天地人之正道。（《甘誓》）

（3）明告天，问桀百姓有何罪而加虐乎？（《汤诰》）

（4）言能严敬鬼神而远之。（《太甲上》）

（5）事不法古训而以能长世，非说所闻。（《说命下》）

---

① 刘潜：《汉语假设复句的演变》，吉林大学，硕士学位论文，2003年，第5页。

（6）蚩尤黄帝所灭，三苗帝尧所诛，言异世而同恶。（《吕刑》）

（7）天不言而默定下民，是助合其居，使有常生之资。（《洪范》）

（二）"而"连接分句与分句，表连接前后两部分意思相反，可译为"但是"、"然而"等。凡35例，诸如：

（1）尧知其性很庚圮族，未明其所能，而据众言可试，故遂用之。（《尧典》）

（2）以师临之，一月不服，责舜不先有文诰之命、威让之辞，而便惮之以威，胁之以兵，所以生辞。（《大禹谟》）

（3）言古制存，而太康失其业，以取亡。（《五子之歌》）

（4）言憸利小民，尚相顾于箴诲，恐其发动有过口之患，况我制汝死生之命，而汝不相教从我，是不若小民。（《盘庚上》）

（5）言我亦法汤大能进劳汝，以义怀汝心，而汝违我，是汝反先人。（《盘庚中》）

（6）言纣弃其贤臣，而尊长逃亡罪人，信用之。（《牧誓》）

（7）言子孙承继祖考无穷大数，服行其政，而不能为智道以安人，故使版。（《大诰》）

（8）天与我民五常，使父义、母慈、兄友、弟恭、子孝，而废弃不行，是大灭乱天道。（《康诰》）

（9）召公指戒成王，而以众殷诸侯于自乃御治事为辞，谦也。（《召诰》）

（10）今与汝留辅成王，欲收教无自勉不及道义者，立此化，而老成德不降意为之。（《君奭》）

（11）今汝殷之诸侯皆尚得居汝常居，臣民皆尚得畎汝故田，汝何不顺从王政，广天之命，而自怀疑乎？（《多方》）

（12）帝乙爱焉，为作善字，而反大恶自强，惟进用刑，与暴德之人同于其国，并为威虐。（《立政》）

然

在《孔传》中，"然"作连词，凡4例。用于句中，表转折关系，可译为"但"、"然而"等。

（1）然其所举，言我亦闻之，其德行如何？（《尧典》）

（2）然其所举，称禹前功以命之。（《舜典》）

（3）然已谋之于心，谋及卜筮，四者合从，卜不因吉，无所枚卜。（《大禹谟》）

（4）刑者非一也，然亦非杀汝。（《费誓》）

《说文解字》："然，烧也。"① 本义是"燃烧"。这一意义后来写作"燃"。"然"的虚词用法与本义无关，可能是"尒"的假借字。《说文解字注》："然，通假为语词，训为如此，尔之转语也。"② 《词诠》："转折连词，与'然而'同。"③ 《助字辨略》："然，转语。"④ 作连词，先秦时期已见句例，《左传·僖公三十年》："然郑亡，子亦有不利焉。"后来，一直沿用于今。

但

在《孔传》中，"但"作连词，凡 2 例。用于复句的后一分句前面，表转折关系，可译为"只是"、"但是"等。

（1）汝不从我命，所含恶德，但不畏惧我耳。（《盘庚上》）

（2）天意如此，但当循其典法，奉顺天命而已，无所惭。（《仲虺之诰》）

从以上的分析看，在《孔传》中，转折连词"而"本身的主要作用在于连接，其具体含义主要是通过上下文表示出来的，因此在语义上可以归为轻转。在语法功能上，"而"既可以连接词组，又可以连接分句，用法比较丰富多样。"然"、"但"本身就具有转折之意，不能随意把它们放在不表转折的上下文中，而且在语法功能上不难发现"然"和"但"只能连接分句，并没有发现连接词组的情况。从汉语历时发展流变角度看，《孔传》中的转折连词主要是从先秦汉语传承而来的。

---

① （东汉）许慎：《说文解字》，北京：中华书局，1963 年，第 207 页。
② （清）段玉裁：《说文解字注》，上海：上海古籍出版社，1981 年，第 48 页。
③ 杨树达：《词诠》，上海：上海古籍出版社，2008 年，第 256 页。
④ 刘淇：《助字辨略》，北京：中华书局，2004 年，第 67 页。

第四节　递进连词

递进连词是指在句中表连接有进一层关系的一类连词。在《孔传》中，递进连词凡 5 个。

而

在《孔传》中，"而"在句中连接词组或者分句，表递进关系，可译为"而且"、"况且"等。凡 66 例，诸如：

（1）考正疑事，当选择知卜筮人而建立之。（《洪范》）

（2）明九德之常，以择人而官之，则政之善。（《皋陶谟》）

（3）伊出陆浑山，洛出上洛山，涧出沔池山，瀍出河南北山，四水合流而入河。（《禹贡》）

（4）桀不能常其德，汤伐而兼之。（《咸有一德》）

（5）暂遇人而劫夺之，为奸于外，为宄于内。（《盘庚中》）

（6）人之穷困能谋安其居者，则我式序而敬之。（《盘庚下》）

（7）下视殷民，所用治者，皆重赋伤民、敛聚怨仇之道，而又亟行暴虐，自召敌仇不解怠。（《微子》）

（8）自强为恶而不畏死，人无不恶之者，言当消绝之。（《康诰》）

（9）言此非但正事之臣，亦惟天顺其大德而佑之，长不见忘在王家。（《酒诰》）

（10）成王尊敬周公，答其拜手稽首而受其言。（《洛诰》）

况

在《孔传》中，"况"作递进连词，凡 29 例。用于复句中的后一分句前面，表递进关系，可译为"况且"。诸如：

（1）虽治其官，苟有先后之差，则无赦，况废官乎！（《胤征》）

（2）天将绝命，尚无知之，况能从先王之业乎？（《盘庚上》）

（3）安人且犹不能，况其有能至知天命者乎？（《大诰》）

（4）父已致法，子乃不肯为堂基，况肯构立屋乎？（《大诰》）

（5）于天辅诚，汝天下是知无敢易天法，况今天下罪于周，使四国叛乎？（《大诰》）

（6）凡民不循大常之教，犹刑之无赦，况在外掌众子之官主训民者而亲犯乎？（《康诰》）

（7）民之不安，虽小邑少民，犹有罚诛，不在多大，况曰不慎罚，明闻于天者乎？（《康诰》）

（8）司马、司徒、司空，列国诸侯三卿，慎择其人而任之，则君道定，况汝刚断于酒乎？（《酒诰》）

（9）后嗣王纣，大无明于天道，行昏虐，天且忽之，况曰其有听念先祖、勤劳国家之事乎？（《多士》）

（10）小臣犹皆慎择其人，况大都邑之小长，以道艺为表干之臣及百官有司之职，可以非其任乎？（《立政》）

《说文解字》："况，寒水也。"① 虚词与本义无关，而是"兄"的假借字。《说文通训定声》："况，假借为兄。"② 用作连词，从先秦时期一直沿用至今。如《左传·襄公二十三年》："过君以义，犹自抑也，况以恶乎？"③

乃

在《孔传》中，"乃"用于句中，表递进关系，可译为"又"、"而且"等。凡 3 例。

（1）又惟殷家蹈恶俗诸臣，惟众官化纣日久，乃沈湎于酒，勿用法杀之。（《酒诰》）

（2）汝若忽怠不用我教辞，惟我一人不忧汝，乃不洁汝政事，是汝同于见杀之罪。（《酒诰》）

（3）我所成明子法，乃尽文祖之德，谓典礼也。（《洛诰》）

---

① （东汉）许慎：《说文解字》，北京：中华书局，1963 年，第 131 页。
② （清）朱骏声：《说文通训定声》，北京：商务印书馆，1984 年，第 919 页。
③ 中国社会科学院语言研究所古代汉语研究室编《古代汉语虚词词典》，北京：商务印书馆，1999 年，第 334 页。

从而

在《孔传》中，惯用词组"从而"作连词，仅有 1 例。用于句中，表递进关系，可译为"进而"。

然其所陈，从而美之曰："用汝言，致可以立功。"（《皋陶谟》）

而况

在《孔传》中，复合虚词"而况"作递进连词，多用于复句中的后一分句，表意义上更进一层，可译为"何况"。仅有 1 例。

天且其顺，而况于人乎？（《洪范》）

从以上的分析看，在《孔传》递进连词中，从意义和作用看，"而"既可以连接词组也可以连接分句，运用较为灵活。"况"、"乃"、"从而"、"而况"等用法相对固定，用于连接分句，并未见连接词组的例子，但它们在语法意义上都表示后项比前项更进一步的意义。从汉语历时发展流变看，《孔传》中的递进连词都是从先秦汉语传承而来的。

第五节　并列连词

并列连词是指在句中用于连接具有并列关系的词、词组、分句的一类连词①。在语法特征上，这类连词所连接的词、词组以及分句之间没有主次之分，只是起到连接作用。在《孔传》中，并列连词凡 7 个。

及

在《孔传》中，"及"作连词，凡 27 例。用于句中，连接名词性的词或词组，表并列关系，可译为"和"、"与"等。诸如：

---

① 杨伯峻、何乐士：《古汉语语法及其发展》，北京：语文出版社，2003 年，第 456 页。

（1）律法制及尺丈、斛斗、斤两，皆均同。（《舜典》）

（2）言周邦丧乱，绝其资用惠泽于下民，侵兵伤我国及卿大夫之家，祸甚大。（《文侯之命》）

（3）言舜初耕于历山之时，为父母所疾，日号泣于旻天及父母，克己自责，不责于人。（《大禹谟》）

（4）言欲以六律和声音，在察天下治理及忽怠者，又以出纳仁义礼智信五德之言，施于民以成化，汝当听审之。（《益稷》）

（5）淮、夷二水出蠙珠及美鱼。（《禹贡》）

（6）以民当敬劳之故，汝往之国，又当详察奸宄之人及杀人贼，所过历之人，有所宽宥，亦所以敬劳之。（《梓材》）

（7）继用今已往，我其立政大臣，立事小臣，及准人、牧夫，我其能灼然知其顺者，则大乃使治之。（《立政》）

（8）道尧舜考古以建百官，内置百揆四岳，象天之有五行，外置州牧十二及五国之长，上下相维，外内咸治。（《周官》）

（9）《春官》卿，宗庙官长，主国礼，治天地神祇人鬼之事，及国之吉、凶、宾、军、嘉五礼，以和上下尊卑等列。（《周官》）

（10）王及群臣皆吉服，用西阶升，不敢当主。（《顾命》）

《说文解字》："及，逮也。"[1] 《说文解字注》："及前人也。"[2] 其是"追上并抓住"之义。甲骨文的"及"除了"追及"之外，已见介词用例。当"及"字表示联结两个不同的实体的时候，在联结义得到加强并呈显性时，这个词就在使用中转化为表词语连接的虚词，而这种用法后一直沿用至今。如《左传·庄公二十九年》："冬十二月，城诸及防，书，时也。"[3]

而

在《孔传》中，"而"出现于句中，连接词组和词组，表并列关系，可译为"并且"。凡 17 例，诸如：

---

① （东汉）许慎：《说文解字》，北京：中华书局，1963 年，第 64 页。
② （清）段玉裁：《说文解字注》，上海：上海古籍出版社，1981 年，第 115 页。
③ 中国社会科学院语言研究所古代汉语研究室编《古代汉语虚词词典》，北京：商务印书馆，1999 年，第 258 页。

（1）言早夜敬思其职，典礼施政教，使正直而清明。（《舜典》）

（2）教之正直而温和，宽弘而能庄栗。（《舜典》）

（3）性宽弘而能庄栗。（《皋陶谟》）

（4）悫愿而恭恪。（《皋陶谟》）

（5）性简大而有廉隅。（《皋陶谟》）

（6）色黑而坟起。（《禹贡》）

与

在《孔传》中，"与"在句中连接词与词、词组与词组，表并列关系，可译为"和"、"与"等。凡 11 例，诸如：

（1）南交言夏与春交。（《尧典》）

（2）言天与王勇智，应为民主，仪表天下，法正万国，继禹之功，统其故服。（《仲虺之诰》）

（3）言我梦与卜俱合于美善，以兵诛纣必克之占。（《泰誓中》）

（4）言当用其众人之贤者与其小臣之良者，以通达卿大夫及都家之政于国。（《梓材》）

（5）召公与诸侯出取币，欲因大会显周公。（《召诰》）

（6）冢宰与司徒皆共群臣诸侯并进陈戒。（《康王之诰》）

於

在《孔传》中，"於"作连词，凡 7 例。用于句中，表并列关系，可译为"和"、"与"等。

（1）我惟不可不监视古义，告汝施德之说於罚之所行。（《康诰》）

（2）文王其所告慎众国众士於少正官、御治事吏，朝夕敕之："惟祭祀而用此酒，不常饮。"（《酒诰》）

（3）君上有五福之教，众民於君取中，与君以安中之善。（《洪范》）

（4）召公於周公前相视洛居，周公后往。（《召诰》）

（5）惟其正官之人，於小臣诸有符节之吏，及外庶子，其有不循大常者，则亦在无赦之科。（《康诰》）

（6）我旦以众卿大夫於御治事之臣，厚率行先王成业，当其众心，为周家立信者之所推先。（《洛诰》）

（7）叹而美之曰："臣於人者皆顺此道，是惟良臣，则君显明于世。"（《君陈》）

既

在《孔传》中，"既"作连词，凡4例。用于句中，表并列关系；常和"又"连用，表两种情况同时存在，可译为"既……也（又）……"。

（1）既有四德，又信恭能让。（《尧典》）

（2）言汝既不欲徒，又为他人所误。（《盘庚中》）

（3）凡其正直之人，既当以爵禄富之，又当以善道接之。（《洪范》）

（4）既有圣德，兼有此行。（《仲虺之诰》）

以

在《孔传》中，"以"作连词，在句中连接的前后两项是并列关系，可译为"又"、"和"等。凡3例。

（1）公勿去以废法，则四方其世世享公之德。（《洛诰》）

（2）度机，机有度以准望，言修德夙夜思之，明旦行之，如射先省矢括于度，释则中。（《太甲上》）

（3）顺从我所告之言，则汝乃以殷民世世享国，福流后世。（《康诰》）

且

在《孔传》中，"且"用于句中，表并列关系，可译为"并且"。凡2例。

（1）其汝能敬行德，明我贤人在礼让，则后代将于此道大且是。（《君奭》）

（2）以其渐染恶俗，故必三申法令，且惟教之，则汝有此明训以享国。（《酒诰》）

从以上的分析看，在《孔传》中，并列连词的组合能力相对其他连词较强，不仅能连接词和词组，还可以连接分句。其中，连接词组，既可以连接动词性词组，又可以连接名词性词组、形容词性词组。从汉语历时发展演变角度看，"楚简并列连词有'与'、'及'、'且'、'又'、'而'、'以'、'既……既……'、'既……或……'、'若'、'同'、'暨'等11个；秦简并列连词有'既……且……'、'及'、'於'、'与'、'而'、'以'等6个。汉简并列连词有'及'、'以及'、'与'、'有（又）'、'且'、'并'、'以'、'而'、'遝'、'既……又……'等10个"①。因此，在《孔传》中，并列连词基本都是从先秦汉语传承而来的。

第六节　选择连词

选择连词是指在句中表示选择关系的一类连词。它可以用于词与词之间的连接，可以用于词组和词组之间的连接，也可以用于连接分句。在《孔传》中，选择连词凡2个。

与

在《孔传》中，"与"在句中连接词与词，表选择关系，可译为"或者"、"还是"等。凡3例。

（1）舜察天文，齐七政，以审己当天心与否。（《舜典》）

（2）已进告汝之后，顺于汝心与否，当以情告我，无敢有不敬。（《盘庚下》）

（3）言己志欲为民除恶，是与否，不敢远其志。（《泰誓上》）

《说文解字》："与，赐予也。""與，车與也。"② 《说文解字》并收"与"、"與"二字。二者都不是虚词。虚词"与"是假借字，可用作连词、介词和副词。"与"用作连词，从先秦至今没有较大的变化。例如，

---

① 李明晓、胡波、张国艳：《战国秦汉简牍虚词研究》，成都：四川大学出版社，2011年，第261页。

② （东汉）许慎：《说文解字》，北京：中华书局，1963年，第299、59页。

《左传·僖公三十年》："三十年春，晋人侵郑，以观其可攻与否。"①

或

在《孔传》中，"或"作连词，用于句中，表选择关系，可译为"或者"。凡2例。

（1）施功发于积石，至于龙门，或凿山，或穿地以通流。（《禹贡》）

（2）五过之所病，或尝同官位，或诈反囚辞，或内亲用事，或行货枉法，或旧相往来，皆病所在。（《吕刑》）

从以上的分析看，在《孔传》中，选择连词在句中既能连接词、词组，还能连接分句，其组合能力比较强。从语义上看，《孔传》中的选择连词"与"、"或"都有"或者"、"还是"之义。但需要指出的是，"与"在《孔传》中既可以是选择连词也可以是并列连词，这需要结合上下文义细加辨别，看其是否具有选择性。而在楚简中，"选择连词有'或'、'与'等2个，以'或'为主。秦简中，选择连词有'且'、'若'、'或者'、'将'等4个。汉简中，选择连词有'若'1个。东汉道家文献《太平经》有'或'、'如'、'不'、'若'、'不如'、'然'，《淮南子》有'若'、'有'、'或'、'或者'、'其'、'与其'，以'或'为主；魏晋南北朝时期主要是'为'字。中古汉译佛经则有'或'、'或当'、'或复'、'若'、'若或'、'为'、'为当'、'为是'、'为复'，以'或'为主"②。而在《孔传》中，选择连词凡2个，即"与"、"或"，二者均从先秦汉语中传承下来，并在中古汉语时期仍然使用。

第七节　让步连词

让步连词是指用于复句的分句中，表示对已成为事实让步，或未成为

---

① 中国社会科学院语言研究所古代汉语研究室编《古代汉语虚词词典》，北京：商务印书馆，1999年，第783页。

② 李明晓、胡波、张国艳：《战国秦汉简牍虚词研究》，成都：四川大学出版社，2011年，第278页。

事实让步的一类连词。在《孔传》中，让步连词凡 2 个。

虽

在《孔传》中，"虽"作连词，凡 43 例。用于句中，表让步关系。

（一）"虽"用于复句的前分句之首或主谓之间，通过对某一事实的承认而表示让步，后面分句表转折或推论，可译为"虽然"、"尽管"等。凡 26 例，诸如：

（1）虽微物皆顺之，明其余无不顺。（《伊训》）

（2）言纣至亲虽多，不如周家之少仁人。（《泰誓中》）

（3）言纣虽为天所大子，无道犹改之，言不可不慎。（《召诰》）

（4）其人虽刑，亦用劝善。（《多方》）

（5）虽左右携持器物之仆，及百官有司主券契藏吏，亦皆择人。（《立政》）

（6）言虽居贵宠，当思危，惟无所不畏。（《周官》）

（7）言虽汝身在外土之为诸侯，汝心常当忠笃，无不在王室。（《康王之诰》）

（8）言我心之忧，欲改过自新，如日月并行过，如不复云来，虽欲改悔，恐死及之，无所益。（《秦誓》）

（9）勇武番番之良士，虽众力已过老，我今庶几欲有此人而用之。（《秦誓》）

（10）如有束修一介臣，断断猗然专一之臣，虽无他伎艺，其心休休焉乐善，其如是，则能有所容。（《秦誓》）

（二）"虽"用于复句的前分句中，通过对夸张的假设条件的承认表示让步，可译为"纵使"、"即使"等。凡 7 例。

（1）言人君行己不慎其德，以速灭败，虽欲改悔，其可追及乎？（《五子之歌》）

（2）不从我谋，罚及汝身，虽悔可及乎？（《盘庚上》）

（3）虽治其官，苟有先后之差，则无赦，况废官乎！（《胤征》）

（4）虽天子亦必让以得之。（《说命中》）

（5）言虽圣人，亦须良佐。（《君奭》）

(6) 虽见美，勿自谓有德美。（《吕刑》）

(7) 行事虽见畏，勿自谓可敬畏。（《吕刑》）

（三）"虽"构成固定格式"虽……而……"、"虽……犹……"，凡10例。

1. "虽"和"而"分别用于复句的两个分句中，构成"虽……而……"。"虽"所连接部分表对所述内容的肯定，"而"所连接部分表转折，可译为"虽然……但是……"。凡7例，诸如：

（1）凡民之行，虽不合于中，而不罹于咎恶，皆可进用，大法受之。（《洪范》）

（2）文武定命陈教，虽劳而不违道，故能通殷为周，累世享德，不忝厥祖，虽同公侯，而特为万国法式。（《微子之命》）

（3）穆王即位过四十矣，言百年，大其虽老而能用贤以扬名。（《吕刑》）

2. "虽"和"犹"分别用于复句的两个分句中，构成"虽……犹……"。"虽"所连接部分表对所述内容的肯定，"而"所连接部分表意义递进一步，可译为"虽然……还是……"。凡3例。

（1）武王虽圣，犹设此诫，况非圣人，以无诫乎？（《旅獒》）

（2）叹古之君臣，虽君明臣良，犹相道告，相安顺，相教诲以义方。（《无逸》）

（3）民之不安，虽小邑少民，犹有罚诛，不在多大，况曰不慎罚，明闻于天者乎？成其大命。（《顾命》）

《说文解字》："雖，似蜥易而大。"[1] 虚词与本义无关，可能是"姓"的假借字。"姓"，《说文解字注》："今用'虽'为语词，有纵恣之意，盖本作'姓'。假'虽'为之耳，'虽'行而'姓'废也。"[2]《玉篇》："虽，词两段也。"可作连词，表示"纵使"、"虽然"等。先秦已有用例，如《论语·颜渊》："颜渊曰：'回虽不敏，请事斯语矣。'"后来，一直沿用至今。[3]

---

① （东汉）许慎：《说文解字》，北京：中华书局，1963年，第279页。

② （清）段玉裁：《说文解字注》，上海：上海古籍出版社，1981年，第124页。

③ 中国社会科学院语言研究所古代汉语研究室编《古代汉语虚词词典》，北京：商务印书馆，1999年，第556页。

且

在《孔传》中，"且"用于句中，表让步关系，可译为"尚且"。凡6例。

（1）身事且宜敬慎，况所顺畴咨之司马乎？（《酒诰》）

（2）天且其顺，而况于人乎？（《洪范》）

（3）安人且犹不能，况其有能至知天命者乎？（《大诰》）

（4）后嗣王纣，大无明于天道，行昏虐，天且忽之，况曰其有听念先祖、勤劳国家之事乎？（《多士》）

（5）君子且犹然，况王者乎？（《无逸》）

（6）小臣且忧得人，则大臣可知。（《君奭》）

从以上的分析看，在《孔传》中，从意义和功能上看，让步连词"虽"既可以用在句首，又可用在句中，而用在句中时多处在主谓之间。"虽"表示对已成事实的让步时，解释为"虽然"；表示对未成事实的让步时，解释为"即使"。而"且"在《孔传》中均出现在句中，有"尚且"之义。从汉语历时发展流变角度看，《孔传》让步连词"虽"、"且"都是从先秦汉语传承而来的。例如，王启俊在《〈国语〉虚词研究》中指出，"'虽'作让步连词，共44例"[1]；李明晓、胡波、张国艳指出，"秦简中，表让步的连词有'且'，共2例"[2]。

第八节　因果连词

因果连词指在句中表示原果关系的一类连词。它既可以用在偏句里，也可以用在正句里。在《孔传》中，因果连词凡6个。

---

[1]　王启俊：《〈国语〉虚词研究》，安徽大学，硕士学位论文，2007年，第56页。

[2]　李明晓、胡波、张国艳：《战国秦汉简牍虚词研究》，成都：四川大学出版社，2011年，第292页。

故

在《孔传》中，"故"作连词，凡226例。一般用于因果复句的后一分句开端，表总括上文，并以此引出结果、推论，可译为"所以"、"因此"。诸如：

（1）言四岳能用帝命，故欲使顺行帝位之事。（《尧典》）

（2）言叙典秩礼，命德讨罚无非天意者，故人君居天官，听政治事，不可以不自勉。（《皋陶谟》）

（3）禹五服既成，故皋陶敬行其九德考绩之次序于四方，又施其法刑，皆明白。（《益稷》）

（4）政善天福之，淫过天祸之，故下灾异以明桀罪恶，谴寤之而桀不改。（《汤诰》）

（5）言先祖勤德，致有天下，故子孙得大承基业，宜念祖修德。（《太甲上》）

（6）言汤子爱困穷之人，使皆得其所，故民心服其教令，无有不忻喜。（《太甲中》）

（7）今我法先王惟民之承，故承汝使汝徙，惟与汝共喜安，非谓汝有恶徙汝，令比近于殃罚。（《盘庚中》）

（8）以纣自绝于先王，故天亦弃之，宗庙不有安食于天下。（《西伯戡黎》）

（9）成王信流言而疑周公，故周公既诛三监，而作诗解所以宜诛之意以遗王，王犹未悟，故欲让公而未敢。（《金縢》）

（10）言伊尹至甘盘六臣佐其君，循惟此道，有陈列之功，以安治有殷，故殷礼能升配天，享国久长，多历年所。（《君奭》）

用

在《孔传》中，"用"出现于复句中的分句之首或句中，表结果或者原因，可译为"因为"、"因此"、"以致"等。凡20例，诸如：

（1）王用大敬其政教，无有逸豫之言，民用大变从化。（《盘庚上》）

（2）为此南渡河之法，用民徒。（《盘庚中》）

（3）用臣下怪之，故作诰。（《说命上》）

（4）非先祖不助子孙，以王淫过戏怠，用自绝于先王。（《西伯戡黎》）

（5）小罪非过失，乃惟终身行之，自为不常，用犯汝。（《康诰》）

（6）彼天下被宽裕之政，则我民无远用来。（《洛诰》）

（7）致行至中信之道，用显明于天下。（《康王之诰》）

（8）君圣臣良，用受端直之命于上天。（《康王之诰》）

（9）言殷民迁周已经三纪，世代民易，顽者渐化，四方无可度之事，我天子用安矣。（《毕命》）

（10）天用桀无道，故不善之。（《仲虺之诰》）

以

在《孔传》中，"以"用于复句中，连接表原因或结果的分句，表因果关系，可译为"因为"、"所以"等。凡12例，诸如：

（1）非此土所生不畜，以不习其用。（《旅獒》）

（2）以不厚于酒，故我周家至于今能受殷王之命。（《酒诰》）

（3）以能敬德，故多历年数。（《召诰》）

（4）太甲亦以知小人之依，故得久年。（《无逸》）

（5）以其渐染恶俗，故必三申法令，且惟教之，则汝有此明训以享国。（《酒诰》）

（6）以君变乱正法，故民否则其心违怨，否则其口诅祝。（《无逸》）

因

在《孔传》中，"因"用于句中，表连接句子的因果关系，可译为"因为"、"由于"等。凡5例。

（1）因禹让三臣，故历述之。（《舜典》）

（2）因皋陶谟九德，故呼禹使亦陈当言。（《益稷》）

（3）因太王、王季、文王请命于天，故为三坛。（《金縢》）

（4）此已上《大诰》后，因武王丧并见之。（《金縢》）

（5）人自然之性敦厚，因所见所习之物有迁变之道，故必慎所以示之。（《君陈》）

是以

在《孔传》中，惯用词组"是以"作连词，用于句中表因果关系，可译为"所以"。凡3例。

（1）言天下众民皆变化从上，是以风俗大和。（《尧典》）

（2）是以圣人乾乾日昃慎终如始。（《旅獒》）

（3）以道告汝众士，我惟汝未达德义，是以徙居西汝于洛邑，教诲汝。（《多士》）

以此

在《孔传》中，惯用词组"以此"，作连词，多用于复句中的后一分句开端，表因果关系，可译为"因此"。仅有1例。

以此四国将诛而无救者，罪大故。（《大诰》）

从以上的分析看，在《孔传》中，因果连词均出现在复句中，其中"故"、"是以"、"以此"多用于复句中的后一分句的开端，有"所以"、"因此"之义。"因"、"用"既可以用在前一分句的开端，也可用在后一分句的开端，其中"用"也可以用在主谓之间，二者都有"因为"之义。"以"用来连接表原因或结果的分句，既可以用在前一分句的开端，也可用在后一分句的开端，有"因为"、"所以"之义。从语音形式看，《孔传》单音节因果连词凡4个，复音节因果连词凡2个。从汉语历时发展流变角度看，易孟醇在《先秦语法》中指出，在先秦汉语中，表因果关系的连词有"以"、"已"、"为"、"盖"、"则"、"从"、"由"、"因"、"是"、"故"、"坐"、"既"、"以是"、"是以"、"以此"、"是故"、"由是"、"由此"、"因是"、"用是"、"此以"、"是用"、"兹故"等①。据此，《孔传》

①　易孟醇：《先秦语法》，长沙：湖南教育出版社，1989年，第542页。

中出现的 6 个表因果关系的连词，均是从先秦汉语传承而来的，体现出继承性的特点。

第九节　连词统计与分析

为便于了解《孔传》连词词频情况，笔者用表格的形式进行了梳理与统计（见表 4 − 1）。

表 4 − 1　《孔传》连词词频统计

频次＼类别＼词目	顺承连词	假设连词	转折连词	递进连词	并列连词	选择连词	让步连词	因果连词
而	137	1	90	66	17			
故								226
以	266				3			12
已	8							
则	320	1						
与					11	3		
然			4					
及					27			
乃		9		3				
因	2							5
虽							43	
况				29				
若		19						
或						2		
苟		5						
但			2					
用	5							20
如		2						
其		7						

续表

频次 类别 词目	顺承连词	假设连词	转折连词	递进连词	并列连词	选择连词	让步连词	因果连词
且					2		6	
既					4			
於					7			
从而				1				
因而	1							
是以								3
若乃		1						
用是	5							
假令		1						
然后	14							
於是	7							
而况				1				
而后	1							
以此								1
总计	766	46	96	100	71	5	49	267

从表 4 - 1 可见：《孔传》连词内部的频率有着明显的差异；《孔传》连词所连接对象的差异性比较明显。以下将分别述之。

一 《孔传》连词内部的频率有着明显的差异

（一）在《孔传》中，共出现 33 个连词，凡 1400 个语例。从《孔传》连词总频率角度看，每个连词的使用频率为："而"有 311 例，占 22.2%；"故"有 226 例，占 16.1%；"以"有 281 例，占 20.1%；"已"有 8 例，占 0.6%；"则"有 321 例，占 22.9%；"与"有 14 例，占 1%；"然"有 4 例，占 0.3%；"及"有 27 例，占 1.9%；"乃"有 12 例，占 0.9%；"因"有 7 例，占 0.5%；"虽"有 43 例，占 3.1%；"况"有 29 例，占 20.7%；"若"有 19 例，占 1.4%；"或"有 2 例，占 0.14%；"苟"有 5 例，占

0.36%；"但"有2例，占0.14%；"用"有25例，占1.8%；"如"有2例，占0.14%；"其"有7例，占0.5%；"且"有8例，占0.6%；"既"有4例，占0.3%；"於"有7例，占0.5%；"从而"有1例，占0.07%；"因而"有1例，占0.07%；"是以"有3例，占0.2%；"若乃"有1例，占0.07%；"用是"有5例，占0.36%；"假令"有1例，占0.07%；"然后"有14例，占1%；"於是"有7例，占0.5%；"而况"有1例，占0.07%；"而后"有1例，占0.07%；"以此"有1例，占0.07%。

从以上的统计看出，《孔传》连词内部之间使用的频率相差比较大，表现出明显的不均衡。出现比例最高的是连词"则"，为22.9%；而最低的是"从而"、"因而"、"若乃"、"假令"、"以此"、"而况"、"而后"等7个，都为0.07%。

此外，在《孔传》中，单音节连词出现22个，复音节连词出现11个，各占《孔传》出现连词总数量的66.7%、33.3%；单音节连词占优势，复音节连词数量为单音节连词的一半左右。同时，在《孔传》中，单音节连词共出现1364例，占《孔传》总频率（1400例）的97.4%；复音节连词共出现36例，占《孔传》总频率（1400例）的2.6%。单音节连词使用的频率比较高。

（二）《孔传》各类连词之间的频率明显不同

1.顺承连词："而（137例）"、"以（266例）"、"已（8例）"、"则（320例）"、"因（2例）"、"用（5例）"、"因而（1例）"、"用是（5例）"、"然后（14例）"、"於是（7例）"、"而后（1例）"，有11个，凡766例，约占《孔传》连词总频率（1400例）的54.7%。

2.假设连词："而（1例）"、"则（1例）"、"乃（9例）"、"若（19例）"、"苟（5例）"、"如（2例）"、"其（7例）"、"若乃（1例）"、"假令（1例）"，有9个，凡46例，约占《孔传》连词总频率（1400例）的3.3%。

3.转折连词："而（90例）"、"然（4例）"、"但（2例）"，有3个，凡96例，约占《孔传》连词总频率（1400例）的6.9%。

4.递进连词："而（66例）"、"乃（3例）"、"况（29例）"、"从而（1例）"、"而况（1例）"，有5个，凡100例，约占《孔传》连词总频率（1400例）的7.1%。

5. 并列连词："而（17 例）"、"以（3 例）"、"与（11 例）"、"及（27 例）"、"於（7 例）"、"且（2 例）"、"既（4 例）"，有 7 个，凡 71 例，约占《孔传》连词总频率（1400 例）的 5.1%。

6. 选择连词："与（3 例）"、"或（2 例）"，有 2 个，凡 5 例，约占《孔传》连词总频率（1400 例）的 0.4%。

7. 让步连词："虽（43 例）"、"且（6 例）"，有 2 个，凡 49 例，约占《孔传》连词总频率（1400 例）的 3.5%。

8. 因果连词："故（226 例）"、"以（12 例）"、"因（5 例）"、"用（20 例）"、"是以（3 例）"、"以此（1 例）"，有 6 个，凡 267 例，约占《孔传》连词总频率（1400 例）的 19.1%。

从上面不同类别的连词的频率看，在《孔传》中，顺承连词出现率比较高，占 54.7%；选择连词出现率最低，占 0.4%。同时，我们也可以看出，在连词的跨类上，跨五类连接功能的有"而"等 1 个；跨三类连接功能的有"以"等 1 个；跨两类连接功能的有"则"、"与"、"乃"、"因"、"用"、"且"等 6 个；而具有单一连接功能的有 25 个。

二　《孔传》连词所连接对象的差异性比较明显

（一）在《孔传》中，连词连接词和短语的有"於"、"及"、"与"、"已"等 4 个，占《孔传》连词总数量（33）的 12.1%。其中，"於"、"已"、"及"都连接名词性词或短语；而"与"可以连接名词性或动词性词、短语。

（二）在《孔传》中，连接句子的连词有 23 个："从而"、"因而"、"是以"、"若乃"、"用是"、"假令"、"然后"、"於是"、"而况"、"而后"、"以此"、"既"、"其"、"如"、"用"、"但"、"或"、"苟"、"若"、"况"、"虽"、"故"、"乃"，占《孔传》连词总数量（33）的 69.7%。

（三）在《孔传》中，既可以连接词、短语，又可以连接句子的连词有"因"、"且"、"然"、"则"、"以"、"而"等 6 个，占《孔传》连词总数量（33）的 18.2%。其中，"因"、"以"、"而"、"则"等可以连接名词性或动词性词、短语；"且"连接动词性成分，"然"连接名词性成分。

由此，从连词的连接对象看，《孔传》中，连接句子的连词占据了绝

大多数；如果把第二、第三种情况加在一起，占了《孔传》连词总数量
（33）的87.9%；就连接词、短语看，连接名词性成分占多数，连接动词
性成分比较少。

　　总的来看，《孔传》中的33个连词，在使用频率以及分布上是不均衡
的。单音节连词占据主要优势。在语法功能上，《孔传》连词的使用是比
较齐备的，分工比较明确，与古代汉语中连词常用的基本功能相符合；但
是，在彼此使用的频率上相差比较大，例如：顺承连词占《孔传》连词总
频率（1400）的54.7%，而选择连词仅为0.4%。在连接对象上，《孔传》
连词既可以连接句子，又可以连接名词性和动词性的词、短语，以连接句
子为主。此外，在《孔传》中，除了假设连词"假令"以外，其他连词均
已在先秦时期出现过。

第五章

介词的语法功能分析

在古代汉语中，介词是介绍宾语给谓语的一类虚词。"从语义上看，介词的功能主要是引出与动作行为有关的时间、工具、条件、处所、方式、人物、原因等，使得句义表达更为具体、准确。从语法角度看，介词不能单独作句子成分，只有与名词、代词或其他词组构成介宾短语时，才能充当句子成分。介宾短语主要作状语或补语。介词的宾语有时可以省略或前置。"[1]

马建忠的《马氏文通》称介词为"介字"，归入虚词。杨树达的《中国语纲要》认为介词是"半虚半实字"，后来，在《高等国文法》和《词诠》中，又将之归为虚词。王力认为介词是虚词。吕叔湘在《中国文法要略》中，将介词归为"关系词"，属于虚词。其后的《语法修辞讲话》和《现代汉语八百词》中，又分别将介词归为"副动词"和虚词；等等。[2]目前，学术界多将介词纳入虚词研究范畴。当然，也有少数学者至今认为

---

① 杨伯峻、何乐士：《古汉语语法及其发展》，北京：语文出版社，2003年，第376页。

② 何金松：《虚词历时词典》，武汉：湖北人民出版社，1994年，第18页。

介词是半虚词，如李载霖在《古汉语语法学述略》中认为"介词是半虚词"①。

关于介词的分类，由于认识和观察的角度不同，不同学者分类也有所差别。例如，黎锦熙在《新著国语文法》中，将介词分为"因缘介词"、"方法介词"、"时地介词"等三类②。李佐丰的《古代汉语语法学》将介词分为"与为介词"、"处所介词"、"时间介词"等三类③。高名凯的《汉语语法论》根据介词短语的意义分为"表空间"、"表对人"、"表时间"、"表根据"、"表工具"、"表因果"、"表相与关系"、"表所谓被动"、"表代替"、"表排除"、"表对意见或观念"等十一类④。郭锡良的《古代汉语》将介词分为"表时间"、"表处所"、"表目的"、"表原因"、"表方式"、"表对象"等六类⑤。杨伯峻、何乐士的《古汉语语法及其发展》根据介词的作用，将介词分为"引进与动作相关的时间"、"引进与动作相关的对象"、"引进与动作相关的处所"、"引进与动作行为的工具、方式、条件、依据等"、"引进动作行为的原因或目的"、"引进训告或言谈的内容"、"引进动作行为的对象"等七类⑥。综合前辈学者的观点，本书借鉴杨伯峻、何乐士两位学者的分类标准以及界定原则，从介词的语法意义和功能出发，穷尽性地统计并逐一描写、分析《孔传》中出现的"以"、"从"、"至"、"因"、"在"、"与"、"顺"、"为"、"如"、"自"、"当"、"依"、"恃"、"及"、"随"、"由"、"用"、"循"、"沿"、"就"、"于"、"於"等介词，凡22个。下面分类述之。

第一节　引进工具、条件、方法和依据的介词

在《孔传》中，用于引进与动作行为有关工具、条件、方法和依据的

① 李载霖：《古汉语语法学述略》，长春：吉林大学出版社，2011年，第27页。
② 黎锦熙：《新著国语文法》，北京：商务印书馆，1992年，第6页。
③ 李佐丰：《古代汉语语法学》，北京：商务印书馆，2004年，第204页。
④ 高名凯：《汉语语法论》，北京：科学出版社，1955年，第332页。
⑤ 郭锡良等：《古代汉语》（上），北京：北京出版社，1989年，第329页。
⑥ 杨伯峻、何乐士：《古汉语语法及其发展》，北京：语文出版社，2003年，第377页。

介词有"以"、"顺"、"因"、"於"、"用"、"如"、"于"、"循"、"依"等9个，凡345例。

以

在《孔传》中，"以"作介词，凡333例。其用法比较灵活，可以引进与动作行为有关的多种宾语，表与动作行为的多种关系。

（一）"以"带宾语，引进动作行为得以实现的工具、条件、方法、依据等，凡233例。用于句中动词前或后，可译为"拿"、"用"、"把"、"根据"、"按"、"凭借"等。

1. "以+宾"用于句中谓语动词后面，作补语。凡44例，诸如：

（1）责其不以情告上，而相恐动以浮言。（《盘庚上》）

（2）如此我其退老，明教农人以义哉！（《洛诰》）

（3）抚民以宽政，放桀邪虐。（《微子之命》）

（4）为政之术，如梓人治材为器，已劳力朴治研削，惟其当涂以漆丹以朱而后成。（《梓材》）

（5）周公摄政七年致太平，以黑黍酒二器，明絜致敬，告文武以美享。既告而致政，成王留之。（《洛诰》）

（6）三苗之君习蚩尤之恶，不用善化民，而制以重刑。（《吕刑》）

（7）叹古之君臣，虽君明臣良，犹相道告，相安顺，相教诲以义方。（《无逸》）

（8）倒载干戈，包以虎皮，示不用。（《武成》）

（9）化恶为善，如欲去疾，治之以理，则惟民其尽弃恶修善。（《康诰》）

（10）言公前已定宅，遣使来，来视我以所卜之美、常吉之居，我与公共正其美。（《洛诰》）

2. "以+宾"用于句中谓语动词前面，作状语。凡184例，诸如：

（1）其难无以为易，其慎无以轻之，群臣当和一心以事君，政乃善。（《咸有一德》）

（2）以五礼正诸侯，使同敬合恭而和善。（《皋陶谟》）

（3）我违道，汝当以义辅正我。无得面从我违，而退后有言我不可

弼。(《益稷》)

(4) 谓有德之人生此地，以此地名赐之姓以显之。(《禹贡》)

(5) 汝尽听讼之理以极其罪，是人所犯，亦不可杀，当以罚宥论之。
(《康诰》)

(6) 虽或行刑，以杀止杀，终无犯者。(《大禹谟》)

(7) 百川经此众山，禹皆治之，不可胜名，故以山言之。(《禹贡》)

(8) 人以言咈违汝心，必以道义求其意，勿拒逆之。(《太甲下》)

(9) 苟为不德无大，言恶有类，以类相致，必坠失宗庙。(《伊训》)

(10) 汝皆大不布腹心，敬念以诚感我，是汝不尽忠。(《盘庚中》)

3. "以"构成固定结构"所以"，表工具、凭借。凡5例，诸如：

(1) 夫耽乐者，乃非所以教民，非所以顺天，是人则大有过矣。(《无
逸》)

(2) 四国君叛逆，我下其命，乃所以明致天罚。(《多士》)

(二) "以"构成固定格式"以……为……"，凡75例。

1. "以……为……"由介词"以"和动词"为"前后搭配构成，在
句中表主观上把什么当作什么。可译为"把……当作……"。"以"在这种
格式中表引进与动作行为相关的凭借、依据、方法等。凡41例，诸如：

(1) 民以食为命，丧礼笃亲爱，祭祀崇孝养，皆圣王所重。(《武成》)

(2) 汝能以进老成人为醉饱，考中德为用逸，则此乃信任王者正事之
大臣。(《酒诰》)

(3) 其汝为政当以旧典常故事为师法，无以利口辩佞乱其官。(《周官》)

(4) 言皋陶之德以义为主，所宜念之。(《大禹谟》)

(5) 以不终为戒慎之至，敬其君道，则能终。(《太甲上》)

(6) 王者常自以敬我德为先，则天下无距违我行者。(《禹贡》)

(7) 德非一方，以善为主，乃可师。(《咸有一德》)

(8) 言圣王法天以立教，臣敬顺而奉之，民以从上为治。(《说命中》)

(9) 政以仁义为常，辞以理实为要，故贵尚之。(《毕命》)

(10) 言当循文武之常教，以父违命为世戒。(《蔡仲之命》)

2. "以"的宾语省略，形成"以为"格式。凡34例，诸如：

(1) 汤伐桀，武功成，故以为号。(《仲虺之诰》)

（2）自汤至武丁，其王人无不持德立业，明忧其小臣，使得其人，以为蕃屏侯甸之服。小臣且忧得人，则大臣可知。（《君奭》）

（3）富贵所忽，故特以为戒。（《大禹谟》）

（4）在洛北，都道所凑，古今以为津。（《禹贡》）

（5）契始封商，汤遂以为天下号。（《汤誓》）

（6）言吉人竭日以为善，凶人亦竭日以行恶。（《泰誓中》）

（7）屏弃常法而不顾，箕子正谏而以为囚奴。（《泰誓下》）

（8）敛是五福之道以为教，用布与众民使慕之。（《洪范》）

（9）今治民将在敬循汝文德之父，继其所闻，服行其德言，以为政教。（《康诰》）

（10）言文武乃施政令，立诸侯，树以为蕃屏，传王业在我后之人。（《康王之诰》）

顺

在《孔传》中，"顺"作介词，凡 17 例。其中，"顺"带宾语，用于句中动词谓语前面，作状语，表引进与动作行为相关的条件，可译为"按照"、"顺着"等。凡 15 例，诸如：

（1）顺舜初摄帝位故事奉行之。（《大禹谟》）

（2）微子，帝乙元子，故顺道本而称之。（《微子之命》）

（3）顺古道呼其名而告之。（《君奭》）

（4）顺其戒而告之，不言群臣，以外见内。（《康王之诰》）

（5）顺其事以命伯冏，言我不能于道德，继先人居大君之位，人轻任重。（《冏命》）

（6）顺其功而命之。（《文侯之命》）

因

在《孔传》中，"因"作介词，带宾语，用于句中动词谓语前或后，作状语或补语，表引进与动作行为相关的条件、依据等，可译为"凭借"、"按照"等。凡 9 例，诸如：

（1）益因舜言又美尧也。（《大禹谟》）

（2）天子建德，因生以赐姓。（《禹贡》）

（3）言天因民以视听，民所恶者天诛之。（《泰誓中》）

（4）于所治众国，饮酒惟当因祭祀，以德自将，无令至醉。（《酒诰》）

（5）召公与诸侯出取币，欲因大会显周公。（《召诰》）

於

在《孔传》中，"於"作介词，带宾语，用于句中动词谓语后面，作补语，表引进与动作行为有关的依据或凭借，可译为"以"、"靠着"等。凡7例，诸如：

（1）近先王，则训於义，无成其过，不使世人迷惑怪之。（《太甲上》）

（2）师，天子所师法；傅，傅相天子；保，保安天子於德义者，此惟三公之任。（《周官》）

（3）憸人不训於德，是使其君无显名在其世。（《立政》）

用

在《孔传》中，"用"作介词，带宾语，用于句中动词谓语前面，作状语，表引进动作行为所依据的条件，可译为"依据"、"按照"等。凡2例。

（1）言用和道和天下。（《顾命》）

（2）三苗之君习蚩尤之恶，不用善化民，而制以重刑。（《吕刑》）

如

在《孔传》中，"如"作介词，与所带宾语一起用于句中动词谓语前面，作状语，表引进与动作行为相关的依据，可译为"按照"、"依照"等。仅有1例。

东岳诸侯竟内名山大川如其秩次望祭之。（《舜典》）

于

在《孔传》中，"于"作介词，用于句中动词谓语后面，作补语，表引进与动作行为有关的依据，可译为"以"、"靠"等。仅有 1 例。

　　言修德夙夜思之，明旦行之，如射先省矢括于度，释则中。(《太甲上》)

循

　　在《孔传》中，"循"作介词，带宾语，用于句中动词谓语前面，作状语，表遵循的条件，可译为"按照"。仅有 1 例。

　　汝乃其速由此典刑宜于时世者，循理以刑杀，则亦惟君长之正道。(《康诰》)

　　《说文解字》："循，顺行也。"① 《尔雅·释诂》："遹、遵、率，循也。"虚词"循"即由"遵循"义虚化而来。先秦时期已经有用例，如《左传·僖公四年》："若出于东方，观兵于东夷，循海归，其可也。"后来，一直沿用至今。②

依

　　在《孔传》中，"依"作介词，用于句中动词谓语前面，作状语，表引进动作行为相关的依据，可译为"按照"。仅有 1 例。

　　言当依声律以和乐。(《舜典》)

　　《说文解字》："依，倚也。"③ 李孝定《甲骨文字集释》："'依字象人体著衣之形'。'倚也，'其引申义也。"又进一步引申出"遵循"、"按照"等义。由于"依"的动作性不强，上述意义在句中虚化为介词。先秦已有用例，如《楚辞·离骚》："虽不周于今之人兮，愿依彭咸之遗则。"后来，一直沿用至今。④

　　从以上的分析看，在《孔传》中，从语法功能看，用于引进与动作行

---

① （东汉）许慎：《说文解字》，北京：中华书局，1963 年，第 43 页。
② 中国社会科学院语言研究所古代汉语研究室编《古代汉语虚词词典》，北京：商务印书馆，1999 年，第 671 页。
③ （东汉）许慎：《说文解字》，北京：中华书局，1963 年，第 164 页。
④ 中国社会科学院语言研究所古代汉语研究室编《古代汉语虚词词典》，北京：商务印书馆，1999 年，第 704 页。

为有关工具、条件、方法和依据的介词运用较为灵活，既可以用于句中动词前面充当状语，如"顺"、"用"、"如"、"循"、"依"等，也可以用于句中动词后面充当补语，如"於"、"于"等；既能用于句中动词前面也能用在动词后面的，既可以充当状语又可以充当补语的有"以"、"因"等。

第二节 引进对象的介词

在《孔传》中，用于引进与动作行为有关对象的介词有"於"、"与"、"于"、"为"、"及"、"以"、"在"、"随"、"自"、"由"、"恃"、"用"、"依"等13个，凡334例。

於

在《孔传》中，"於"作介词，带宾语，用于句中动词谓语前后，表引进与动作行为相关的对象，可译为"对于"、"给"等。凡167例。

（一）"於 + 宾"用于句中，作状语。凡29例，诸如：

（1）言与匹民百君子，於友爱民者共安受王之威命，明德奉行之。（《召诰》）

（2）臣下安受王命，则王终有天成命，於王亦昭著。（《召诰》）

（3）使桓、毛二臣各执干戈，於齐侯吕伋索虎贲百人，更新逆门外，所以殊之。（《顾命》）

（4）於善臣百尊官不可不慎，况汝身事服行美道，服事治民乎？（《酒诰》）

（5）言子孙皆聪听父祖之常教，於小大之人皆念德，则子孙惟专一。（《酒诰》）

（6）言周道不至，故天下凶害於我家不少。（《大诰》）

（7）言天於人无有亲疏，惟亲能敬身者。（《太甲下》）

（8）不徙则祸毒在汝身，徙奉持所痛而悔之，则於身无所及。（《盘庚上》）

（二）"於 + 宾"用于句中，作补语。凡138例，诸如：

（1）汝惟当敬明汝五教，用奉顺於先王之道。（《君牙》）

（2）为人兄亦不念稚子之可哀，大不笃友於弟，是不友。（《康诰》）

（3）华谓文德，言其光文重合於尧，俱圣明。（《舜典》）

（4）辞让於德不堪，不能嗣成帝位。（《舜典》）

（5）刑期于无所刑，民皆合於大中之道，是汝之功，勉之。（《大禹谟》）

（6）天次叙人之常性，各有分义，当敕正我五常之叙，使合於五厚，厚天下。（《皋陶谟》）

（7）怞怩，心惭，惭愧於仁人贤士。（《五子之歌》）

（8）言讬天以行虐於民，乃桀之大罪。（《仲虺之诰》）

与

在《孔传》中，“与”作介词，凡46例。

（一）“与”带宾语，用于句中动词谓语前面，表引进与动作行为相关的对象，作状语，可译为“跟”、“和”等。凡34例，诸如：

（1）众难得食处，则与稷教民播种之，决川有鱼鳖，使民鲜食之。（《益稷》）

（2）言与诸侯助祭，班爵同，推先有德。（《益稷》）

（3）众下相率为急惰，不与上和合。（《汤誓》）

（4）今我法先王惟民之承，故承汝使汝徙，惟与汝共喜安，非谓汝有恶徙汝，令比近于殃罚。（《盘庚中》）

（5）言我当与厚敬之臣，奉承民命，用长居新邑。（《盘庚下》）

（6）父业未就之故，故我与诸侯观纣政之善恶。（《泰誓上》）

（7）癸亥夜陈，甲子朝誓，将与纣战。（《牧誓》）

（8）民与上异心，亦卜筮以决之。（《洪范》）

（9）今与汝留辅成王，欲收教无自勉不及道义者，立此化，而老成德不降意为之。（《君奭》）

（二）“与”带宾语，用于句中动词谓语前面，作状语，表引进比较的对象，可译为“跟……相比……”。凡12例，诸如：

（1）老壮在田与夏平也。（《尧典》）

（2）州第九，赋正与九相当。（《禹贡》）

（3）治水十三年，乃有赋法，与他州同。(《禹贡》)

（4）土所出与扬州同。(《禹贡》)

（5）汝庶几明安我事，则与伊尹同美。(《说命下》)

（6）今不诛纣，则为逆天，与纣同罪。(《泰誓上》)

于

在《孔传》中，"于"作介词，带宾语，用于句中动词谓语后，作补语，表引进与动作行为相关的对象，可译为"跟"、"给"等。凡43例，诸如：

（1）言舜负罪引恶，敬以事见于父，悚惧斋庄，父亦信顺之。(《大禹谟》)

（2）以五采明施于五色，作尊卑之服，汝明制之。(《益稷》)

（3）各自谋行其志，人人自献达于先王，以不失道。(《微子》)

（4）己能无恶于民，民之有过，在我教不至。(《泰誓中》)

（5）为人兄亦不念稚子之可哀，大不笃友于弟，是不友。(《康诰》)

（6）今惟殷纣无道，坠失天命，我其可不大视此为戒，抚安天下于是？(《酒诰》)

（7）我留非能有改正，但欲蹈行先王光大之道，施正于我童子。(《君奭》)

（8）言天不用令释废于文王所受命，故我留佐成王。(《君奭》)

（9）在昔上天，割制其义，重劝文王之德，故能成其大命于其身。(《君奭》)

（10）我周则鸣凤不得闻，况曰其有能格于皇天乎？(《君奭》)

为

在《孔传》中，"为"作介词，凡42例。

（一）"为"带宾语，用于句中动词谓语前或后，作状语或补语，表引进动作行为受益的对象，可译为"给"、"替"等。凡15例，诸如：

（1）诸侯为天子守土，故称守，巡行之。(《舜典》)

（2）言禹恶衣薄食，卑其宫室，而尽力为民，执心谦冲，不自盈大。（《大禹谟》）

（3）言己志欲为民除恶，是与否，不敢远其志。（《泰誓上》）

（4）明我周王为之除害。（《武成》）

（5）惟天不与纣，惟我周家下民秉心为我，皆是天明德可畏之效。（《多士》）

（6）惟为我执古义之谋人，谓忠贤蹇叔等也，则曰未成我所欲，反忌之耳。（《秦誓》）

（二）"为"带宾语，用于句中动词谓语前，作状语，表引进动作行为旁及的对象，可译为"对"、"向"等。凡4例。

（1）于其无好德之人，汝虽与之爵禄，其为汝用恶道以败汝善。（《洪范》）

（2）惟文王圣德，为之子孙无恭厥祖，大承无穷之忧。（《君奭》）

（3）蛮夷微、卢之众帅，及亳人之归文王者，三所为之立监，及阪地之尹长，皆用贤。（《立政》）

（4）非当立德于民，为之中正乎？（《吕刑》）

（三）"为"带宾语，用于句中动词谓语前，作状语，表引进动作行为的施动者，可译为"被"。凡18例，诸如：

（1）言尧有此德，故为天所命，所以勉舜也。（《大禹谟》）

（2）言舜初耕于历山之时，为父母所疾，日号泣于旻天及父母，克己自责，不责于人。（《大禹谟》）

（3）圣人所谋之教训，为世明证，所以定国安家。（《胤征》）

（4）言汝既不欲徙，又为他人所误。（《盘庚中》）

（5）神庶几助我渡民危害，无为神羞辱。（《武成》）

（6）言我周家有大化诚辞，为天所辅，其成我民矣。（《大诰》）

（7）大恶之人犹为人所大恶，况不善父母，不友兄弟者乎？（《康诰》）

（8）言凡为天所亡，天非虐民，惟民行恶自召罪。（《酒诰》）

（9）罪轻，故退为众人，三年之后乃齿录，封为霍侯，子孙为晋所灭。（《蔡仲之命》）

（10）当长畏惧惟为天所罚，非天道不中，惟人在教命使不中，不中

则天罚之。(《吕刑》)

《说文解字》:"为,母猴也。"① 《词诠》:"为,介词,助也。"② 介词"为"与本义"役象以劳"无关,而是假借字。"为"是最早由动词虚化的介词之一,在甲骨文中,"为"主要用作动词,但也有表被动的用例,介引动作行为的施动者。"为"在文献语言中乃至现代汉语均为高频介词。③ 潘允中认为,"为"表示行为,念去声,则有帮助义。在先秦分化为介词,首先即具有原来动词的"助"义转化而来的"替"的意思。"为"表示原因或目的,也产生于先秦,沿用于汉魏以后。④ 在今文《尚书》中,"为"出现 1 例,西周金文中"为"也是出现 1 例,而在《孔传》中,则有 42 例,从而可以看出,随着汉语历时的发展,"为"的语用范围在不断扩展。

及

在《孔传》中,"及"作介词,带宾语,用于句中谓语动词后面,表引进动作行为所延及的对象,可译为"到"、"跟"等。凡 19 例,诸如:

(1) 然已谋之于心,谋及卜筮,四者合从,卜不因吉,无所枚卜。(《大禹谟》)

(2) 下及我治事众士,大小无不皆明听誓。(《泰誓上》)

(3) 武王死,周公摄政,其弟管叔及蔡叔、霍叔乃放言于国,以诬周公,以惑成王。(《金縢》)

(4) 以美,故告我友国诸侯,及于正官尹氏卿大夫、众士御治事者。言谋及之。(《大诰》)

(5) 我文王在西土,辅训往日国君及御治事者、下民子孙,皆庶几能用上教,不厚于酒。(《酒诰》)

《说文解字》:"及,逮也,从又、人。"⑤ 本义是动词,指"追上并抓

---

① (东汉)许慎:《说文解字》,北京:中华书局,1963 年,第 63 页。

② 杨树达:《词诠》,上海:上海古籍出版社,2008 年,第 413 页。

③ 钱宗武:《今文尚书语法研究》,北京:商务印书馆,2004 年,第 184 页。

④ 潘允中:《汉语语法史概要》,郑州:中州书画社,1982 年,第 135 页。

⑤ (东汉)许慎:《说文解字》,北京:中华书局,1963 年,第 64 页。

住"。介词的意义，是其引申义，介词用法是动词词义虚化的结果。甲骨文中，"及"除了"追及"义外，已见介词用例，表至某时，如"及兹月有大雨"。在《诗经》中，"及"还有"追随"义。如《诗经·大雅·棫朴》："周王于迈，六师及之。"在这类用法中，已经含有主体跟随他人实施某一行为的意义，表"跟从"、"参与"义的介词，就由此产生。① 从今文《尚书》开始，"及"在文献语言中主要作介词，后又进一步进化虚化为连词，在历时的同义类化中，介词用法的"及"在现代汉语中为"至"、"到"等淘汰替代，仅存在于一些固定格式如"自……及……"中，连词用法的"及"渐次为"与"、"同"等替代。②

以

在《孔传》中，"以"作介词，带宾语，引进与动作行为有关的对象，凡6例。用于句中谓语动词前面，作状语，可译为"把"、"同"等。

（1）已进告汝之后，顺于汝心与否，当以情告我，无敢有不敬。（《盘庚下》）

（2）于已望后六日，二十一日，成王朝行从镐京，则至于丰，以迁都之事告文王庙。（《召诰》）

（3）遣使以所卜地图及献所卜吉兆来告成王。（《洛诰》）

（4）言王当始举殷家祭祀，以礼典祀于新邑，皆次秩不在礼文者而祀之。（《洛诰》）

（5）叹所受贤圣说禹汤之美言，皆以告稚子王矣。（《立政》）

（6）我乃以汝徙，长立汝家。（《盘庚中》）

在

在《孔传》中，"在"作介词，带宾语，用于句中动词谓语后面，表引进与动作行为相关的对象，可译为"在"。凡4例。

---

① 中国社会科学院语言研究所古代汉语研究室编《古代汉语虚词词典》，北京：商务印书馆，1999年，第258页。

② 钱宗武：《今文尚书语法研究》，北京：商务印书馆，2004年，第181页。

（1）我新还政，今任重在我小子旦，不能同于四方。（《君奭》）

（2）言文武乃施政令，立诸侯，树以为蕃屏，传王业在我后之人。（《康王之诰》）

（3）汝无亲近于憸利小子之人，充备侍从在视听之官，道君上以非先王之法。（《冏命》）

（4）殷人有罪在刑法者，我曰："刑之。"（《君陈》）

《说文解字》："在，存也。"[1] 本义是"存在"之义。当这个以"在"为中心的结构在表达中成为主要谓语的附属成分时，"在"就虚化为介词。[2] "在"为古汉语最古老的介词之一，甲骨文中即用来介引时间、处所、对象，"在＋宾语"作句子的状语或补语。钱宗武教授指出，"在"于甲骨文中介引时间的用法比较简单，一般只介引月份并位于句末，和句中动词的联系并不紧密。西周金文除了沿袭这一用法外，又出现"在"介引日期及位于句首的用例，今文《尚书》"在＋宾语"介宾短语中表时间的宾语，多为"昔"、"今"等较为抽象的时间名词。甲骨文"在"介引对象的用法，金文中未见用例，今文《尚书》中也仅有 4 例，均介引动作行为的施动者。[3] 从《孔传》中"在"的用例看，可以介引时间、对象或处所，使用范畴相至于前代比较广泛。

随

在《孔传》中，"随"作介词，用于句中动词谓语前面，表引进动作行为时所依据的对象，可译为"沿着"、"按照"等。凡 4 例。

（1）随行九州之山林，刊槎其木，开通道路以治水也。（《益稷》）

（2）洪水汎溢，禹布治九州之土，随行山林，斩木通道。（《禹贡》）

（3）言刑罚随世轻重也。（《吕刑》）

（4）随阳之鸟，鸿雁之属，冬月所居于此泽。（《禹贡》）

---

① （东汉）许慎：《说文解字》，北京：中华书局，1963 年，第 287 页。

② 中国社会科学院语言研究所古代汉语研究室编《古代汉语虚词词典》，北京：商务印书馆，1999 年，第 805 页。

③ 钱宗武：《今文尚书语法研究》，北京：商务印书馆，2004 年，第 204 页。

《说文解字》:"随,从也。"① 本义是"跟从"、"跟随"。例如,《韩非子·说林上》:"子行而我随之。""跟从"、"跟随"有"踵迹"义,故可以引申为"沿着"、"按照"等义。"跟从"、"跟随"等义又有"相继"义,故可引申为"随即"义。作介词,先秦已有用例,如《左传·文公十七年》:"十一月,克减侯宣多,而随蔡侯以朝于执事。"后来,一直沿用至今。②

自

在《孔传》中,"自"作介词,带宾语,用于句中动词谓语的前、后,作状语或补语,表引进动作行为有关的对象,可译为"由"、"从"等。凡3例。

(1) 旧,谓初征自葛时。(《仲虺之诰》)

(2) 自帝乙以上,无不显用有德,忧念齐敬,奉其祭祀。(《多士》)

(3) 人之美圣,其心好之,不啻如自其口出,心好之至也。(《秦誓》)

由

在《孔传》中,"由"作介词,带宾语,用于句中动词谓语前面,作状语,表引进动作行为的发出者,可译为"从"、"自"等义。凡2例。

(1) 始攻桀伐无道,由我始修德于亳。(《伊训》)

(2) 言政化由公而立,我童子徒早起夜寐,慎其祭祀而已。(《洛诰》)

恃

在《孔传》中,"恃"作介词,与所带宾语一起用于句中动词谓语前面,表引进动作行为借助的对象,可译为"凭借"、"靠"等。仅有1例。

言众戴君以自存,君恃众以守国,相须而立。(《大禹谟》)

---

① (东汉) 许慎:《说文解字》,北京:中华书局,1963 年,第 39 页。

② 中国社会科学院语言研究所古代汉语研究室编《古代汉语虚词词典》,北京:商务印书馆,1999 年,第 559 页。

《说文解字》："恃，赖也。"① 本义是"依赖"，可用作介词，先秦已有用例，如《战国策·赵策四》："太后曰：'老妇恃辇而行。'"后来，一直沿用于文言中。②

用

在《孔传》中，"用"作介词，带宾语，用于句中动词谓语前面，作状语，表引进动作行为进行时所凭借、支使的对象，可译为"凭借"、"用"等。仅有1例。

言我畏天之威，告文王庙，以事类告天祭社，用汝众致天罚于纣。（《泰誓上》）

依

在《孔传》中，"依"作介词，用于句中动词谓语前面，作状语，表引进动作行为相关的对象，可译为"靠着"。仅有1例。

言当依谁以复国乎？（《五子之歌》）

从以上的分析看，在《孔传》中，用于引进与动作行为有关对象的介词与后面所带宾语构成"介＋宾"格式。这种格式在语义关系上，主要是表示"动作行为为谁而发"。在语法功能上，这类介词在句中可以充当状语，如"以"、"随"、"由"、"恃"、"用"、"依"等；可以充当补语，如"于"、"及"、"在"等；既可以充当状语又可以充当补语，如"於"、"与"、"为"、"自"等。

第三节　引进原因、目的的介词

在《孔传》中，用于引进与动作行为有关原因或目的的介词有"以"、

---

① （东汉）许慎：《说文解字》，北京：中华书局，1963年，第219页。
② 中国社会科学院语言研究所古代汉语研究室编《古代汉语虚词词典》，北京：商务印书馆，1999年，第523页。

"因"、"为"、"由"等4个,凡27例。

以

在《孔传》中,"以"作介词,带宾语,表引进与动作行为发生的原因。凡14例。

(一)"以+宾"用于句中谓语动词前面,作状语,可译为"因为"。凡6例。

(1)惩丹朱之恶,辛日娶妻,至于甲日,复往治水,不以私害公。(《益稷》)

(2)言以迁徙多大前人之功美。(《盘庚下》)

(3)微子以纣距谏,知其必亡,顺其事而言之。(《微子》)

(4)过酗纵虐,以酒成恶,臣下化之。(《泰誓中》)

(5)听讼断狱,当务从宽恕,故往治民,亦当见其为君之事,察民以过误残败人者,当宽宥之。(《梓材》)

(6)用行货之人,则惟汝大不能敬其君,惟我则亦以此罪汝。(《冏命》)

(二)"以"构成固定结构"所以",表原因。凡8例,诸如:

(1)各成其功,惟所以殷盛于民。(《吕刑》)

(2)言汤所以能严威,惟可大法象者,以能用三居三德之法。(《立政》)

(3)言邦国所以安危,惟在和此殷士而已。(《毕命》)

(4)刑罚所以惩过,非杀人,欲使恶人极于病苦,莫敢犯者。(《吕刑》)

因

在《孔传》中,"因"作介词,带宾语,用于句中动词谓语前,作状语,表引进与动作行为相关的原因,可译为"因为"、"由于"等。凡6例,诸如:

(1)帝谓尧也,舜因嘉言无所伏,遂称尧德以成其义。(《大禹谟》)

(2)言天因民而降之福,民所归者天命之。(《皋陶谟》)

(3)欲王因异服罪改修之。(《高宗肜日》)

为

在《孔传》中，"为"作介词，凡 5 例。

（一）"为"带宾语，用于句中动词谓语前，作状语，表引进动作行为的原因，可译为"因为"。仅有 1 例。

今既失政，而陈久于此而不徙，汤必大重下罪疾于我，曰："何为虐我民而不徙乎?"（《盘庚中》）

（二）"为"带宾语，用于句中动词谓语前，作补语或状语，表引进动作行为受益的目的，可译为"为了"、"为"等。凡 4 例。

（1）天子率臣下为起治之事，当慎汝法度，敬其职。（《益稷》）

（2）言天佑助下民，为立君以政之，为立师以教之。（《泰誓上》）

（3）我是其惟殷先智王之德，用安治民，为求等。（《康诰》）

（4）言王者开置监官，其治为民，不可不勉。（《梓材》）

由

在《孔传》中，"由"作介词，带宾语，用于句中动词谓语后面，作补语，表引进动作行为发生的原因，可译为"因"。凡 2 例。

（1）功高由志，业广由勤，惟能果断行事，乃无后难。（《周官》）

（2）言物贵由人，有德则物贵，无德则物贱，所贵在于德。（《旅獒》）

《说文解字》："繇，随从也。"[1] "繇"字，《说文解字注》："由，或'繇'字。古'繇'、'由'通用一字也。"[2] 本义是"跟从"，引申为"自从"、"经由"等义。用作介词，先秦已有用例，如《左传·宣公十二年》："由我失霸，不如死。"后来，一直沿用至今。[3]《词诠》："由，介词，因也。"[4] 在西周金文中，"由"作介词，还没有见到实际用例，但《孔传》中"由"作介词，其用法已经涵盖后代文献"由"作介词的基本

① （东汉）许慎：《说文解字》，北京：中华书局，1963 年，第 270 页

② （清）段玉裁：《说文解字注》，上海：上海古籍出版社，1981 年，第 1129 页。

③ 中国社会科学院语言研究所古代汉语研究室编《古代汉语虚词词典》，北京：商务印书馆，1999 年，第 741 页。

④ 杨树达：《词诠》，上海：上海古籍出版社，2008 年，第 383 页。

用法。

从以上的分析看，在《孔传》中，相对于其他类型的介词来说，用于引进与动作行为有关原因或目的的介词出现数量比较少。在语法功能上，这类介词可以在句中充当状语，如"以"、"因"、"为"等，也可以充当补语，如"由"；既能充当状语又能充当补语的未发现语例。

第四节 引进时间的介词

在《孔传》中，用于引进与动作行为有关时间的介词有"於"、"自"、"从"、"至"、"于"、"以"、"在"、"由"、"当"等9个，凡75例。

於

在《孔传》中，"於"作介词，带宾语，用于句中动词谓语前、后，表引进与动作行为有关的时间，可译为"到"、"于"等。凡27例。

（一）"於＋宾"用于句中，作状语。凡14例，诸如：

（1）於肜日有雊雉。（《高宗肜日》）

（2）作室农人，犹恶弃基，故我何敢不於今日抚循文王大命以征逆乎？（《大诰》）

（3）於已望后六日，二十一日，成王朝行从镐京，则至于丰，以迁都之事告文王庙。（《召诰》）

（4）於戊午七日甲子，是时诸侯皆会，故周公乃昧爽以赋功属役书，命众殷侯、甸、男服之邦伯，使就功。（《召诰》）

（5）於其明日，王崩。（《顾命》）

（6）於丁卯七日癸酉，召公命士致材木，须待以供丧用。（《顾命》）

（二）"於＋宾"用于句中，作补语。凡13例，诸如：

（1）比桀於日，曰："是日何时丧？我与汝俱亡！"欲杀身以丧桀。（《汤誓》）

（2）言汤立功加於当时，德泽垂及后世。（《微子之命》）

（3）闻之於古。（《酒诰》）

（4）若游大川，我往与汝奭其共济渡成王，同於未在位即政时，汝大无非责我留。（《君奭》）

（5）言智人惟用刑，乃有无穷之善辞，名闻於后世。（《吕刑》）

自

在《孔传》中，"自"作介词，凡15例。

（一）"自"带宾语，用于句中动词谓语的前、后，作状语或补语，表动作行为的起始时间，可译为"从"、"自"等。凡8例，诸如：

（1）拜受其歌，戒群臣自今以往，敬其职事哉。（《益稷》）

（2）谓十一年自孟津还时。（《泰誓上》）

（3）少子慎其朋党，少子慎其朋党，戒其自今已往。（《洛诰》）

（4）特言我闻自古有之，世有禄位而无礼教，少不以放荡陵邈有德者，如此实乱天道。（《毕命》）

（二）"自"构成固定结构"自……至……"，共出现7例。用于句首或句中动词谓语前面，表引进与动作行为相关的时间，可译为"从……到……"、"自……至……"等。诸如：

（1）自正月上日至崩二十八载，尧死寿一百一十七岁。（《舜典》）

（2）自汤至武丁，其王人无不持德立业，明忧其小臣，使得其人，以为蕃屏侯甸之服。（《君奭》）

从

在《孔传》中，"从"作介词，带宾语，用于句中动词谓语前面，作状语，表引进与动作行为的时间，可译为"自"、"从"等。凡7例，诸如：

（1）从朝至日昳不暇食，思虑政事，用皆和万民。（《无逸》）

（2）汤为是以不祀之罪伐之，从此后遂征无道。（《仲虺之诰》）

（3）从今已往，惟以正是之道治众狱众慎，其勿误。（《立政》）

《说文解字》："従，随行也。"① 原为动词，"追随"义。例如，《诗经·鲁颂·泮水》："无小无大，从公于迈。"该义的"从"与其他动词连用，就逐渐虚化为介词。最初主要用来介引跟行为相关的人物，后来才进一步用来介引行为的依据、地点、时间等。② 钱宗武教授认为，甲骨文中的"从"已经有介词用例，用来介引处所。据管燮初先生统计，西周金文未见"从"字介词用例，金文中"从"主要用作动词，"跟随"之义，为"从"之本义。今文《尚书》中的"从"亦多用作动词，介词仅 1 见。然而，这一用例拓展了甲骨文介词"从"的语用范围，续接了介词演变的重要环节，到了《史记》时代，"从"作介词的语用功能已经比较完备。③

至

在《孔传》中，"至"作介词，带宾语，用于句中动词谓语前或后，表引进与动作行为相关的时间，可译为"到"、"至"等。凡 7 例，诸如：

（1）放鲧至死不赦。（《洪范》）

（2）从朝至日昳不暇食，思虑政事，用皆和万民。（《无逸》）

（3）汤以元年十一月崩，至此二十六月，三年服阕。（《太甲中》）

于

在《孔传》中，"于"作介词，带宾语，用于句中动词谓语前或后，作补语或状语，表引进与动作行为有关的时间，可译为"在"、"到"等。凡 7 例。

（一）"于 + 宾"用于句中，作状语。凡 4 例。

（1）惩丹朱之恶，辛日娶妻，至于甲日，复往治水，不以私害公。（《益稷》）

（2）言我厚辅是文武之道而行之，或用能至于今日其政美。（《君

---

① （东汉）许慎：《说文解字》，北京：中华书局，1963 年，第 169 页。

② 中国社会科学院语言研究所古代汉语研究室编《古代汉语虚词词典》，北京：商务印书馆，1999 年，第 66 页。

③ 钱宗武：《今文尚书语法研究》，北京：商务印书馆，2004 年，第 179 页。

奭》)

（3）言自汤至于帝乙，皆能成其王道，长慎辅相，无不明有德，慎去刑罚，亦能用劝善。(《多方》)

（4）今至于汝君，谓纣，不能用汝众方，享天之命，故诛灭之。(《多方》)

（二）"于＋宾"用于句中，作补语。凡 3 例。

（1）言汤致遂其功，陈列于上世。(《微子》)

（2）沈湎酗䔩，败乱汤德于后世。(《微子》)

（3）言舜初耕于历山之时，为父母所疾，日号泣于旻天及父母。(《大禹谟》)

以

在《孔传》中，"以"作介词，带宾语，引进与动作行为发生或者起始的时间。凡 5 例。

（一）"以＋宾"用于句中谓语动词后面，作补语，可译为"在"、"从"等。凡 2 例。

（1）尽以正月中。(《舜典》)

（2）事从微至著，防之宜以初。(《洛诰》)

（二）"以＋宾"用于句中谓语动词前面，作状语，可译为"在"、"从"等。凡 3 例。

（1）汤以元年十一月崩，至此二十六月，三年服阕。(《太甲中》)

（2）成王既受周公诰，遂就居洛邑，以十二月戊辰晦到。(《洛诰》)

（3）小臣皆良，仆役皆正，以旦夕承辅其君，故君出入起居，无有不敬。(《冏命》)

在

在《孔传》中，"在"作介词，带宾语，用于句中动词谓语前或后，作状语或作补语，表引进与动作行为相关的时间，可译为"在"。凡 4 例。

（1）致政在冬，本其春来至洛众，说始卜定都之意。(《洛诰》)

（2）在昔上天，割制其义，重劝文王之德，故能成其大命于其身。（《君奭》）

（3）在文武后之侗稚，成王自斥。（《顾命》）

（4）在今尔安百姓兆民之道，当何所择？（《吕刑》）

由

在《孔传》中，"由"作介词，带宾语，用于句中动词谓语前面，作状语，表引进与动作行为相关的时间，可译为"从"、"自"等。凡2例。

（1）言天下由此为治本。（《益稷》）

（2）不言鄙，由近以及远。（《文侯之命》）

当

在《孔传》中，"当"作介词，仅有1例。用于句中，作补语，表引进与动作行为相关的时间，可译为"在……时候"。

所重在于民食，惟当敬授民时。（《舜典》）

从以上的分析看，在《孔传》中，用于引进与动作行为有关时间的介词出现的数量相对比较多。在语法功能上，这类介词表现的比较丰富、灵活，可以用在句中谓语后面充当补语，如"当"；可以用在句中动词前面充当状语，如"从"、"由"；既可以用在句中谓语前面又可以用在句中谓语后面，充当状语或补语，如"於"、"自"、"至"、"于"、"以"、"在"等。

第五节　引进处所、范围的介词

在《孔传》中，用于引进与动作行为有关处所或范围的介词有"於"、"在"、"于"、"从"、"至"、"顺"、"及"、"由"、"沿"、"自"、"就"、"循"等12个，凡311例。

於

在《孔传》中，"於"作介词，带宾语，用于句中动词谓语后面，作补语，引进与动作行为有关的处所或范围，可译为"在"、"从"、"到"等。凡 196 例，诸如：

（1）日出於谷而天下明，故称旸谷。（《尧典》）

（2）易谓岁改易於北方，平均在察其政，以顺天常。（《尧典》）

（3）舜即位五十年，升道南方巡守，死於苍梧之野而葬焉。（《舜典》）

（4）然已谋之於心，谋及卜筮，四者合从，卜不因吉，无所枚卜。（《大禹谟》）

（5）禹五服既成，故皋陶敬行其九德考绩之次序於四方，又施其法刑，皆明白。（《益稷》）

（6）随阳之鸟，鸿雁之属，冬月所居於此泽。（《禹贡》）

（7）天子亲征，又载社主，谓之社事，不用命奔北者，则戮之於社主前。（《甘誓》）

（8）如怠惰之农，苟自安逸，不强作劳於田亩，则黍稷无所有。（《盘庚上》）

（9）言不吉之人当割绝灭之，无遗长其类，无使易种於此新邑。（《盘庚中》）

（10）以纣自绝于先王，故天亦弃之，宗庙不有安食於天下。（《西伯戡黎》）

在

在《孔传》中，"在"作介词，带宾语，用于句中动词谓语的前或后，表引进与动作行为相关的处所，作状语或补语，可译为"在"。凡 54 例，诸如：

（1）在洛北，都道所凑，古今以为津。（《禹贡》）

（2）北分为九河，以杀其溢，在兖州界。（《禹贡》）

（3）言不徙无后计，汝何得久生在人上，祸将及汝。（《盘庚中》）

（4）汝寡有之兄武王，勉行文王之道，故汝小子封得在此东土为诸侯。（《康诰》）

（5）不以道训之，则无善政在其国。（《康诰》）

（6）凡民不循大常之教，犹刑之无赦，况在外掌众子之官主训民者而亲犯乎？（《康诰》）

（7）言此非但正事之臣，亦惟天顺其大德而佑之，长不见忘在王家。（《酒诰》）

（8）于在内服治事百官众正及次大夫服事尊官，亦不自逸。（《酒诰》）

（9）言天已远终殷命，此殷多先智王，精神在天不能救者，以纣不行敬故。（《召诰》）

（10）士卫殡与在庙同，故崔韦弁。（《顾命》）

于

在《孔传》中，"于"作介词，带宾语，用于句中动词谓语后面，作补语，表引进与动作行为有关的处所或范围，可译为"在"、"从"、"到"等。凡 24 例，诸如：

（1）各会朝于方岳之下，凡四处，故曰"四朝"。（《舜典》）

（2）修阐文教，舞文舞于宾主阶间，抑武事。（《大禹谟》）

（3）圮于相，迁于耿。（《咸有一德》）

（4）审所梦之人，刻其形象，以四方旁求之于民间。（《说命上》）

（5）我念殷亡，发疾生狂，在家耄乱，故欲遯出于荒野。（《微子》）

（6）使四方罪人暴虐奸宄于都邑。（《牧誓》）

（7）纣众服周仁政，无有战心，前徒倒戈，自攻于后，以北走，血流漂舂杵。（《武成》）

（8）汝能使我阅具于汝邑，而以汝所谋为大，则汝乃用是洛邑，庶几长力畋汝田矣。（《多方》）

（9）帝乙爱焉，为作善字，而反大恶自强，惟进用刑，与暴德之人同于其国，并为威虐。（《立政》）

（10）考正制度礼法于四岳之下，如虞帝巡守然。（《周官》）

自

在《孔传》中，"自"作介词，带宾语，用于句中动词谓语的前或后，作状语或补语，表引进动作行为的起始、发生的处所，可译为"从"、"在"等。凡12例，诸如：

（1）自东岳南巡，五月至。（《舜典》）

（2）桓水自西倾山南行，因桓水是来，浮于潜。（《禹贡》）

（3）自河往居亳，与今其终，故遂无显明之德。（《说命下》）

（4）武王以正月三日行自周，往征伐商，二十八日渡孟津。（《武成》）

（5）敢以王之匹民百君子，治民者非一人，言民在下，自上匹之。（《召诰》）

（6）于朏三日壬申，王朝行自宗周，至于丰。（《毕命》）

从

在《孔传》中，"从"作介词，带宾语，用于句中动词谓语前面或后面，作状语或补语，表引进与动作行为相关的处所，可译为"在"、"从"等。凡10例，诸如：

（1）壶口在冀州，梁、岐在雍州，从东循山治水而西。（《禹贡》）

（2）从坛归。（《金縢》）

（3）于巳望后六日，二十一日，成王朝行从镐京，则至于丰，以迁都之事告文王庙。（《召诰》）

（4）我不先动诛汝，乱从汝邑起。（《多士》）

（5）昔我来从奄，谓先诛三监，后伐奄淮夷。（《多士》）

至

在《孔传》中，"至"作介词，带宾语，用于句中动词谓语后，表引进动作行为相关的处所，可译为"到"。凡7例，诸如：

（1）王亲征奄，灭其国，五月还至镐京。（《多方》）

（2）言征四国，于我童人不惟自忧而已，乃欲施义于汝众国君臣上下

至御治事者。(《大诰》)

(3) 以朝臣无能立功至天，故其当视于此，我周受命无穷惟美，亦大惟艰难，不可轻忽，谓之易治。(《君奭》)

顺

在《孔传》中，"顺"作介词，带宾语，用于句中动词谓语前面，作状语，表引进动作行为经由的方向，可译为"沿着"、"顺着"等。凡 2 例。

(1) 顺流而下曰沿。(《禹贡》)

(2) 沿河顺流而北，千里而东，千里而南。(《禹贡》)

《说文解字》："顺，理也。"① 本义是"人面的纹理"。凡纹理皆可依顺，故引申为"顺着"、"顺从"等。《玉篇》："顺，从也。"《释名》："顺，循也，循其理也。"② 用作介词，先秦已有用例，如《墨子·鲁问》："昔者楚人与越人舟战於江，楚人顺流而进，迎流而退。"后来，一直沿用至今。③

及

在《孔传》中，"及"作介词，带宾语，用于句中谓语动词后面，表引进与动作行为有关的范围，可译为"到"、"到达"等。凡 2 例。

(1) 言汤立功加于当时，德泽垂及后世。(《微子之命》)

(2) 不言鄙，由近以及远。(《文侯之命》)

由

在《孔传》中，"由"作介词，带宾语，用于句中动词谓语前面，作状语，表引进动作行为所涉及的场所，可译为"从"。仅有 1 例。

言由洛修善，得还本土，有干有年。(《多士》)

---

① (东汉) 许慎：《说文解字》，北京：中华书局，1963 年，第 182 页。

② (东汉) 刘熙：《释名》，北京：中华书局，1985 年，第 55 页。

③ 中国社会科学院语言研究所古代汉语研究室编《古代汉语虚词词典》，北京：商务印书馆，1999 年，第 542 页。

沿

在《孔传》中，"沿"作介词，用于句中动词谓语前面，作状语，表引进动作行为的处所，可译为"沿着"、"顺着"等。仅有 1 例。

沿江入海，自海入淮，自淮入泗。(《禹贡》)

"沿"之本义是"水顺流而下"。《说文解字》："沿，缘水而下也。"① 《玉篇》："沿，从流而下也。亦作沿。""沿"的虚词用法由本义引申而来。作介词，从先秦至现代汉语，没有大的变化。例如，《左传·定公四年》："子沿江而与之上下，我悉方城外以毁其舟。"②

就

在《孔传》中，"就"作介词，仅有 1 例。用于句中动词谓语前面，表引进与动作行为相关的处所，可译为"到……去"。

徂，往也，就其私邑往讨之。(《胤征》)

《说文解字》："就，就高也。"③ 用为实词，可译为"趋向"、"归属"等。《尔雅·释诂》："就，成也。"《广韵》："就，成也，迎也，即也。"④ 皆引申义。在先秦，"就"主要用作实词，汉代以后才逐渐见到连词、副词、介词等用法，大致到大唐宋年间才形成一个发展高峰。⑤ 孙锡信指出，"就"的词义是"即也"，作介词用时带上表示趋向、方向的意义。大约在南北朝时，"就"开始虚化，产生出介词的用法，用于介出动作的对象或处所。⑥

循

在《孔传》中，"循"作介词，作状语；表引进行为动作经由的处所，

---

① （东汉）许慎：《说文解字》，北京：中华书局，1963 年，第 233 页。
② 中国社会科学院语言研究所古代汉语研究室编《古代汉语虚词词典》，北京：商务印书馆，1999 年，第 677 页。
③ （东汉）许慎：《说文解字》，北京：中华书局，1963 年，第 111 页。
④ （宋）陈彭年等：《宋本广韵》，南京：江苏教育出版社，2002 年，第 126 页。
⑤ 中国社会科学院语言研究所古代汉语研究室编《古代汉语虚词词典》，北京：商务印书馆，1999 年，第 315 页。
⑥ 孙锡信：《汉语历史语法要略》，上海：复旦大学出版社，1992 年，第 200 页。

可译为"沿着"。仅有1例。

壶口在冀州，梁、岐在雍州，从东循山治水而西。(《禹贡》)

从以上的分析看，在《孔传》中，从句法结构和语法功能角度看，用于引进与动作行为有关处所或范围的介词"於"、"于"、"至"、"及"出现于句中谓语后面，多作补语；而"顺"、"由"、"沿"、"就"、"循"出现于句中谓语前面，多作状语。"在"、"从"既可以出现于句中谓语前面，也可以出现于句中谓语后面；既可以作状语又可以作补语。

第六节　介词词频统计与分析

为便于了解《孔传》介词词频情况，笔者用表格的形式进行了梳理与统计（见表5-1）。

表5-1　《孔传》介词词频统计

频次＼类别 词目	介引对象	介引处所或范围	介引工具、条件方法和依据	介引时间	介引原因或目的	合计
以	6		308	5	14	333
从		10		7		17
至		7		7		14
因			9		6	15
在	4	54		4		62
与	46					46
顺		2	15			17
为	37				5	42
如			1			1
自	3	12		15		30
当				1		1
依	1		1			2
恃	1					1

频次　类别 词目	介引 对象	介引处所 或范围	介引工具、 条件方法 和依据	介引 时间	介引原因 或目的	合计
及	19	2				21
随	4					4
由	2	1		2	2	7
用	1		2			3
循		1	1			2
沿		1				1
就		1				1
于	43	24	1	7		75
於	167	196	7	27		397

从表5-1可见:《孔传》介词的分布规律以及出现频率明显不同;《孔传》介词与宾语之间的关系具有多样性;《孔传》介词跨类情况比较普遍;《孔传》介词在句中出现位置明显不同。以下将分别述之。

一　《孔传》介词的分布规律以及出现频率明显不同

相对于整个《孔传》介词出现的总频率(1092)看:"以"占30.5%;"从"占1.6%;"至"占1.3%;"因"占1.4%;"在"占5.7%;"与"占4.2%;"顺"占1.6%;"为"占3.8%;"如"占0.09%;"自"占2.7%;"当"占0.09%;"依"占0.2%;"恃"占0.09%;"及"占1.9%;"随"占0.4%;"由"占0.6%;"用"占0.3%;"循"占0.2%;"沿"占0.09%;"就"占0.09%;"于"占6.9%;"於"占36.4%。

据此可以看出,在《孔传》中,介词个体之间的频率差异性明显不同。例如:使用频率最高的是介词"於",其次是介词"以",再次是介词"于"。此外,就介词整体出现的频率来说,其内部是不均衡的。

二　《孔传》介词与宾语之间的关系具有多样性

在《孔传》中,介词可以在句中表引进与动作行为有关的多种宾语,可以表与动作行为有关的多种关系。具体如下：

（一）《孔传》中用于引进与动作行为有关工具、条件方法和依据的介词有"以（308 例）"、"因（9 例）"、"顺（15 例）"、"如（1 例）"、"依（1 例）"、"用（2 例）"、"循（1 例）"、"于（1 例）"、"於（7 例）"等 9 个，约占《孔传》介词总数量（22）的 40.9%；凡 345 例，占《孔传》介词总频率（1092）的 31.5%。

（二）《孔传》中用于引进与动作行为有关对象的介词有"以（6 例）"、"在（4 例）"、"与（46 例）"、"为（37 例）"、"自（3 例）"、"依（1 例）"、"恃（1 例）"、"及（19 例）"、"随（4 例）"、"由（2 例）"、"用（1 例）"、"于（43 例）"、"於（167 例）"等 13 个，约占《孔传》介词总数量（22）的 59%；凡 334 例，占《孔传》介词总频率（1092）的 30.5%。

（三）《孔传》中用于引进与动作行为有关原因或目的的介词有"以（14 例）"、"因（6 例）"、"为（5 例）"、"由（2 例）"等 4 个，约占《孔传》介词总数量（22）的 18.1%；凡 27 例，占《孔传》介词总频率（1092）的 2.5%。而在《孔传》中，这一类介词又可以分为两小类：一是"以"、"因"、"由"等引进与动作行为有关的原因；二是"为"引进与动作行为有关的目的；两小类之间的出现频次也相差比较大。

（四）《孔传》中用于引进与动作行为有关时间的介词有"以（5 例）"、"从（7 例）"、"至（7 例）"、"在（4 例）"、"自（15 例）"、"当（1 例）"、"由（2 例）"、"于（7 例）"、"於（27 例）"等 9 个，约占《孔传》介词总数量（22）的 40.9%；共出现 75 例，占《孔传》介词总频率（1092）的 6.9%。

（五）《孔传》中用于引进与动作行为有关处所或范围的介词有"从（10 例）"、"至（7 例）"、"在（54 例）"、"顺（2 例）"、"自（12 例）"、"及（2 例）"、"由（1 例）"、"循（1 例）"、"沿（1 例）"、"就（1 例）"、"于（24 例）"、"於（196 例）"等 12 个，约占《孔传》介词总数量（22）的 54.5%；共出现 311 例，占《孔传》介词总频率（1092）的 28.5%。

而在《孔传》中，这一类介词又可以分为两小类：一是"从"、"至"、"在"、"顺"、"自"、"由"、"循"、"就"、"及"、"于"、"於"等引进与动作行为有关的处所；二是"及"、"于"、"於"等引进与动作行为有关的范围；两小类之间出现的频次存在明显差异。

三　《孔传》介词跨类情况比较普遍

（一）《孔传》中具有单一功能不跨类的介词有"如"、"当"、"与"、"恃"、"随"、"沿"、"就"等 7 个。

（二）《孔传》中跨两类的介词有"从"、"至"、"因"、"顺"、"为"、"依"、"及"、"用"、"循"等 9 个。

（三）《孔传》中跨三类的介词有"在"、"自"等 2 个。

（四）《孔传》中跨四类的介词有"以"、"由"、"于"、"於"等 4 个。

由此可以看出，在《孔传》中，跨类的介词有 15 个，占《孔传》介词总数量（22）的 68.2%；不跨类的介词有 7 个，占《孔传》介词总数量（22）的 31.8%；跨类的介词比较占优势。

四　《孔传》介词在句中出现位置明显不同

从语法角度看，介宾结构的增添是句子结构扩展的重要手段。因此，从介词在句中出现的位置看，《孔传》介词可以分为以下几类：

（一）介词出现于句中动词谓语前面的有"与"、"顺"、"如"、"依"、"恃"、"随"、"用"、"循"、"沿"、"就"等 10 个，作状语，占《孔传》介词总数量（22）的 45.5%。

（二）介词出现于句中动词谓语后面的有"当"、"及"等 2 个，作补语，占《孔传》介词总数量（22）的 9%。

（三）介词可以出现于句中动词位于前面或后面的有"以"、"从"、"至"、"因"、"在"、"为"、"自"、"由"、"于"、"於"等 10 个，可以作状语或补语，占《孔传》介词总数量（22）的 45.5%。

第七节　关于介词"于"和"於"的讨论

在《孔传》中，"于"凡 75 例，占 6.9%；"於"凡 397 例，占 36.4%；两者出现的频率比较高。就古代汉语的发展看，二者长期同时使用，但不完全相同，出现的频率也不同；但是，现代汉语中简化并写作为"于"，而介词"於"不再使用。

关于"于"、"於"，王力先生认为，"于"是"於"的较古形式，甲骨文的介词用"于"不用"於"，《书经》和《诗经》、《易经》也以用"于"为常。由此看来，"于"和"於"是骈词。"於"字后起①。而据何乐士的调查研究，认为"于"和"於"有四种情况：一是有"于"、无"於"，如甲骨文、《春秋经》、《易》卦爻辞等；二是"于"多、"於"少，相差比较多，如《尚书》、《诗经》、《晏子春秋》、《周礼》、《仪礼》等；三是"于"和"於"大致相当，如《左传》；四是"于"少、"於"多，差距比较大，先秦大部分古籍都是属于这种情况，如《论语》、《孟子》、《荀子》、《庄子》、《韩非子》、《吕氏春秋》等②。在《孔传》中，"于"出现75例，而"於"出现397例，与何乐士所说的第四种情况相符合。

而对于"于"和"於"的历时互替过程，郭锡良先生认为，大约在春秋晚期，"於"开始替代"于"字。"于"和"於"混用，在春秋时代多作"于"；战国以后，"於"的使用比例越来越大；到了战国中晚期以后，"於"已经基本取代了"于"。以后的典籍，大多只在引用古籍时才用"于"字，或是方音或仿古的影响，仍然有用"于"③。易孟醇先生则认为，甲骨文中大量出现介词"于"，西周金文中开始出现介词"於"；魏晋以后，除引用，或引用固定格式，则很少用"於"④。关于郭氏与易氏的观点，可作以下分析：

我们对西汉时期的《毛传》调查表明：介词"于"出现34例，介词"於"出现118例。而李爱红在《〈盐铁论〉虚词研究》中指出，在《盐铁论》中，介词"于"出现6例，其中3例是引用先秦古籍的；介词"於"出现505例⑤。

我们对东汉时期的《郑笺》调查表明：介词"于"出现92例，而介

---

① 王力：《汉语史稿》，北京：中华书局，1980年，第330页。
② 何乐士：《〈左传〉虚词研究》，北京：商务印书馆，2004年，第82页。
③ 郭锡良：《介词"于"的起源和发展》，《中国语文》，1997年第2期。
④ 易孟醇：《先秦语法》，长沙：湖南大学出版社，1989年，第508页。
⑤ 李爱红：《〈盐铁论〉虚词研究》，华东师范大学，博士学位论文，2006年，第13页。

词"於"出现708例。而周建娇在《东汉砖文虚词研究》中指出，介词"于"出现1例；介词"於"出现5例①。在《孔传》中，介词"于"相对于"於"出现的频次，仅占了20%左右。因此，从使用频率上看，我们可以大致认为，在中古汉语时期，介词"於"相对于介词"于"的使用，更加具有广泛性。

　　总的来看，《孔传》中的介词共出现22个，全部是单音节，凡1092例。从介词在具体语境中体现出的语义看，《孔传》中的介词的语义类型比较丰富，具有多样化。如可以引进与动作行为有关的工具、条件、方法和依据，可以引进与动作行为有关的对象，可以引进与动作行为有关的时间，可以引进与动作行为有关的原因或目的，可以引进与动作行为有关的处所或范围，等等。从《孔传》介词的跨类现象看，跨类的介词有15个，占介词总数量（22）的68.2%，体现了多数介词的多样化功能的特点。从《孔传》中介词在句中出现的位置看，可以位于句中动词谓语前面，也可以位于句中动词谓语后面，或既可以位于句中动词前面，也可以位于句中动词谓语后面。而位于句中动词谓语后面的介词最少，有2个，占《孔传》介词总数量的9%；其他两种情况的介词有19个，占《孔传》介词总数量的91%。这是和句中介词所引进的事物类别有关系的。

　　此外，《孔传》中出现的22个介词绝大多数在上古汉语时期出现过。例如：王启俊的《〈国语〉虚词研究》中指出，《国语》中有介词"於"、"在"、"与"、"及"、"自"、"沿"、"以"、"为"、"由"、"从"、"如"、"顺"等34个②。左梁在《〈论语〉虚词研究》中指出，《论语》中有"以"、"于"、"於"、"当"、"用"等14个③。《古代汉语虚词词典》中指出，"依"、"恃"、"因"、"至"、"循"、"随"等用作介词，先秦时期已经使用，而"就"作介词，约是汉代以后逐渐使用④。

---

①　周建娇：《东汉砖文虚词研究》，华东师范大学，博士学位论文，2006年，第108页。

②　王启俊：《〈国语〉虚词研究》，安徽大学，硕士学位论文，2007年，第45页。

③　左梁：《〈论语〉虚词研究》，四川师范大学，硕士学位论文，2010年，第47页。

④　中国社会科学院语言研究所古代汉语研究室编《古代汉语虚词词典》，北京：商务印书馆，1999年，第3页。

第六章

语气词的语用特征

在古代汉语中，语气词是帮助句子表达各种语气的一类虚词。它在句中的位置比较灵活，可以出现在句首、句中、句尾，表达的语气也比较丰富。对于这一类虚词，学界关于它的命名以及分类颇有不同。例如：马建忠在《马氏文通》中指出，"助字者，华文所独创，所以济夫动字不变之穷。"其将语气词称作"助字"，并将助字分为"传信"和"传疑"两类。① 杨树达先生在《高等国语文法》中将语气词称为"语末助词"，并将之分为"表疑问"、"表感叹"、"表命令"、"表假定"、"表决定"、"表提示"、"表与矣同"六类②。日本学者太田辰夫的《中国语历史文法》将语气词归为"句末助词"，并分为"甲"、"乙"两类③。向熹先生在《简明汉语史》中，将"语气词归为句末助词"，并将之分为"表陈述"、"表疑问"、"表祈使"三类④。王力先生在《古代汉语》中直接称之为"语气

---

① 马建忠：《马氏文通》，北京：商务印书馆，1983年，第23页。
② 杨树达：《高等国文法》，北京：商务印书馆，1984年，第489页。
③ 太田辰夫：《中国语历史文法》，北京：中华书局，1980年，第326页。
④ 向熹：《简明汉语史》（下），北京：高等教育出版社，1998年，第318页。

词"，并将之分为"句首语气词"、"句中语气词"、"句尾语气词"三类①，等等。综合前人的观点，本书将根据语气词的语法功能和出现位置，并参考杨伯峻、何乐士两位学者对语气词的分类与界定原则，穷尽性地统计并逐一描写、分析《孔传》中出现的"也"、"矣"、"乎"、"哉"、"者"、"焉"、"耳"、"已"、"猗"、"而已"、"已乎"、"已矣"、"呜呼"等13个语气词。下分类述之。

第一节　陈述语气词

陈述语气词是指在句中表示陈述语气的语气词。一般用于陈述句中，出现于句末或句中。在《孔传》中，陈述语气词凡8个。

也

在《孔传》中，"也"作语气词，凡529例。

（一）"也"出现于句尾，助判断语气，表句中主语、谓语的同一关系。凡433例，诸如：

（1）稽，考也。（《尧典》）

（2）揆，度也。（《舜典》）

（3）敏，疾也。（《大禹谟》）

（4）吉，善也。（《皋陶谟》）

（5）间，迭也。（《益稷》）

（6）条，长也。（《禹贡》）

（7）勦，截也。（《甘誓》）

（8）仇，怨也。（《五子之歌》）

（9）称，举也。（《汤誓》）

（10）迩，近也。（《仲虺之诰》）

（二）"也"出现于句尾，加强陈述语气，表强调或确认所述内容。凡

---

① 王力：《古代汉语》（第二册），北京：中华书局，1994年，第460页。

94 例，诸如：

（1）敬记天时以授人也。（《尧典》）

（2）老壮在田与夏平也。（《尧典》）

（3）合四时之气节，月之大小，日之甲乙，使齐一也。（《舜典》）

（4）三苗之国，左洞庭，右彭蠡，在荒服之例，去京师二千五百里也。（《大禹谟》）

（5）随行九州之山林，刊槎其木，开通道路以治水也。（《益稷》）

（6）所以不蔽善人，不赦己罪，以其简在天心故也。（《汤诰》）

（7）民事无非天所嗣常也，祭祀有常，不当特丰于近庙。（《高宗肜日》）

（8）惟为我执古义之谋人，谓忠贤謇叔等也，则曰未成我所欲，反忌之耳。（《秦誓》）

（9）受狱货非家宝也，惟聚罪之事，其报则以众人见罪。（《吕刑》）

（10）无曰人少不足治也，惟在慎其政事，无敢轻之。（《毕命》）

（三）"也"出现于句中，表停顿、舒缓语气。凡 2 例。

（1）谓四时也、寒暑也、日也、月也、星也、水旱也。（《舜典》）

（2）秩序宗尊也，主郊庙之官。（《舜典》）

《说文解字》："也，女阴也。"① "也"的本义早已消失，虚词用法是假借义。"也"在古代汉语中主要用作语气词，用法多种多样。六朝以后，"也"又产生出副词用法，表示类同或强调，这种用法后一直沿用至今。②

矣

在《孔传》中，"矣"作语气词，凡 61 例。主要用于陈述句末尾，助陈述语气。马建忠认为："'矣'字者，所以决事理已然之口气也。已然之口气，俗间所谓'了'字也。"③ 吕叔湘认为："'矣'表决定，且和'了'

---

① （东汉）许慎：《说文解字》，北京：中华书局，1963 年，第 265 页。

② 中国社会科学院语言研究所古代汉语研究室编《古代汉语虚词词典》，北京：商务印书馆，1999 年，第 690 页。

③ 马建忠：《马氏文通》，北京：商务印书馆，1983 年，第 341 页。

字相同，可以用于既成之事，也可以用于未来之事。"① 因此，可从"表已然"、"表将然"、"表必然"三个角度分述。

（一）"矣"出现于句尾，表已然语气。凡 10 例，诸如：

（1）大天已付周家治中国民矣，能远拓其界壤，则于先王之道遂大。（《梓材》）

（2）公之功辅道我已厚矣，天下无不顺而是公之功。（《洛诰》）

（3）惟天命我周邦，汝受天命厚矣，当辅大天命，视群臣有功者记载之，乃汝新即政，其当尽自教众官，躬化之。（《洛诰》）

（4）文王之子孙，言稚子已即政为王矣，所以厚戒。（《立政》）

（5）穆王即位过四十矣，言百年，大其虽老而能用贤以扬名。（《吕刑》）

（二）"矣"出现于句尾，表将然语气。凡 20 例，诸如：

（1）北称朔，亦称方，言一方则三方见矣。（《尧典》）

（2）九州之川已涤除泉源无壅塞矣。（《禹贡》）

（3）顺古道，我其往东征矣。（《大诰》）

（4）临敌所安，汝不勉，则于汝身有戮矣。（《牧誓》）

（5）言我周家有大化诚辞，为天所辅，其成我民矣。（《大诰》）

（6）一意任贤，果于去邪，疑则勿行，道义所存于心，日以广矣。（《大禹谟》）

（7）不侵夺其利，则来服矣。（《旅獒》）

（8）曰者，大其义，言以大中之道布陈言教，不失其常，则人皆是顺矣。（《洪范》）

（9）无敢有无畏之心，宁执非敌之志，伐之则克矣。（《泰誓中》）

（10）以富资而能顺义，则惟可以长年命矣。（《毕命》）

（三）"矣"出现于句尾，表必然语气。凡 31 例，诸如：

（1）我大惟教汝曰，汝能长观省古道，为考中正之德，则君道成矣。（《酒诰》）

（2）叹舜能修己行敬以安人，则其所能者大矣。（《尧典》）

---

① 吕叔湘：《中国文法要略》，北京：中华书局，1990 年，第 271 页。

(3) 举清者和则其余皆从矣。(《舜典》)

(4) 以悦使民, 民忘其劳, 则力尽矣。(《旅獒》)

(5) 如此则善矣。(《梓材》)

(6) 夫耽乐者, 乃非所以教民, 非所以顺天, 是人则大有过矣。(《无逸》)

(7) 以为法戒, 则有坚固王命, 其治理足以明我新成国矣。(《君奭》)

(8) 详审汝视听, 非礼义勿视听, 无以邪巧之言易其常度, 必断之以义, 则我一人善汝矣。(《蔡仲之命》)

(9) 居内外之官及平法者皆得其人, 则此惟君矣。(《立政》)

(10) 当简阅汝所任, 忧治汝都鄙之人, 人和政治, 则汝显用有德之功成矣。(《文侯之命》)

《说文解字》:"矣, 语已词也。"[1] "矣"是一个纯粹的虚词, 西周时期便已出现, 后一直沿用于文言中。其主要作语气词, 可用于陈述句、疑问句、祈使句和感叹句的句末, 有时也用在句中, 助相应的语气。[2]

者

在《孔传》中, "者"作语气词, 凡 14 例。

(一) "者"用在句子句末, 助陈述语气。凡 7 例, 诸如:

(1) 藻, 水草有文者。(《益稷》)

(2) 夏桀昏乱, 不恤下民, 民之危险, 若陷泥坠火, 无救之者。(《仲虺之诰》)

(3) 盗天地宗庙牲用, 相容行食之, 无灾罪之者。(《微子》)

(二) "者"用在句子中间, 表停顿。凡 7 例, 诸如:

(1) 能顺考古道而行之者帝尧。(《尧典》)

(2) 文祖者尧文德之祖庙。(《舜典》)

(3) 所尊祭者, 其祀有六, 谓四时也、寒暑也、日也、月也、星也、

---

[1] (东汉) 许慎:《说文解字》, 北京: 中华书局, 1963 年, 第 110 页。

[2] 中国社会科学院语言研究所古代汉语研究室编《古代汉语虚词词典》, 北京: 商务印书馆, 1999 年, 第 716 页。

水旱也。(《舜典》)

(4) 下视殷民，所用治者，皆重赋伤民、敛聚怨仇之道，而又亟行暴虐，自召敌仇不解怠。(《微子》)

《说文解字》："者，别事词也。"① 用作语气词，在《左传》中已见用例，如《左传·襄公二十八年》："卢蒲姜告之，且止之。弗听，曰：'谁敢者?'"战国时期有了长足发展，后来一直沿用至今。②

焉

在《孔传》中，"焉"作语气词，用于句末，表陈述语气，可译为"了"或不译。凡6例。

(1) 鸟兽皆生奥氄细毛以自温焉。(《尧典》)

(2) 未盈三岁足得一月，则置闰焉，以定四时之气节，成一岁之历象。(《尧典》)

(3) 四岳，即上羲和之四子，分掌四岳之诸侯，故称焉。(《尧典》)

(4) 会，五采也，以五采成此画焉。(《益稷》)

(5) 利口覆国家，故特慎焉。(《太甲下》)

(6) 言尧监苗民之见怨，则又增修其德，行威则民畏服，明贤则德明人，所以无能名焉。(《吕刑》)

《说文解字》："焉，焉鸟，黄色，出于江淮。"③《说文解字注》："自借为词助而本义废也。"④ 本义为"鸟名"。虚词"焉"与本义无关，而是假借字。⑤《先秦语法》："清课虚斋主人《虚字》注释云：焉，语终词，比'也'轻，如'心不在焉'之类。这类'焉'字总是表示行为、动作的结果，在时间上表示某一行为、动作已经完成或已经过去。"⑥

① (东汉) 许慎：《说文解字》，北京：中华书局，1963 年，第 74 页。

② 中国社会科学院语言研究所古代汉语研究室编《古代汉语虚词词典》，北京：商务印书馆，1999 年，第 822 页。

③ (东汉) 许慎：《说文解字》，北京：中华书局，1963 年，第 82 页。

④ (清) 段玉裁：《说文解字注》，上海：上海古籍出版社，1981 年，第 627 页。

⑤ 中国社会科学院语言研究所古代汉语研究室编《古代汉语虚词词典》，北京：商务印书馆，1999 年，第 672 页。

⑥ 易孟醇：《先秦语法》，长沙：湖南教育出版社，1989 年，第 426 页。

耳

在《孔传》中，"耳"作语气词，用于陈述句子末尾，表"限止"、"肯定"等语气，可译为"罢了"、"啊"等。凡 2 例。

（1）汝不从我命，所含恶德，但不畏惧我耳。（《盘庚上》）

（2）惟为我执古义之谋人，谓忠贤謇叔等也，则曰未成我所欲，反忌之耳。（《秦誓》）

《说文解字》："耳，主听者也。"① 此为其构形义。"耳"的虚词用法与本义无关，是假借字。作语气词，先秦时期已有用例，如《论语·阳货》："子曰：'二三子，偃之言是也，前言戏之耳。'"后来，一直沿用于书面语中。②

猗

在《孔传》中，"猗"作语气词，用于句中，表停顿，起舒缓语气作用，可译为"啊"。仅有 1 例。

如有束修一介臣，断断猗然专一之臣，虽无他伎艺，其心休休焉乐善，其如是，则能有所容。（《秦誓》）

《说文解字》："猗，犗犬也。"③ 虚词"猗"与本义无关，而是语气词的借用字。《说文解字注》："有用为叹词者。《齐风》传曰：'猗嗟，叹辞。'……皆以音假借也。"④ 先秦用例较多，如《庄子·大宗师》："而已反其真，而我犹为人猗！"后世间有用者。⑤

而已

在《孔传》中，"而已"作语气词，由连词"而"和动词"已"构

---

① （东汉）许慎：《说文解字》，北京：中华书局，1963 年，第 249 页。
② 中国社会科学院语言研究所古代汉语研究室编《古代汉语虚词词典》，北京：商务印书馆，1999 年，第 129 页。
③ （东汉）许慎：《说文解字》，北京：中华书局，1963 年，第 204 页。
④ （清）段玉裁：《说文解字注》，上海：上海古籍出版社，1981 年，第 844 页。
⑤ 中国社会科学院语言研究所古代汉语研究室编《古代汉语虚词词典》，北京：商务印书馆，1999 年，第 706 页。

成，用于陈述句句末，表限止语气，可译为"罢了"。凡21例，诸如：

（1）言己思日孜孜不怠，奉承臣功而已。（《益稷》）

（2）侯服内之百里，供王事而已，不主一。（《禹贡》）

（3）此我有治政之臣，同位于父祖，不念尽忠，但念贝玉而已。（《盘庚中》）

（4）言政化由公而立，我童子徒早起夜寐，慎其祭祀而已。（《洛诰》）

（5）汝以前人法度明勉配王，在于成信，行此大命而已。（《君奭》）

（6）我不惟多诰汝而已，我惟敬告汝吉凶之命。（《多方》）

（7）文王无所兼知于毁誉众言，及众刑狱，众当所慎之事，惟慎择有司牧夫而已。（《立政》）

（8）是万民顺法，用违法，众狱众慎之事，文王一无敢自知于此，委任贤能而已。（《立政》）

（9）人之为政，无日不能，惟在尽其心而已。（《毕命》）

已矣

在《孔传》中，"已矣"作语气词，用于句子末尾，助陈述语气，可译为"了"。仅有1例。

公留以安定我，我从公言，往至洛邑已矣。（《洛诰》）

从以上的分析看，在《孔传》中，可以出现于句末的陈述语气词有"也"、"矣"、"者"、"焉"、"耳"、"而已"、"已矣"等；可以出现于句中的陈述语气词有"也"、"者"、"猗"等；既可以出现于句中，又可以出现于句尾的陈述语气词有"也"、"者"。从语音形式看，单音节陈述语气词占优势，有6个；而复音节陈述语气词仅有2个；数量相差比较悬殊。从汉语历时发展流变角度看，《孔传》中的陈述语气词都是从先秦汉语传承而来的。孙锡信指出，"语气词的更迭从唐五代时期开始，在此之前，语气词具有很强的稳定性"①。因此，《孔传》陈述语气词也体现了孙氏的

---

① 孙锡信：《汉语历史语法丛稿》，上海：汉语大词典出版社，1997年，第74页。

观点，其用法和先秦汉语基本上是一致的。

第二节　疑问语气词

疑问语气词是指在句中表示疑问语气的语气词。一般用于疑问句中，出现于句尾。在《孔传》中，只出现"乎"一个表疑问的语气词。

乎

在《孔传》中，"乎"出现于句末，表疑问语气，凡55例。

（一）"乎"用于反问句句末，表加强反问语气，可译为"吗"、"呢"等。凡29例，诸如：

（1）至和感神，况有苗乎？（《大禹谟》）

（2）言天下蹈行我德，是汝治水之功有次序，敢不念乎？（《益稷》）

（3）有一必亡，况兼有乎？（《五子之歌》）

（4）言古之君臣相与同劳逸，子孙所宜法之，我岂敢动用非常之罚胁汝乎？（《盘庚上》）

（5）天且其顺，而况于人乎？（《洪范》）

（6）安人且犹不能，况其有能至知天命者乎？（《大诰》）

（7）自假自逸犹不敢，况敢聚会饮酒乎？（《酒诰》）

（8）于善臣百尊官不可不慎，况汝身事服行美道，服事治民乎？（《酒诰》）

（9）循文王所有指意以安疆土则善矣，况今卜并吉乎？（《大诰》）

（10）司马、司徒、司空，列国诸侯三卿，慎择其人而任之，则君道定，况汝刚断于酒乎？（《酒诰》）

（二）"乎"用于是非问句句末，表加强是非疑问语气，可译为"吗"。凡14例，诸如：

（1）不从我谋，罚及汝身，虽悔可及乎？（《盘庚上》）

（2）非当立德于民，为之中正乎？（《吕刑》）

（3）言汝罪恶众多，参列于上天，天诛罚汝，汝能责命于天，拒天诛

乎?（《西伯戡黎》）

（4）惟人至此不孝、不慈、弗友、不恭，不于我执政之人得罪乎？（《康诰》）

（5）言微微我浅末小子，其能如父祖治四方，以敬忌天威德乎？（《顾命》）

（三）"乎"用于特指问句句末，加强特指疑问语气，可译为"呢"。凡12例，诸如：

（1）求其人使居百揆之官，信立其功，顺其事者谁乎？（《舜典》）

（2）言当依谁以复国乎？（《五子之歌》）

（3）汝忠诚不属逮古，苟不欲徒，相与沈溺，不考之先王，祸至自怨，何瘳差乎？（《盘庚中》）

（4）言王如此，谁敢不敬顺王之美命而谏者乎？（《说命上》）

"乎"，《说文解字》："乎，语之余也。从兮，象声上越扬之形也。"[1]"乎"的语气词用法是本义，最早约产生于西周时期，在古汉语中，"乎"可以表测度疑问语气、反问语气、感叹语气、祈使语气、选择语气等多种语气。唐宋之后，随着"吗"、"呢"、"吧"、"啊"、"罢"等新的语气词的出现和大量使用，"乎"在口语中逐渐少用，而只用于仿古的书面语中。[2]

从以上的分析看，在《孔传》中，疑问语气词"乎"是从先秦汉语传承而来的，直到近代汉语时期也没有明显的实质变化。但是，在先秦汉语时期，"乎"作疑问语气词多用于是非疑问句中，而用于特指疑问句、反问句的不多。到魏晋南北朝时期，"乎"多用于反问句中。从《孔传》"乎"的用法来看，用于反问句的凡29例，用于是非疑问句的凡14例，用于特指疑问句的凡12例，以用于反问句为主。

---

[1] （东汉）许慎：《说文解字》，北京：中华书局，1963年，第101页。

[2] 中国社会科学院语言研究所古代汉语研究室编《古代汉语虚词词典》，北京：商务印书馆，1999年，第232页。

第三节　感叹语气词

感叹语气词是指在句中表感叹语气的语气词。它常常出现于句尾或者自成一句。在《孔传》中，感叹语气词凡 5 个。

哉

在《孔传》中，"哉"作语气词，凡 23 例。用于句子末尾，助感叹语气，表"赞美"、"悲愤"、"遗憾"、"喜悦"等语气，可译为"啊"、"呀"等。诸如：

（1）拜受其歌，戒群臣自今以往，敬其职事哉！（《益稷》）

（2）言今往迁都，更求昌盛，如颠仆之木，有用生蘖哉！（《盘庚上》）

（3）特命久老之人，知文王故事者，大能远省识古事，汝知文王若彼之勤劳哉！（《大诰》）

（4）汝乃是不勉为政，汝是惟不可长哉！（《洛诰》）

（5）言汝行事，动当有所合哉！（《君奭》）

（6）小大多正自为不和，汝有方多士，当和之哉！（《多方》）

（7）今我敬命公以周公所为之事，往为之哉！（《毕命》）

（8）天不可怨，民犹怨嗟，治民其惟难哉！（《君牙》）

（9）若己有非，惟受人责，即改之如水流下，是惟艰哉。（《秦誓》）

（10）冒疾之人，是不能容人用之，不能安我子孙众人，亦曰危殆哉！（《秦誓》）

《说文解字》："哉，言之间也。"[①]《马氏文通》："凡两者之际曰间，一者之竟亦曰间，一之竟即两之际也。言之间歇多用'哉'字"。[②] "哉"最常见的用法是作语气词，可以用于疑问句、感叹句、反问句以及祈使句

---

① （东汉）许慎：《说文解字》，北京：中华书局，1963 年，第 32 页。

② 马建忠：《马氏文通》，北京：商务印书馆，1983 年，第 23 页。

句末，助各种语气，这种用法一直用于秦汉以后的书面语中。①

乎

在《孔传》中，"乎"出现于句末，表感叹语气，可译为"啊"。仅有 1 例。

大明乎！（《文侯之命》）

已

在《孔传》中，"已"作语气词，仅有 1 例。用于句子末尾，助感叹语气，可译为"啊"。

叹而言曰："君已！当是我之留，我亦不敢安于上天之命，故不敢不留。"（《君奭》）

已乎

在《孔传》中，"已乎"作语气词，凡 3 例。其自成一读，表对下文内容的感叹。

（1）已乎！汝惟小子，乃当服行德政，惟弘大王道，上以应天，下以安我所受殷之民众。（《康诰》）

（2）已乎！他人未其有若汝封之心。（《康诰》）

（3）已乎！（《洛诰》）

呜呼

在《孔传》中，"呜呼"作语气词，仅有 1 例。其自成一读，表对下文内容强烈的伤感和无奈。

呜呼！能有成功，则我一人长安在王位。（《文侯之命》）

关于"呜呼"，《助字辨略》："呜呼，叹辞，一作於戏，呜嚱，乌乎，

---

① 中国社会科学院语言研究所古代汉语研究室编《古代汉语虚词词典》，北京：商务印书馆，1999 年，第 800 页。

乌虖，於嘑，乌呼，於乎。《小尔雅·广训篇》云：‘乌乎，吁嗟也。吁嗟，呜呼也。有所叹美，有所伤痛，随事有义也。’"① 李斌在《古文〈尚书〉虚词研究》中认为，"古文《尚书》中，‘呜呼’凡 35 例，词次约为叹词总词次的三分之二，语用广泛，表感叹且无特定感情色彩（6 例）、表希望和告诫（13 例）、表呼告（10 例）、表赞叹（5 例）、表悲痛哀伤（1例）"②。钱宗武教授在《今文〈尚书〉语法研究》中指出："今文《尚书》中，‘呜呼’凡 47 例，表感叹且无特定感情色彩（10 例）、表希望和告诫（10 例）、表呼告（11 例）、表赞叹（6 例）、表悲痛哀伤（10 例）。‘呜呼’表‘哀伤’，这是整个文献语言‘呜呼’的主要语用功能。‘呜呼’更与‘哀哉’连文，表极度悲哀。西周《禹鼎》铭文即已出现，后世常用。历代训诂学家早已注意到‘呜呼’表‘哀伤’这一语用功能。"③而在《孔传》中，"呜呼"作语气词，表"悲痛哀伤"之义，凡 1 例。对比《孔传》与今古文《尚书》中"呜呼"的用法以及出现频次，对于《孔传》的辨伪是很有文献价值与意义的。

从以上分析看，在《孔传》中，感叹语气词凡 5 个，占整个《孔传》语气词总数量的近一半。从语音形式看，单音节感叹语气词凡 3 个，复音节感叹语气词凡 2 个，以单音节为主。此外，《孔传》感叹语气词中"哉"出现的频次最高，其他感叹语气词出现的频率相差不大；"乎"则存在兼类情况，不仅可以表感叹语气，也可以表疑问语气。此外，从汉语历时发展流变看，《孔传》感叹语气词都是从先秦汉语传承而来的。

第四节　语气词词频统计与分析

为便于了解《孔传》语气词词频情况，笔者用表格的形式进行了梳理与统计（见表 6－1）。

---

① （清）刘淇：《助字辨略》，北京：中华书局，2004 年，第 29 页。
② 李斌：《古文〈尚书〉虚词研究》，扬州大学，博士学位论文，2011 年，第 112 页。
③ 钱宗武：《今文〈尚书〉语法研究》，北京：商务印书馆，2004 年，第 326 页。

表 6-1 《孔传》语气词词频统计

语法功能 位置 词目	表陈述语气								表疑问语气			表感叹语气		合计
	表停顿舒缓	表主谓一致	表强调确认	表已然	表将然	表必然	助陈述语气	表限止语气	加强反问语气	加强是非疑问语气	加强特指疑问语气	表对内容文的感叹	助感叹语气	
	句中	句尾							句尾			自成一句	句尾	
也	2	433	94											529
矣				10	20	31								61
乎									29	14	12		1	56
哉													23	23
者	7						7							14
焉							6							6
耳								2						2
猗	1													1
已													1	1
而已								21						21
已乎												3		3
已矣							1							1
呜呼												1		1

从表 6-1 可见：《孔传》语气词内部个体与类别的频率呈现明显差异性；《孔传》语气词的形式和跨类情况有明显差异。以下将分别述之。

一 《孔传》语气词内部个体与类别的频率呈现明显差异性

（一）在《孔传》中，出现于句中、句尾表陈述语气的有"也"、"矣"、"者"、"焉"、"耳"、"猗"、"而已"、"已矣"等 8 个语气词，凡 635 例。其中，"也"有 529 例，占 83.3%；"矣"有 61 例，占 9.6%；"者"有 14 例，占 2.2%；"焉"有 6 例，占 0.9%；"耳"有 2 例，占

0.3%；"猗"有 1 例，占 0.1%；"而已"有 21 例，占 3.3%；"已矣"有
1 例，占 0.1%。出现频率最高的是语气词"也"，其次是语气词"矣"。
就整个表陈述语气的语气词数量看，占《孔传》全部语气词的 61.5%；就
出现的频率上看，占《孔传》语气词总频率的 88.3%。

（二）在《孔传》中，出现于句尾表疑问语气的只有语气词"乎"，
凡 55 例，占《孔传》全部语气词的 7.6%；就出现的频率上看，占《孔
传》语气词总频率的 7.6%。

（三）在《孔传》中，出现于句尾表感叹语气的语气词"哉"、"乎"、
"已"、"已乎"、"呜呼"等 5 个，凡 29 例。其中，"哉"有 23 例，占
79.3%；"乎"有 1 例，占 3.4%；"已"有 1 例，占 3.4%；"已乎"有 3
例，占 10.3%；"呜呼"有 1 例，占 3.4%；出现频率最高的是语气词
"哉"，其次是"已乎"。就整个表感叹语气的语气词数量看，占《孔传》
全部语气词的 38.4%；就出现的频率上看，占《孔传》语气词总频率
的 4%。

从上面统计结果看，语气词在陈述句和感叹句中出现的最多，在疑问
句中出现的最少。从语气词出现的频次看，陈述句最多，凡 635 例；其次
为疑问句，凡 55 例；最后是感叹句，凡 29 例。这或许是因为《孔传》是
对《尚书》的注释材料，重在解释文义，便于当时代的人理解，因此，疑
问句和感叹句比较少。

二 《孔传》语气词的形式和跨类情况有明显差异

在《孔传》中，就语气词的形式来说，单音节语气词有 9 个，占《孔
传》语气词总数量（13）的 69.2%，凡 693 例，占《孔传》语气词总频
率（719）的 96.3%；复音节语气词有 4 个，凡 26 例，占《孔传》语气词
总数量（13）的 30.8%，占《孔传》语气词总频率（719）的 3.6%。单
音节语气词占优势，最常用的是"也"、"矣"、"乎"、"哉"、"而已"等
5 个，约占整个《孔传》语气词总频率的 95.9%。其中，语气词"也"出
现频率最高，为 73.5%。

由此看出，《孔传》中的语气词在具体句子中的功能上是比较稳定的。
并且，在《孔传》中，语气词在某一语气类型句子的分布不均衡的。

"也"、"矣"、"哉"、"者"、"焉"、"耳"、"猗"、"已"、"而已"、"已乎"、"已矣"、"呜呼"等12个都是出现在一种语气类型的句子中，表陈述语气或感叹语气；而"乎"则可以出现在两种语气类型的句子中，表疑问语气和感叹语气。此外，《孔传》中出现的13个语气词，都是从先秦汉语继承而来。

第七章

助词的类型及其语用特点

在古代汉语中，助词是依附于词、短语或句子，表示一定语法意义的一类虚词。关于"助词"，其概念的界定以及分类还存在争议，意见并不一致。"助词"始见于《颜氏家训·音辞篇》。马建忠的《马氏文通》中"助字"包括了语气词。杨树达的《中国语法纲要》中的"助词"是指"语气词"；而在《高等国文法》和《词诠》中，其将助词分为"语首助词"、"语中助词"、"语末助词"等三类；"语末助词"主要是"语气词"。杨氏的观点影响非常大，直到今天，一些学者和著作仍将助词统括语气词，二者并没有截然分开。如《汉语大词典》中"语气助词"，仍是指"语气词"，比"语末助词"前进了一步，但没有跳出助词的框架。据此，《虚词历时词典》指出："凡是表示某种结构、时态、调整音节或凑足字数的词叫助词，可以分为语首助词、语中助词和语末助词三类"。① 张谊生在《助词与相关格式》中指出："助词是附著在词、短语或句子上的、粘著

---

① 何金松：《虚词历时词典》，武汉：湖北人民出版社，1994 年，第 19 页。

的、定位的，表示一定附加意义的虚词。"① 杨伯峻、何乐士两位学者在《古汉语语法及其发展》中指出，"助词是对词、短语或句子起各种标志作用的词类。"同时指出，"助词的独立性最差，意义最不实在，常用于句首、词的首尾或短语之中。"并把助词分为"语助词"、"重言助词"、"结构助词"、"语缀助词"等四类。② 在此，我们依据张谊生以及杨伯峻、何乐士三位学者对助词的界定以及分类，立足于助词的意义和功能，穷尽性地统计并逐一描写、分析《孔传》中出现的"之"、"所"、"者"、"有"、"惟"、"第"、"然"、"是"、"其"、"夫"、"焉"等 11 个助词。下分类述之。

第一节　结构助词

结构助词是指能使句法结构中的词序发生变化或组成名词性短语的一类助词。杨伯峻、何乐时指出，这类助词"组成名词性短语有两种情况，一是位于修饰语与被修饰的名词之间，组成以名词为中心的偏正短语；二是把动词形容词（或其短语）、句子变成名词性短语，改变原结构的性质"③。在《孔传》中，结构助词凡 4 个。

之

在《孔传》中，"之"作结构助词，凡 1030 例。

（一）"之"作结构助词，用于句中定语和中心语之间，构成名词性偏正短语，表前后两项之间的各种关系，可译为"的"，或根据文义灵活译出。凡 900 例。

1. "之"在句中表领属关系。凡 294 例，诸如：

（1）虚，玄武之中星，亦言七星皆以秋分日见，以正三秋。（《尧典》）

---

① 张谊生：《助词与相关格式》，合肥：安徽教育出版社，2002 年，第 5 页。
② 杨伯峻、何乐士：《古汉语语法及其发展》，北京：语文出版社，2003 年，第 470 页。
③ 杨伯峻、何乐士：《古汉语语法及其发展》，北京：语文出版社，2003 年，第 483 页。

（2）九州之川已涤除泉源无壅塞矣。（《禹贡》）

（3）告文王之子孙，言稚子已即政为王矣，所以厚戒。（《立政》）

（4）言文武大受天道而顺之，能忧我西土之民。（《康王之诰》）

（5）用成周之民众，命毕公使安理治正成周东郊，令得所。（《毕命》）

（6）汝惟当敬明汝五教，用奉顺于先王之道。（《君牙》）

（7）三苗之君习蚩尤之恶，不用善化民，而制以重刑。（《吕刑》）

（8）总诸国之兵，而但称鲁人。峙具桢榦，道近也。（《费誓》）

（9）皋陶因帝勉己，遂称帝之德，所以明民不犯上也。（《大禹谟》）

（10）惩丹朱之恶，辛日娶妻，至于甲日，复往治水，不以私害公。（《益稷》）

2. "之"在句中表修饰或限制关系。"之"前的修饰、限制成分可以是名词、动词、形容词、数词等；"之"后的成分多为名词或名词性短语。凡519例，诸如：

（1）能明俊德之士任用之。（《尧典》）

（2）未盈三岁足得一月，则置闰焉，以定四时之气节，成一岁之历象。（《尧典》）

（3）尧知子不肖，有禅位之志，故明举明人在侧陋者。（《尧典》）

（4）合四时之气节，月之大小，日之甲乙，使齐一也。（《舜典》）

（5）然其所推之贤，不许其让，敕使往宅百揆。（《舜典》）

（6）其一在三十之数，为天子五十年，凡寿百一十二岁。（《舜典》）

（7）官占之法，先断人志，后命于元龟，言志定然后卜。（《大禹谟》）

（8）随行九州之山林，刊槎其木，开通道路以治水也。（《益稷》）

（9）虽治其官，苟有先后之差，则无赦，况废官乎！（《胤征》）

（10）如怠惰之农，苟自安逸，不强作劳于田亩，则黍稷无所有。（《盘庚上》）

3. "之"在句中表方位或时间。凡87例，诸如：

（1）各会朝于方岳之下，凡四处，故曰"四朝"。（《舜典》）

（2）禹治水之后，舜分冀州为幽州、并州，分青州为营州，始置十二州。（《舜典》）

（3）方百里之间，广二寻、深二仞曰浍。（《益稷》）

（4）禹夹行此山之右，而入河逆上。（《禹贡》）

（5）三物皆出云梦之泽，近泽三国常致贡之，其名天下称善。（《禹贡》）

（6）魄生明死，十五日之后，诸侯与百官受政命于周。（《武成》）

（7）周公既告二公，遂东征之，二年之中，罪人此得。（《金縢》）

（8）言当顺古大道，制治安国，必于未乱未危之前，思患预防之。
（《周官》）

（二）"之"作结构助词，用于谓语和补语之间，表补充关系；谓语可以是动词、形容词等，说明性状、动作的结果或程度。凡10例，诸如：

（1）暗错天象，言昏乱之甚。（《胤征》）

（2）不能堪忍，虐之甚。（《汤诰》）

（3）栗栗危心，若坠深渊；危惧之甚。（《汤诰》）

（4）虎尾畏噬，春冰畏陷，危惧之甚。（《君牙》）

（三）"之"作结构助词，在句中标志宾语前置，构成"宾＋之＋动"格式，表词序的变化。凡4例。

（1）盛德必自敬，何狎易侮慢之有？（《旅獒》）

（2）言王当其德之用，求天长命以历年。（《召诰》）

（3）惟乐之从，言荒淫。（《无逸》）

（4）尧躬行敬敬在上，三后之徒秉明德明君道于下，灼然彰著四方，故天下之士无不惟德之勤。（《吕刑》）

（四）"之"作结构助词，用于句中主语与谓语之间，构成"主＋之＋谓"格式，标志取消其句子的独立性，可以作句子的宾语、主语、谓语或在句中独立成句。凡113例。

1. "主＋之＋谓"格式在句中作宾语。凡57例，诸如：

（1）言我疾谀说绝君子之行而动惊我众，欲遏绝之。（《舜典》）

（2）困穷谓天民之无告者。（《大禹谟》）

（3）天视听人君之行，用民为聪明。（《皋陶谟》）

（4）言纣至亲虽多，不如周家之少仁人。（《泰誓中》）

（5）若不早诛汝，天下亦不知天命之不易也。（《大诰》）

（6）言王新即政，始服行教化，当如子之初生，习为善，则善矣。
（《召诰》）

2. "主 + 之 + 谓" 格式在句中作主语。凡 16 例，诸如：

（1）禾稿曰总，人之供饲国马。（《禹贡》）

（2）学以顺志，务是敏疾，其德之修乃来。（《说命下》）

（3）言天之下年与民，有义者长，无义者不长，非天欲天民，民自不修义以致绝命。（《高宗肜日》）

（4）文武之谋业，大明可承奉，开助我后嗣，皆以正道无邪缺。（《君牙》）

（5）侯伯之赐无常，以功大小为度。（《文侯之命》）

3. "主 + 之 + 谓" 格式在句中独立成句。凡 40 例，诸如：

（1）古之用刑，父子兄弟罪不相及，今云孥戮汝，无有所赦，权以胁之，使勿犯。（《汤誓》）

（2）人之美圣，其心好之，不啻如自其口出，心好之至也。（《秦誓》）

（3）牛马之伤，汝则有残人畜之常刑。（《费誓》）

（4）言虽汝身在外土之为诸侯，汝心常当忠笃，无不在王室。（《康王之诰》）

（5）言祖业之大，己才之弱，故心怀危惧。（《君牙》）

（6）日月之行，冬夏各有常度。（《洪范》）

（五）"之" 作结构助词，用于句中主语和 "介 + 宾" 词组（状语）之间，构成 "名 + 之 + 介 + 宾语" 格式，表突出状语与谓语之间的关系，这种结构也是名词性的。凡 3 例。

（1）天之於人，无有亲疏，惟有德者则辅佑之。（《蔡仲之命》）

（2）民之於上，无有常主，惟爱己者则归之。（《蔡仲之命》）

（3）人之於上，不从其令，从其所好，故人主不可不慎所好。（《君陈》）

所

在《孔传》中，"所" 作结构助词，凡 385 例。在句中可以和动词或介词构成 "所 + 动"、"所 + 介 + 动" 等名词性短语，或构成 "为……所" 被动句。

（一）"所" 出现于句中动词或动词词组前面，构成 "所 + 动" 结构，具有名词性功能，成为名词性短语，可表与行为动作相关联的人、事、物、处所等，在句中可以作主语、宾语、谓语、定语等，可根据上下文义灵活译出。凡336例。

1. "所+动"在句中作主语。凡43例，诸如：

（1）众顽愚谗说之人，若所行不在于是而为非者，当察之。(《益稷》)

（2）所征无敌，谓之受天命。(《咸有一德》)

（3）凡所言皆不易之事。(《盘庚中》)

（4）言将与纣俱死，所执各异，皆归于仁，明君子之道，出处语默非一途。(《微子》)

（5）言所行无反道不正，则王道平直。(《洪范》)

（6）言物贵由人，有德则物贵，无德则物贱，所贵在于德。(《旅獒》)

（7）所举能修其官，惟亦汝之功能。(《周官》)

（8）所惩戒惟是苗民非察于狱之施刑，以取灭亡。(《吕刑》)

2. "所+动"在句中作宾语。凡147例，诸如：

（1）上总言羲和敬顺昊天，此分别仲叔，各有所掌。(《尧典》)

（2）然已谋之于心，谋及卜筮，四者合从，卜不因吉，无所枚卜。(《大禹谟》)

（3）言我未有所知，未能思致于善，徒亦赞奏上古行事而言之。(《皋陶谟》)

（4）言其余人久染污俗，本无恶心，皆与更新，一无所问。(《胤征》)

（5）天意如此，但当循其典法，奉顺天命而已，无所惭。(《仲虺之诰》)

（6）如怠惰之农，苟自安逸，不强作劳于田亩，则黍稷无所有。(《盘庚上》)

（7）王者求多闻以立事，学于古训，乃有所得。(《说命下》)

（8）言殷将没亡，如涉大水，无涯际，无所依就。(《微子》)

（9）民戬有道，有所为，有所执守，汝则念录叙之。(《洪范》)

（10）惟是桀恶有辞，故天无所念闻，言不佑，其惟废其天命，下致天罚。(《多士》)

3. "所+动"在句中作谓语。凡93例，诸如：

（1）目所亲见，法之又明。(《大诰》)

（2）民以食为命，丧礼笃亲爱，祭祀崇孝养，皆圣王所重。(《武

成》)

（3）箕星好风，毕星好雨，亦民所好。(《洪范》)

（4）德之所致，谓远夷之贡，以分赐异姓诸侯，使无废其职。(《旅獒》)

（5）傅氏之岩，在虞虢之界，通道所经，有涧水坏道，常使胥靡刑人筑护此道。(《说命上》)

（6）然其所举，言我亦闻之，其德行如何？(《尧典》)

（7）考众从人，矜孤愍穷，凡人所轻，圣人所重。(《大禹谟》)

（8）言天所赏罚，惟善恶所在，不避贵贱。(《皋陶谟》)

（9）然其所陈，从而美之曰："用汝言，致可以立功。"(《皋陶谟》)

（10）我乃有教诲之言，则汝所当居行。(《多士》)

4. "所+动"在句中作定语。凡53例，诸如：

（1）文王化我民，教道子孙，惟土地所生之物皆爱惜之，则其心善。(《酒诰》)

（2）今我敬命公以周公所为之事，往为之哉！(《毕命》)

（3）叹而敕之，公卿已下，各敬居汝所有之官，治汝所有之职。(《周官》)

（4）所闻之古圣贤之言，政治之至者，芬芳馨气动于神明。(《君陈》)

（5）所谓芬芳非黍稷之气，乃明德之馨。(《君陈》)

（6）周公用王所立政之事皆戒于王曰，常所长事、常所委任，谓三公六卿。(《立政》)

（7）言当速用文王所作违教之罚，刑此乱五常者，无得赦。(《康诰》)

（8）今汝其复言桀恶，其亦如我所闻之言。(《汤誓》)

（二）"所"字在句中构成"所+介+动"结构，组成名词性短语，表与动词相关的原因、处所、手段或方法等，主要与"以"、"由"等介词结合。凡37例。

1. "所+由+动"在句中表动作行为经由的处所。仅有1例。

众殷，本其所由来。(《召诰》)

2. "所+以+动"在句中表与动作行为有关的原因。凡16例，诸如：

（1）民之所以治，由典狱之无不以中正听狱之两辞，两辞弃虚从实，

刑狱清则民治。(《吕刑》)

（2）天所以不与桀，以其乃惟用汝多方之义民为臣，而不能长久多享国故。(《多方》)

（3）更述文王所以王也。(《文侯之命》)

（4）凡刑所以齐非齐，各有伦理，有要善。(《吕刑》)

（5）言邦国所以安危，惟在和此殷士而已。(《毕命》)

（6）顺行禹汤所以成功，则其惟王居位在德之首。(《召诰》)

3.　"所+以+动"在句中表与动作行为有关的凭借、方法或手段。凡20例，诸如：

（1）夫耽乐者，乃非所以教民，非所以顺天，是人则大有过矣。(《无逸》)

（2）弘王道，安殷民，亦所以惟助王者居顺天命，为民日新之教。(《康诰》)

（3）夫典、谟，圣帝所以立治之本，皆师法古道以成不易之则。(《皋陶谟》)

（4）言为王而令万姓如此，则能保安先王之宠禄，长致众民所以自生之道，是明王之事。(《咸有一德》)

（5）商众能奔来降者，不迎击之，如此则所以役我西土之义。(《牧誓》)

（6）夫耽乐者，乃非所以教民，非所以顺天，是人则大有过矣。(《无逸》)

（三）　"所"在句中构成"为……所"结构，表被动关系，可译为"被"。凡12例，诸如：

（1）当长畏惧惟为天所罚，非天道不中，惟人在教命使不中，不中则天罚之。(《吕刑》)

（2）言舜初耕于历山之时，为父母所疾，日号泣于旻天及父母，克己自责，不责于人。(《大禹谟》)

（3）言汝既不欲徙，又为他人所误。(《盘庚中》)

（4）言天子布德惠之教，为兆民之父母，是为天下所归往，不可不务。(《洪范》)

（5）汝能敬行顺事，则为天所与，为天所怜。（《多士》）

（6）罪轻，故退为众人，三年之后乃齿录，封为霍侯，子孙为晋所灭。（《蔡仲之命》）

者

在《孔传》中，"者"作结构助词，凡 204 例。

（一）"者"用于句中动词或动词性词组后面，构成名词性短语，作主语、宾语、谓语、定语等成分，用来指人、事、物，主要指发出动作的人，可译为"……的（人、事、物）"。凡 154 例。

1. "者"字结构在句中作主语。凡 37 例，诸如：

（1）凡言"吁"者皆非帝意。（《尧典》）

（2）讨而不服，不讨自来，明御之者必有道。（《大禹谟》）

（3）言天之下年与民，有义者长，无义者不长，非天欲夭民，民自不修义以致绝命。（《高宗肜日》）

（4）敢以王之匹民百君子，治民者非一人，言民在下，自上匹之。（《召诰》）

（5）言善父母者必友于兄弟，能施有政令。（《君陈》）

（6）扶相者，被以冠冕，加朝服，凭玉几以出命。（《顾命》）

（7）列者伯仲叔季，顺少长也。（《吕刑》）

（8）称父者非一人，故以字别之。（《文侯之命》）

（9）刑者非一也，然亦非杀汝。（《费誓》）

（10）言天不安桀所为，广视万方，有天命者开道之。（《咸有一德》）

（11）王者求多闻以立事，学于古训，乃有所得。（《说命下》）

2. "者"字结构在句中作宾语。凡 100 例，诸如：

（1）谋政治于四岳，开辟四方之门未开者，广致众贤。（《舜典》）

（2）虽或行刑，以杀止杀，终无犯者。（《大禹谟》）

（3）冬月见朝涉水者，谓其胫耐寒，斩而视之。（《泰誓下》）

（4）言征四国，于我童人不惟自忧而已，乃欲施义于汝众国君臣上下至御治事者。（《大诰》）

（5）特命久老之人，知文王故事者，大能远省识古事，汝知文王若彼

之勤劳哉！（《大诰》）

（6）无以得刑杀人，而有妄刑杀非辜者。（《康诰》）

（7）言汝为王，其当敬识百君诸侯之奉上者，亦识其有违上者。（《洛诰》）

（8）《秋官》卿，主寇贼法禁，治奸恶，刑强暴作乱者。（《周官》）

（9）有不顺于汝政，不变于汝教，刑之而惩止犯刑者，乃刑之。（《君陈》）

（10）以病所在，出入人罪，使在五过，罪与犯法者同。（《吕刑》）

3.“者”字结构在句中作谓语。凡7例，诸如：

（1）四方诸侯来朝者，舜宾迎之，皆有美德，无凶人。（《舜典》）

（2）今汝又曰：“夏之众士蹈道者，大在殷王庭，有服职在百官。”（《多士》）

（3）视小人不孝者，其父母躬勤艰难，而子乃不知其劳。（《无逸》）

4.“者”字结构在句中作定语。凡10例，诸如：

（1）不为逸豫贪欲之教，是有国者之常。（《皋陶谟》）

（2）胤国所为舜者之衣，皆中法。（《顾命》）

（3）丹朱为王者后，故称宾。（《益稷》）

（4）三百里同为王者斥候，故合三为一名。（《禹贡》）

（5）度王者文教而行之，三百里皆同。（《禹贡》）

（6）汝能以进老成人为醉饱，考中德为用逸，则此乃信任王者正事之大臣。（《酒诰》）

（二）“者”用于句中形容词或形容词性词组后面，构成名词性短语，作宾语或主语，表示具有这种特征的人、事、物，可译为“……的（人、事、物）”。凡28例，诸如：

（1）九岁则能否幽明有别，黜退其幽者，升进其明者。（《舜典》）

（2）所纳精者少，粗者多。（《禹贡》）

（3）我不任贪贷之人，敢奉用进进于善者。（《盘庚下》）

（4）言天下诸侯，大者畏威，小者怀德，是文王威德之大。（《武成》）

（5）众伯君子、长官大夫、统庶士有正者，其汝常听我教，勿违犯。（《酒诰》）

（6）高者十年，下者三年，言逸乐之损寿。（《无逸》）

（三）"者"用于句中数词后面，构成"数 + 者"名词性短语，多用来指人、事或物，作主语或宾语。凡 20 例，诸如：

（1）正德以率下，利用以阜财，厚生以养民，三者和，所谓善政。（《大禹谟》）

（2）使政勿坏，在此三者而已。（《大禹谟》）

（3）言为天子勤此三者，则天之禄籍长终汝身。（《大禹谟》）

（4）然已谋之于心，谋及卜筮，四者合从，卜不因吉，无所枚卜。（《大禹谟》）

（5）三者有失，皆不奉我命。（《甘誓》）

（6）言五者备至，各以次序，则众草蕃滋庶丰也。（《洪范》）

（7）言卑于公，尊于卿，特置此三者。（《周官》）

（四）"者"用于句中时间词后面，构成名词性短语，表示时间。凡 2 例。

（1）古者天子录功臣配食于庙。（《盘庚上》）

（2）古者褒德赏功，必于祭日，示不专也。（《洛诰》）

《说文解字》："者，别事词也。"① 甲骨文、金文中未见，《尚书》"洪范"一见。《诗经》中，用例六十多，多数用如助词"之"，这些用法以后罕见。至于文言中典型的助词"者"，虽已见例，但还不丰富；直至春秋战国年间，格式才趋向多样化。②

是

在《孔传》中，"是"作结构助词，凡 4 例。用于句中，表词序的变化，标志宾语前置。

（1）言汤始修为人纲纪，有过则改，从谏如流，必先民之言是顺。（《伊训》）

---

① （东汉）许慎：《说文解字》，北京：中华书局，1963 年，第 74 页。
② 中国社会科学院语言研究所古代汉语研究室编《古代汉语虚词词典》，北京：商务印书馆，1999 年，第 822 页。

（2）言仰惟先代之法是顺，训蹈其所建官而则之，不敢自同尧舜之官，准拟夏殷而蹈之。（《周官》）

（3）上惟贤是用，则下皆敬应上命而让善。（《益稷》）

（4）不加私昵，惟能是官。（《说命中》）

《说文解字》："是，直也。"① 虚词"是"是假借字。《说文通训定声》："是，假借为寔。"② 《广雅·释言》："是，此也。"可用作代词、助词。用作助词，先秦已有先例，如《左传·僖公二十八年》："舍其旧而新是谋。"后来，一直用于文言之中。③

从以上的分析看，在《孔传》中，结构助词都是从先秦汉语中继承而来，并体现出明显的多种语法功能，如构成偏正短语、取消其句子的独立性、改变句子内部的词序、标记句法结构性质的改变等。从出现的频次看，结构助词"之"最高，凡1030例；"是"最低，凡4例；而"所"凡385例，"者"凡204例。这说明，《孔传》结构助词虽是继承先秦汉语，在中古汉语时期仍然使用，但使用的频率却和先秦汉语有明显的区别。如"宾＋是＋动"这种格式在先秦汉语时期使用比较广泛，但中古汉语时期很少使用，最后近于消亡。

第二节　语助词

语助词是指在句中强调某种语气或助成一个音节的一类助词。杨伯峻、何乐士指出，"语助词不位于句末，大多位于句首，有时位于句中；位于句首时，是句子发出的第一个信息，往往赋予句子某种语气或含有少许意义；它不具有标记语音停顿的功能，而且大多出现在韵文中"④。在

---

① （东汉）许慎：《说文解字》，北京：中华书局，1963年，第39页。

② （清）朱骏声：《说文通训定声》，北京：商务印书馆，1984年，第513页。

③ 中国社会科学院语言研究所古代汉语研究室编《古代汉语虚词词典》，北京：商务印书馆，1999年，第513页。

④ 杨伯峻、何乐士：《古汉语语法及其发展》，北京：语文出版社，2003年，第471页。

《孔传》中，语助词凡3个。

惟

在《孔传》中，"惟"作语助词，一般位于句首，引出话题或时间，有提示或标志下文开端的作用。凡20例，诸如：

（1）惟天下教命，始令我民知作酒者，惟为祭祀。（《酒诰》）

（2）奉上之道多威仪，威仪不及礼物，惟曰不奉上。（《洛诰》）

（3）言周公摄政尽此十二月，大安文武受命之事，惟七年，天下太平。（《洛诰》）

（4）无敢自暇曰："惟今日乐，后日止。"（《无逸》）

（5）惟桀之所谓恭人众士，大不能明安享于民。（《多方》）

（6）惟周家新升王位，当尽和天下赏罚，能定其功，用布遗后人之美。（《康王之诰》）

其

在《孔传》中，"其"作语助词，一般用于句中某些修饰语和谓语中心词之间，表加强语气作用。凡2例。

（1）已乎！他人未其有若汝封之心。（《康诰》）

（2）汝无指意告我殷邦颠陨阶坠，如之何其救之？（《微子》）

《说文解字》："箕，所以簸也。""其，籀文'箕'。"[1] 虚词"其"与本义无关，而是假借字。《说文通训定声》："其，假借为助语之词"，"又发声之词。"[2]《说文解字注》："经籍通用此字为语词。"[3] 用作助词，先秦已有用例，如《左传·僖公十五年》："以德为怨，秦不其然。"两汉之后，助词用例多见于仿古著作中。[4]

---

① （东汉）许慎：《说文解字》，北京：中华书局，1963年，第99页。

② （清）朱骏声：《说文通训定声》，北京：商务印书馆，1984年，第181页。

③ （清）段玉裁：《说文解字注》，上海：上海古籍出版社，1981年，第199页。

④ 中国社会科学院语言研究所古代汉语研究室编《古代汉语虚词词典》，北京：商务印书馆，1999年，第406页。

夫

在《孔传》中，"夫"作语助词，一般位于句首，有提挈作用，表评论或说明的开端。仅有 1 例。

夫典、谟，圣帝所以立治之本，皆师法古道以成不易之则。(《皋陶谟》)

《说文解字》："夫，丈夫也。"[1] 本义是"丈夫"、"男子"。"夫"作虚词，西周时已经产生。可作代词、助词和语气词等。"夫"作人称代词，先秦用的比较多，西汉以后，罕有其例。"夫"作助词，是代词进一步虚化的结果，有时仍兼有微弱的指代作用，既可以出现在句首，也可以出现在句中。"夫"的其他虚词用法一直沿用至唐宋以后的书面语中，现代汉语已经不再使用。[2]

从以上的分析看，在《孔传》中，语助词出现的数量比较少，都是从先秦汉语中继承而来。从句法结构来看，"惟"和"夫"都是位于句首，"其"位于句中；三者都没有标志语音停顿的功能。这样的结论与杨伯峻先生、何乐士在《古汉语语法及其发展》中归纳语助词的特点是一致的。

第三节 语缀助词

语缀助词是指在句中附着于某个词，并作为那个词附加成分的一类助词。杨伯峻、何乐士指出，"语缀助词一般不改变词的缘由词性和意义，而是对这种意义期强化作用或某种标志作用。缀于词前者，叫前缀助词；缀于词中者，叫中缀助词；缀于词后者，叫后缀助词"[3]。在《孔传》中，

---

[1] （东汉）许慎：《说文解字》，北京：中华书局，1963 年，第 216 页。

[2] 中国社会科学院语言研究所古代汉语研究室编《古代汉语虚词词典》，北京：商务印书馆，1999 年，第 156 页。

[3] 杨伯峻、何乐士：《古汉语语法及其发展》，北京：语文出版社，2003 年，第 493 页。

语缀助词凡 6 个。

有

在《孔传》中，"有"作语缀助词，凡 24 例。

（一）"有"用于句中普通名词前面。凡 4 例。

（1）汤俱与邻并有国，邻国人乃曰："待我君来。"（《太甲中》）

（2）安于有众，戒无戏怠，勉立大教。（《盘庚下》）

（3）禹、垂、益、伯夷、夔、龙六人新命有职，四岳、十二牧凡二十二人，特敕命之。（《舜典》）

（4）往行政化于新邑，当使臣下各向就有官，明为有功，厚大成宽裕之德，则汝长有叹誉之辞于后世。（《洛诰》）

（二）"有"用于句中表朝代、人名的专有名词前面。凡 20 例，诸如：

（1）汝世世享德，则使我有周好汝无厌。（《微子之命》）

（2）言上天欲民长逸乐，有夏桀为政不之逸乐，故天下至戒以谴告之。（《多士》）

（3）言天寿有平至之君，故安治有殷。（《君奭》）

（4）言能明文王德，蹈行显见，覆冒下民，彰闻上天，惟是故受有殷之王命。（《君奭》）

（5）桀洪舒于民，故亦惟有夏之民贪叨忿懥而逆命，于是桀民尊敬其能剿割夏邑者。（《多方》）

《说文解字》："有，不宜有也。"①《说文解字注》："谓本是不当有而有之称，引申遂为凡有之称。"②"有"本是动词，当它的宾语省略或脱落，就具有指代的性质；当它与单音节形容词连用，就具有指示词那种强调的作用；当指示作用弱化并用在名词前面，就虚化为助词。③ 先期时期已见句例丰富，如《庄子·人间世》："禹攻有扈。"后来，间或用于文言之中。

---

① （东汉）许慎：《说文解字》，北京：中华书局，1963 年，第 141 页。
② （清）段玉裁：《说文解字注》，上海：上海古籍出版社，1981 年，第 314 页。
③ 中国社会科学院语言研究所古代汉语研究室编《古代汉语虚词词典》，北京：商务印书馆，1999 年，第 752 页。

第

在《孔传》，"第"作语缀助词，用于句中基数词前面，表序数，可译为"第"。凡18例，诸如：

（1）田之高下肥瘠，九州之中为第五。（《禹贡》）

（2）州第九，赋正与九相当。（《禹贡》）

（3）田第九，赋第七，杂出第六。（《禹贡》）

（4）此先后六卿次第，冢宰第一，召公领之。（《顾命》）

（5）司徒第二，芮伯为之。（《顾命》）

《说文解字》："第，床箦也。"①"第"是"弟"的或体字。《说文通训定声》："第，《毛诗周南正义》、杨士勋《穀梁隐公疏》引《说文》有第字，从竹，弟声，按即弟之或体。"② 在《史记》、《汉书》中，虚词"第"、"弟"常混用。例如，《史记·陈丞相世家》："于是孝文帝乃以绛侯勃为右丞相，位次第一，平徙为左丞相，位次第二。"魏晋以后，作虚词一般用"第"，而不用"弟"。③

然

在《孔传》中，"然"作语缀助词，凡10例。

（一）"然"用于句中动词、形容词后面，多数作状语，表事物或动作行为的状态，可译为"地"、"……的样子"等。凡7例。

（1）吹笙击钟，鸟兽化德，相率而舞，跄跄然。（《益稷》）

（2）光天之下，至于海隅，苍苍然生草木。（《益稷》）

（3）言福善祸淫之道不差，天下恶除，焕然咸饰，若草木同华，民信乐生。（《汤诰》）

（4）纣大惟其纵淫泆于非常，用燕安丧其威仪，民无不蠹然痛伤其

---

① （东汉）许慎：《说文解字》，北京：中华书局，1963年，第96页。

② （清）朱骏声：《说文通训定声》，北京：商务印书馆，1984年，第578页。

③ 中国社会科学院语言研究所古代汉语研究室编《古代汉语虚词词典》，北京：商务印书馆，1999年，第98页。

心。(《酒诰》)

（5）无令若火始然，焰焰尚微，其所及，灼然有次序，不其绝。(《洛诰》)

（6）纣之不善，亦于文武之道大行，以能知三有居恶人之心，灼然见三有贤俊之心。(《立政》)

（7）尧躬行敬敬在上，三后之徒秉明德明君道于下，灼然彰著四方，故天下之士无不惟德之勤。(《吕刑》)

（二）"然"在句中，与"若"、"如"组成"若……然"、"如……然"惯用结构，作谓语，可译为"像……似的"、"像……那样"等。凡3例。

（1）河水分流，包山而过，山见水中若柱然，在西虢之界。(《禹贡》)

（2）考正制度礼法于四岳之下，如虞帝巡守然。(《周官》)

（3）无令若火始然，焰焰尚微，其所及，灼然有次序，不其绝。(《洛诰》)

之

在《孔传》中，"之"作语缀助词，用于句中形容词、动词后面，作后缀助词。一般不改变该词原有的词性和作用，起强化、补充或凑足音节作用。凡8例。诸如：

（1）四时同之，亦举一隅。(《尧典》)

（2）以歌诗蹈之舞之，教长国子中、和、祇、庸、孝、友。(《舜典》)

（3）不用老成人之言，是侮老之。(《盘庚上》)

（4）鼖鼓长八尺，商周传宝之。(《顾命》)

《说文解字》："之，出也。"① 《尔雅·释诂》："之，往也。"本义是动词，义为"出"、"到"、"往"等。"之"的虚词用法是其假借义，可作代词、连词和助词。作助词，主要是作结构助词，现代汉语中仍保留其一些用法。②

---

① （东汉）许慎：《说文解字》，北京：中华书局，1963年，第127页。

② 中国社会科学院语言研究所古代汉语研究室编《古代汉语虚词词典》，北京：商务印书馆，1999年，第832页。

所

在《孔传》中，"所"在句中作语缀助词。《古书虚词通解》："《助字辨略》：' 所，语助，不为义'。"[1]《词诠》："所，语尾，与'许'同。"[2]仅有 1 例。

言伊尹至甘盘六臣佐其君，循惟此道，有陈列之功，以安治有殷，故殷礼能升配天，享国久长，多历年所。(《君奭》)

《说文解字》："所，伐木声也。"[3]《说文解字注》："伐木声乃此字本义。用为处所者，假借为'处'字也，若'王所'、'行在所'之类是也。用为分别之词者，又从处所之义引申之，若'予所否者'、'所不与舅氏同心者'之类是也。皆于本义无涉，是真假借矣。"[4] 在古汉语中，实词"所"可用作名词、代词、量词、数词等；虚词"所"可作助词、连词。作助词，先秦已有用例，如《左传·昭公四年》："召而见之，则所梦也。"后来，一直沿用于现代汉语书面语之中。[5]

焉

在《孔传》中，"焉"作语缀助词，用于句中形容词后面，表状态，可译为"……的样子"。仅有 1 例。

如有束修一介臣，断断猗然专一之臣，虽无他伎艺，其心休休焉乐善，其如是，则能有所容。(《秦誓》)

从上面的分析看，在《孔传》中，语缀助词出现的位置是或作前缀，如"有"、"第"；或作后缀，如"然"、"之"、"所"、"焉"；没有作中缀

---

① 解惠全、崔永琳、郑天一等：《古书虚词通解》，北京：中华书局，2008 年，第 694 页。
② 杨树达：《词诠》，上海：上海古籍出版社，2008 年，第 298 页。
③ （东汉）许慎：《说文解字》，北京：中华书局，1963 年，第 300 页。
④ （清）段玉裁：《说文解字注》，上海：上海古籍出版社，1981 年，第 715 页。
⑤ 中国社会科学院语言研究所古代汉语研究室编《古代汉语虚词词典》，北京：商务印书馆，1999 年，第 563 页。

情况。从出现的频次看，语缀助词"有"最高，凡 24 例；"所"、"焉"最低，均为 1 例。从汉语历时发展流变角度看，《孔传》语缀助词中，"第"约是从汉代时期用作语缀助词，表示序数，而其他语缀助词都是从先秦汉语中继承而来。

第四节　助词词频统计与分析

为便于了解《孔传》助词（包括结构助词、语助词、语缀助词）词频情况，笔者用表格的形式进行了梳理与统计（见表 7 - 1、表 7 - 2、表 7 - 3）。

表 7 - 1　《孔传》结构助词词频统计

语法功能 位置 词目	表领属关系	表修饰或限制关系	表方位或时间	表补充关系	表宾语前置	表取消其句子的独立性	表突出状语与谓语的关系	表与行为动作相关的人、事、物、处所	表与动词相关的原因、处所、手段或方法	表被动	表人、事、物	表示具有这种特的人、事、物	表时间	表词序变化，标志宾语前置	总计
（位置）	定语和中心语之间	定语和中心语之间	定语和中心语之间	谓语和补语之间	表宾语前置	主语和谓语之间	主语和状语之间	动词或动词词组之前	构成"所＋介＋动"	构成"为—所"结构	动词或动词性词组后面／数词后面	形容词或形容词性词组后面	时间词后面	表宾语前置	
之	294	519	87	10	4	113	3								1030
所								336	37	12					385
者											154、20	28	2		204
是														4	4

表 7 - 2　语助词词频统计

词目＼语法功能	表提示或标志 下文开端	表评论或 说明的开端	表加强语气	合计
位置	句首		用于修饰语和 谓语中心词之间	
惟	20			20
其			2	2
夫		1		1

表 7 - 3　语缀助词词频统计

词目＼语法功能	用于普通名词前	用于表朝代、人名的专有名词前	表序数	作状语	表强化、补充或凑足音节	作谓语	合计
位置			用于基数词前	用于动词、形容词后面	词尾	组成"若……然"、"如……然"结构	
之					8		8
所					1		1
有	4	20					24
第			18				18
然				7		3	10
焉				1			1

从表 7 - 1、表 7 - 2、表 7 - 3 可见：《孔传》助词的内部个体与类别之间的频率呈现明显不同；《孔传》助词在句中的语法功能有着明显差异。以下将分别述之。

一　《孔传》助词的内部个体与类别之间的频率呈现明显不同

（一）在《孔传》结构助词中，"之"、"所"、"者"、"是" 4 个结构助词，凡 1623 例，占《孔传》全部助词数量的 95%。从这一类结构助词内部出现的频率看，"之"占 63.5%；"所"占 23.7%；"者"占 12.5%；"是"占 0.2%；出现频率最高的是结构助词"之"，其次是"所"。从《孔传》助词使用总频率看，"之"占 60.3%；"所"占 22.5%；"者"占 11.9%；"是"占 0.2%；使用频率最高的是"之"，其次是"所"。

（二）在《孔传》语助词中，有"惟"、"其"、"夫"等 3 个，凡 23 例，占《孔传》全部助词数量的 1.3%。从这一类结构助词内部出现的频率看，"惟"占 86.9%；"其"占 8.6%；"夫"占 4.3%；出现频率最高的是"惟"。从《孔传》助词使用总频率看，"惟"占 1.1%；"其"占 0.1%；"夫"占 0.05%；出现频率最高的是"惟"。

（三）在《孔传》语缀助词中，有"有"、"第"、"然"、"之"、"所"、"焉"等 6 个，凡 62 例，占《孔传》全部助词数量的 3.6%。从这一类结构助词内部出现的频率看，"有"占 38.7%；"第"占 29%；"然"占 16.1%；"之"占 12.9%；"所"占 1.6%；"焉"占 1.6%；出现频率最高的是"有"，其次是"第"。从《孔传》助词使用总频率看，"有"占 1.4%；"第"占 1%；"然"占 0.5%；"之"占 0.4%；"所"占 0.05%；"焉"占 0.05%；出现频率最高的是"有"。

二 《孔传》助词在句中的语法功能有着明显差异

根据杨伯峻、何乐士两位先生对古汉语助词语法功能的分类以及李爱红对助词语法功能的分类①，我们将《孔传》助词分为以下三类：

（一）结构助词

1. 标志体词性偏正结构语法关系的结构助词，有"之"，凡 900 例。

2. 标志主谓结构不独立成句的结构助词，有"之"，凡 113 例。

3. 标志句法结构内部词序变化的结构助词，有"之"、"是"等 2 个，凡 8 例。

4. 标志述补结构关系的结构助词，有"之"，凡 10 例。

5. 标志句法结构性质改变的结构助词，有"所"、"者"等 2 个，凡 589 例。

---

① 李爱红：《〈盐铁论〉虚词研究》，华东师范大学，博士学位论文，2006 年，第 128 页。

（二）语助词

在《孔传》中，共出现 3 个语助词，分别是："惟"有 20 例，"其"有 2 例，"夫"有 1 例。

（三）语缀助词

在《孔传》中，共出现 6 个语缀助词，分别是："有"有 24 例，"第"有 18 例，"然"有 10 例，"之"有 8 例，"所"有 1 例，"焉"有 1 例。

由此，我们可以看出，《孔传》中的助词从数量、类别上比整个古代汉语助词体系的助词要少得多。例如：杨伯峻、何乐士的《古汉语语法及其发展》中，列出 79 个助词，可归为四类①。而且，在《孔传》中的绝大多数助词已经在上古汉语中出现过。例如：王启俊在《〈国语〉虚词研究》中指出，《国语》中有"之"、"所"、"者"、"有"、"然"、"是"、"其"、"夫"、"焉"、"如"、"乎"、"也"等 12 个助词②。

但是，《孔传》中，"第"这个助词，何乐士先生指出，"第"表示序数的用法，大约自汉代以后形成③。例如："于是孝文帝乃以绛侯伯为右丞相，位次第一，平徙为左丞相，位次第二。"（《史记·陈丞相世家》）又如："光武帝建平元年十二月甲子生于济阳宫后殿第二内中。"（《论衡·吉验》）④ 我们在考察、统计《毛传》后发现，全文并没有使用"第"，而在《郑笺》中只有 1 例，如："人之尊卑有十等，仆第九，台第十。"

同时，在《孔传》中，"之"和"是"标志词序变化，共有 8 例。杨伯峻、何乐士认为，"结构助词中使动宾词序发生变化的助词虽然使用的时间比较长，也是逐渐减少的趋势，而组成名词短语的结构助词和语缀助词却有着巨大的生命力，它们中间固然也有淘汰，但仍有同类的其他助词在活动。如在《左传》、《国语》中，'宾 + 是 + 动'有 97 例，'宾 + 之 + 动'有 225 例。战国中期以后，'宾 + 是 + 动'这种格式大减，'宾 + 之 + 动'这种格式占了优势"⑤。殷国光认为，"'宾 + 是 + 动'在先秦时期已

① 杨伯峻、何乐士：《古汉语语法及其发展》，北京：语文出版社，2003 年，第 509、807 页。

② 王启俊：《〈国语〉虚词研究》，安徽大学，硕士学位论文，2007 年，第 60 页。

③ 何乐士：《古代汉语虚词词典》，北京：语文出版社，2006 年，第 86 页。

④ 吴庆峰：《〈论衡〉虚词通释》，济南：齐鲁书社，2011 年，第 42 页。

⑤ 杨伯峻、何乐士：《古汉语语法及其发展》（下册），北京：语文出版社，2003 年，第 809 页。

近消亡，汉代以后就很少使用"①。我们考察《毛传》中的"宾 + 是 +
动"，只有 1 例；在《郑笺》中，"宾 + 是 + 动"也只有 1 例。周生亚在
《〈搜神记〉语言研究》中指出，"宾 + 之 + 动"有 4 例，"宾 + 是 + 动"
是 0 例②。《孔传》中的词序变化规律也是符合上述观点的，即"宾 + 之 +
动"这种格式仍然在使用，而"宾 + 是 + 动"格式逐渐减少。

　　关于《孔传》中标志句法结构性质改变的结构助词"者"、"所"，凡
589 例，出现的次数比较多，占《孔传》中全部助词数量的 34.5%。而随
着时代的发展，语助词和语缀助词会被淘汰，或者被新产生的词所替代，
例如："夫"、"惟"、"其"、"然"等在现代汉语中已经消失。

---

① 殷国光：《先秦汉语带语法标志的宾语前置句式初探》，《语言研究》，1985 年第 2 期。
② 周生亚：《〈搜神记〉语言研究》，北京：中国人民大学出版社，2007 年，第 374 页。

结　语

本书通过对《孔传》虚词具体语例的统计、描写和系统分析，及其与古文《尚书》、清华大学战国竹简、后世文献语言虚词的比较，客观、全面地描写了《孔传》虚词，系统总结了《孔传》虚词的语言特点和语用特征，为《孔传》的辨伪提供了新的材料和新的研究方法。

一　《孔传》虚词的使用具有不平衡性

《孔传》虚词分为副词、代词、连词、介词、语气词、助词六类，凡251 个，10463 个语例。副词 146 个，凡 3263 例；代词 26 个，凡 2281 个语例；连词 33 个，凡 1400 个语例；介词 22 个，凡 1092 个语例；语气词 13 个，凡 719 个语例；助词 11 个，凡 1708 个语例。从数量及词频角度考察，《孔传》中的副词使用频率最高，占《孔传》虚词总数量（251）的58.2%，占《孔传》虚词总频率（10463）的31.2%；语气词使用频率最低，占《孔传》虚词总数量（251）的 5.2%，占《孔传》虚词总频率（10463）的 6.8%。

考察《孔传》中虚词的形式，单音节副词有 145 个，凡 3149 例；复音节副词有 16 个，凡 114 例；单音节代词有 25 个，凡 2280 例；复音节代词有 1 个，凡 1 例；单音节连词有 22 个，凡 1364 例；复音节连词有 11 个，凡 36 例；单音节语气词有 9 个，凡 693 例；复音节语气词有 4 个，凡 26 例；而介词和助词没有复音节形式。

考察单音节和复音节虚词的频率比，《孔传》单音节虚词共有 234 个，凡 10286 例，占《孔传》虚词总数量（251）的 93.2%，占《孔传》虚词使用总频率（10463）的 98.3%；复音节虚词有 32 个，凡 177 例，占《孔传》虚词总数量（251）的 12.7%，占《孔传》虚词使用总频率（10463）的 1.7%。两者之间的比例达到 7.3∶1。由此，我们可以看出，在《孔传》中，无论是从虚词的数量上，还是虚词出现的频率上，单音节虚词所占比例比较高，而复音节虚词所占比例比较低。这说明在上古汉语和中古汉语时期，单音节的虚词处于较大优势，而复音节的虚词处于发展的状态。

同时，我们也注意到，在《孔传》复音节虚词中，没有出现多音节的虚词形式，而只有双音节的虚词形式。

二 《孔传》各类虚词内部呈现不均衡性

《孔传》各类虚词根据在具体句子中的语法意义和语法功能，可以分为若干个类。各类虚词的小类有多有少，其内部呈现明显的不均衡性。

（一）考察《孔传》副词，有判断副词、时间副词、程度副词、状态副词、疑问副词、关联副词、范围副词、劝令副词、否定副词、推度副词，有 10 个类别。其中，状态副词的数量最多，有 45 个，而劝令副词最少，仅为 2 个；否定副词虽然仅有 7 个，却有 1009 例，出现频率占《孔传》副词总频率的 30.9%；而疑问副词和劝令副词两类加在一起，才有 6 个，凡 50 例，出现频率占了《孔传》副词总频率的 1.5%。

（二）考察《孔传》代词，有人称代词、指示代词、疑问代词三类。其中，人称代词出现的频率占到《孔传》代词总频率的 81.6%；而指示代词和疑问代词合在一起才占《孔传》代词总频率的不到 20%。从人称代词内部看，第三人称代词出现频率最高，己称代词出现频率最低，两者相差近 50%；其中，代词"其"出现次数最多，达到 552 例；"予"、"吾"、"乃"等均出现 1 例。从指示代词内部看，又可以划分为五小类，其中，表近指的指示代词出现频率最高，占了《孔传》指示代词总频率的近 90%；而表旁指的指示代词只占《孔传》指示代词总频率的 0.7%。

（三）考察《孔传》连词，有八个小类，即：顺承连词、假设连词、转折连词、递进连词、并列连词、选择连词、让步连词、因果连词。其中，表顺承关系的连词出现频率最高，占《孔传》连词总频率的一半还多，而表选择关系的连词仅占《孔传》连词总频率的不到1%。从顺承连词内部看，"则"出现次数最多，有320例；而"因而"、"而后"等连词仅仅出现了1例。

（四）考察《孔传》介词，可以根据介词所带宾语的性质分为五类，即：表与动作行为有关工具、条件、方法和依据的介词，表与动作行为有关对象的介词，表与动作行为有关原因或目的的介词，表与动作行为有关时间的介词，表与动作行为有关处所或范围的介词。其中，表与动作行为有关的工具、条件、方法和依据的介词出现频率最高，占了《孔传》介词总频率的近1/3，而表与动作行为有关的原因或目的的介词仅占了《孔传》介词总频率的2.5%，相差比较悬殊。同时，在《孔传》介词中，"以"出现次数最多，有333例，而介词"如"、"当"、"恃"、"沿"、"就"等均出现1例。

（五）考察《孔传》语气词，有表陈述语气的语气词、表疑问语气的语气词、表感叹语气的语气词。其中，表陈述语气的语气词出现频率最高，占了《孔传》语气词总频率的近90%，而表感叹语气的语气词仅占《孔传》语气词总频率的近4%。考察《孔传》语气词系统，"也"出现频率最高，有529例，而"已"、"已矣"、"呜呼"等出现频率最低，均为1例。

（六）考察《孔传》助词，有结构助词、语助词、语缀助词三类。结构助词出现频率最高，占了《孔传》助词总频率的95%；而语助词仅占了1.3%，二者相差高达90%。同时，"之"在文中出现频率最高，占了《孔传》助词总频率的一半还多，达到1038例；而助词"夫"、"焉"等则均出现了1例。

三　《孔传》虚词的跨类现象比较明显

《孔传》虚词的跨类现象不仅存在于各类虚词之间，在其每一类虚词内部也同样存在。

（一）考察整个《孔传》虚词系统，"已"可以作副词或语气词、连词，"若"可以作副词或连词，"何"可以作副词或代词，"乃"可以作副词或连词、代词，"则"可以作副词或连词，"惟"可以作副词或连词，

"故"可以作副词或连词，"其"可以作副词或连词，"但"可以作副词或连词，"之"可以作助词或代词，"自"可以作副词、介词或代词，"者"可以作语气词或助词，"因"可以作介词或连词，"焉"可以作语气词或代词，"是"可以作助词或代词，"及"可以作介词或连词，等等。

（二）考察《孔传》各类虚词的内部，《孔传》存在跨两类、三类、四类情况的副词，代词存在语法功能的跨类，代词可以作句中两种成分、三种成分、四种成分情况，连词存在跨两类、三类、五类连接功能的情况，介词存在跨两类、三类、四类的情况，语气词出现跨两类的情况，助词存在跨两类的情况。

四 《孔传》虚词显示汉语虚词发展的历史继承性

《孔传》绝大多数虚词见于上古汉语，少数虚词出现于秦汉之后。例如，《孔传》副词，除了"次"、"颇"等，其他副词均见于上古汉语时期。《孔传》代词除"自己"外，其他代词均见于先秦时期。《孔传》连词除"假令"外，其他连词均见于先秦时期。《孔传》介词除了"就"外，其他介词均见于先秦时期。《孔传》助词除了"第"外，其他助词均见于先秦时期。而《孔传》中的语气词均见于上古汉语时期。这体现出了《孔传》虚词既有继承性的特点，又有着发展性的特征。

五 《孔传》虚词研究为文献的辨伪提供了新的语料和研究方法

历代关于《孔传》的文本时代、作者等问题的辨伪之争一直未曾停息。论辩多数从文献角度展开。我们通过对《孔传》虚词的研究，有一些新的发现与体会。以代词"自己"为例略作分析。

《孔传》己称代词"自己"出现 1 例。在先秦时期，已经出现己称代词"自"、"己"。而己称代词"自己"出现的时间颇有争议。

吴福祥在《敦煌变文中的人称代词"自己"、"自家"》一文中认为，"晚唐五代以前，'自家'仅见零星用例，而'自己'则未见一例"①。梅

---

① 吴福祥：《敦煌变文中的人称代词"自己"、"自家"》，《古汉语研究》，1994 年第 4 期。

祖麟认为，"'自己'至晚在晚唐五代已经出现了"①。邓军认为，"自己"是复合反身代词，最早见于《三国志》，有1例。同时，邓氏又对魏晋南北朝文献《大明度经》、《五百弟子自说本起经》、《三国志》、《晋书》、《宋书》、《中阿含经》、《象腋经》、《贤愚经》、《摩诃僧祇津》等9部著作考察，指出"自己"主要出现在佛经、史传中②。陆荣认为，东汉汉译佛经中"自己"有1例，作定语③。陈翠珠认为，"自己"的使用至少源于六朝时期，唐宋以后盛行④。魏培泉《汉魏六朝称代词研究》指出，反身代词"自己"是由"己"和代词性的"自"复合而来，至少在六朝就已经确立⑤。朱冠明认为，反身代词"自己"在魏晋佛经中初见端倪，隋代得到了发展，其以作定语为主，其次作主语和宾语⑥。

　　综上所述，己称代词"自己"最早是见于东汉期间，迟至晚唐时期才出现。那么，认为《孔传》是西汉孔安国所著的观点，就是值得商榷的。因此，用语言学的方法来判断《孔传》文本的时代性以及作者真伪问题是很有说服力的。

　　研究表明，《孔传》虚词数量比较庞大，种类繁多。本书对《孔传》虚词系统进行全面的描写、统计与分析，一定程度展现了《孔传》虚词整个概况以及特点，揭示了汉语虚词从上古汉语时期向中古汉语时期过渡的一些基本特征与规律，对于汉语语法史研究具有重要理论意义。更重要的是，以语言学的理论和方法辨析了《孔传》的真伪，对于经学、文献学等方面的研究具有认识论价值和方法论价值。但是，由于作者本身的能力有限，本研究仍存在不足，将留待今后进一步思考和解决。

---

① 梅祖麟：《关于近代汉语指代词——读吕著〈近代汉语指代词〉》，《中国语文》，1986年第6期。
② 邓军：《魏晋南北朝代词研究》，上海：上海人民出版社，2008年，第156页。
③ 陆荣：《〈宋书〉代词研究》，南京师范大学，2007年硕士论文，第23页。
④ 陈翠珠：《汉语人称代词考论》，华中师范大学，2009年博士论文，第116页。
⑤ 魏培泉：《汉魏六朝称代词研究》，台湾：联经出版社，1993年，第85页。
⑥ 殷国光、龙国富、赵彤：《汉语史纲要》，北京：中国人民大学出版社，2011年，第185页。

参考文献

［1］ 白林政：《建国后"伪〈古文尚书〉"及〈尚书孔传〉研究平议》，曲阜师范大学，硕士学位论文，2008 年。

［2］ （东汉）班固：《汉书·艺文志》，北京：中华书局，1962 年。

［3］ 陈翠珠：《汉语人称代词考论》，华中师范大学，博士学位论文，2009 年。

［4］ 陈鼓应：《庄子今注今译》，北京：商务印书馆，2007 年。

［5］ 陈海伦：《古汉语中的自称代词》，《河北师专学报》，1981 年第 1 期。

［6］ 陈鸿迈：《关于"于"字作介词用法的历史考察》，《海南师范学院学报》，1989 年第 4 期。

［7］ 陈梦家：《尚书通论》，北京：中华书局，1985 年。

［8］ （宋）陈彭年等：《宋本广韵》，南京：江苏教育出版社，2002 年。

［9］ 陈以凤：《孔壁出书综考》，《唐都学刊》，2008 年第 5 期。

［10］ 陈增杰：《〈尚书〉中近一半篇目是怎样被证明是伪造的》，《温州师范学院学报》，1995 年第 5 期。

［11］ 程元敏：《尚书学史》，台北：五南图书出版公司，2008 年。

［12］ 崔立斌：《〈孟子〉词类研究》，开封：河南大学出版社，2004 年。

［13］ （西汉）戴圣：《礼记》（十三经注疏），北京：中华书局，2009 年。

［14］ 邓军：《魏晋南北朝代词研究》，上海：上海人民出版社，2008 年。

［15］ 丁鼎：《"伪古文〈尚书〉案"评议》，《古籍整理研究学刊》，2010 年第 2 期。

［16］杜泽逊：《文献学概要》，北京：中华书局，2001 年。

［17］（清）段玉裁：《说文解字注》，上海：上海古籍出版社，1981 年。

［18］方松：《〈太平经〉连词研究》，西南大学，硕士学位论文，2010 年。

［19］高名凯：《汉语语法论》，北京：科学出版社，1955 年。

［20］（战国）公羊高：《公羊传》（十三经注疏），北京：中华书局，2009 年。

［21］顾颉刚：《中国辨伪史略》，上海：上海古籍出版社，1998 年。

［22］顾颉刚、刘起釪：《尚书校释译论》，北京：中华书局，2005 年。

［23］（南朝）顾野王：《玉篇》，上海：上海书店，1989 年。

［24］管燮初：《西周金文语法研究》，北京：商务印书馆，1981 年。

［25］（春秋）管仲：《管子》，上海：商务印书馆，1922 年。

［26］（晋）郭璞：《尔雅》，北京：北京图书馆出版社，2006 年。

［27］（晋）郭璞注，（宋）邢昺疏：《尔雅注疏》，上海：上海古籍出版社，2010 年。

［28］郭锡良：《介词"于"的起源和发展》，《中国语文》，1997 年第 2 期。

［29］郭锡良等：《古代汉语》，北京：北京出版社，1989 年。

［30］（战国）韩非：《韩非子》，北京：线装书局，2013 年。

［31］郝玲：《〈颜氏家训〉虚词研究》，内蒙古师范大学，硕士学位论文，2011 年。

［32］（清）郝懿行：《尔雅义疏》，上海：上海古籍出版社，1983 年。

［33］何金松：《虚词历时词典》，武汉：湖北人民出版社，1994 年。

［34］何乐士：《〈左传〉虚词研究》，北京：商务印书馆，2004 年。

［35］何乐士：《古代汉语虚词词典》，北京：语文出版社，2006 年。

［36］胡裕树：《现代汉语》，上海：上海教育出版社，1995 年。

［37］黄伯荣、廖序东：《现代汉语》（下），北京：高等教育出版社，1997 年。

［38］黄成稳：《张志公谈〈中学教学语法系统提要〉（试用）》，《语文教学通讯》，1984 年第 4 期。

［39］黄珊：《〈荀子〉虚词研究》，开封：河南大学出版社，2005 年。

［40］黄肃：《梅赜〈尚书〉古文真伪管见》，《许昌师专学报》，1987 年第 3 期。

［41］蒋善国：《尚书综述》，上海：上海古籍出版社，1988 年。

［42］解惠全、崔永琳、郑天一等：《古书虚词通解》，北京：中华书局，2008 年。

［43］阚绪良：《〈五灯会元〉虚词研究》，浙江大学，博士学位论文，2004 年。

［44］（春秋）孔丘（整理）：《诗经》（十三经注疏），北京：中华书局，2009 年。

［45］（唐）孔颖达：《尚书正义》（影印本），北京：中华书局，1980 年。

［46］黎锦熙：《新著国语文法》，北京：商务印书馆，1992 年。

［47］黎锦熙：《语法再研讨——代词和代名词》，《中国语文》，1960 年第 6 期。

［48］黎路遐：《〈新书〉虚词研究》，安徽大学，硕士学位论文，2006 年。

［49］李爱红：《〈盐铁论〉虚词研究》，华东师范大学，博士学位论文，2006 年。

［50］李斌：《古文〈尚书〉虚词研究》，扬州大学，博士学位论文，2011 年。

［51］李明晓、胡波、张国艳：《战国秦汉简牍虚词研究》，成都：四川大学出版社，2011 年。

［52］李孝定：《甲骨文字集释》，台北："中央研究院" 历史语言研究所，1970 年。

［53］李学勤：《〈尚书孔传〉的出现时间》，《古籍整理研究学刊》，2002 年第 1 期。

［54］李艳芳：《东晋古文〈尚书〉真伪研究》，辽宁师范大学，硕士学位论文，2009 年。

［55］李载霖：《古汉语语法学述略》，长春：吉林大学出版社，2011 年。

［56］李佐丰：《古代汉语语法学》，北京：商务印书馆，2004 年。

［57］李佐丰：《上古汉语语法研究》，北京：北京广播学院出版社，2003 年。

［58］刘德汉等：《尚书研究论集》，北京：黎明文化事业股份有限公司，1981 年。

［59］（清）刘淇：《助字辨略》，北京：中华书局，2004 年。

［60］刘起釪：《日本的〈尚书〉学与其文献》，北京：商务印书馆，1997 年。

［61］刘起釪：《尚书学史》，北京：中华书局，1989 年。

[62] 刘起釪：《尚书研究要论》，济南：齐鲁书社，2007 年。

[63] 刘起釪：《尚书源流及传本考》，沈阳：辽宁大学出版社，1987 年。

[64] 刘潜：《汉语假设复句的演变》，吉林大学，硕士学位论文，2003 年。

[65] 刘硕敏：《清华简虚词研究》，扬州大学，硕士学位论文，2013 年。

[66] （东汉）刘熙：《释名》，北京：中华书局，1985 年。

[67] （西汉）刘向（辑录）：《战国策》，上海：上海古籍出版社，1985 年。

[68] 柳士镇：《魏晋南北朝历史语法》，南京：南京大学出版社，1992 年。

[69] （元）卢以伟（著），王克仲（集注）：《助语辞集注》，北京：中华书局，1988 年。

[70] 陆荣：《〈宋书〉代词研究》，南京师范大学，硕士学位论文，2007 年。

[71] （战国）吕不韦：《吕氏春秋》，南京：凤凰出版社，2013 年。

[72] 吕叔湘：《汉语语法分析问题》，《吕叔湘文集》（第二卷），沈阳：辽宁教育出版社，2002 年。

[73] 吕叔湘：《汉语语法论文集》，北京：商务印书馆，1990 年。

[74] 吕叔湘：《近代汉语指代词》，《吕叔湘文集》（第三卷），沈阳：辽宁教育出版社，2002 年。

[75] 吕叔湘：《中国文法要略》，北京：商务印书馆，1990 年。

[76] 吕雅贤：《从先秦到西汉程度副词的发展》，《北京大学学报》，1992 年第 5 期。

[77] 马贝加：《近代汉语介词》，北京：中华书局，2003 年。

[78] 马建忠：《马氏文通》，北京：商务印书馆，1983 年。

[79] 马雍：《尚书史话》，北京：中华书局，1985 年。

[80] 梅祖麟：《关于近代汉语指代词——读吕著〈近代汉语指代词〉》，《中国语文》，1986 年第 6 期。

[81] （战国）孟轲：《孟子》（十三经注疏），北京：中华书局，2009 年。

[82] （战国）墨翟：《墨子》，北京：国家图书馆出版社，2009 年。

[83] 潘允中：《汉语语法史概要》，郑州：中州书画社，1982 年。

[84] 裴学海：《古书虚字集释》，北京：商务印书馆，1932 年。

[85] 钱宗武：《〈孔传〉或成于汉末晋初》，《南京师范大学文学院学报》，2011 年第 1 期。

［86］钱宗武：《〈尚书〉述略》，《古汉语研究》，2001 年第 4 期。

［87］钱宗武：《〈尚书补疏〉疏证》，《清代扬州学术研究》，台北：台北学生书局，2001 年。

［88］钱宗武：《帝王政书尚书》，台北：台北地球出版社，1994 年。

［89］钱宗武：《今文尚书词汇研究》，开封：河南大学出版社，2012 年。

［90］钱宗武：《今文尚书句法研究》，开封：河南大学出版社，2011 年。

［91］钱宗武：《今文尚书语法研究》，北京：商务印书馆，2004 年。

［92］钱宗武：《今文尚书语言研究》，长沙：岳麓书社，1996 年。

［93］钱宗武：《尚书词典》，贵阳：贵州人民出版社，1991 年。

［94］钱宗武：《尚书新笺与上古文明》，北京：北京大学出版社，2004 年。

［95］裘燮君：《商周虚词研究》，北京：中华书局，2008 年。

［96］（战国）屈原等（著），（西汉）刘向（辑）：《楚辞》，北京：中华书局，1957。

［97］邵毅杰：《〈尚书〉的古今文问题》，《图书馆杂志》，2005 年第 8 期。

［98］沈丹蕾：《试论今文〈尚书〉的叹词》，《广西师范大学学报》，1998 年第 2 期。

［99］史存直：《汉语语法史纲要》，上海：华东师范大学出版社，1986 年。

［100］史有为：《汉语连词的功能、界限和位置》，《中央民族学院学报》，1986 年增刊第 3 辑。

［101］司马朝军：《文献辨伪学研究》，武汉：武汉大学出版社，2008 年。

［102］（西汉）司马迁：《史记》，北京：北京出版社，2006 年。

［103］宋鹤：《〈孔子家语〉的成书及真伪研究》，辽宁师范大学，硕士学位论文，2009 年。

［104］苏新春：《汉语词汇定量研究的运用及其特点》，《厦门大学学报》（哲学社会科学版），2001 年第 4 期。

［105］（战国）孙膑：《孙膑兵法》，北京：文物出版社，1975 年。

［106］孙良明：《古代汉语语法变化研究》，北京：语文出版社，1994 年。

［107］（春秋）孙武：《孙子兵法》，北京：中华书局，1977 年。

［108］孙锡信：《汉语历史语法丛稿》，上海：汉语大词典出版社，1997 年。

［109］〔日〕太田辰夫：《中国语历史文法》，北京：中华书局，1980 年。

[110] 唐钰明：《定量方法与古文字资料的词汇语法研究》，《海南师范学院学报》，1991 年第 4 期。

[111] 王锦民：《古学经子——十一朝学术史述林》，北京：华夏出版社，2008 年。

[112] 王磊：《〈真诰〉连词研究》，四川大学，硕士学位论文，2004 年。

[113] 王力：《古代汉语》，北京：中华书局，1994 年。

[114] 王力：《汉语史稿》，北京：中华书局，1980 年。

[115] 王力：《同源字典》，北京：商务印书馆，1982 年。

[116] 王力：《中国现代语法》，北京：商务印书馆，1985 年。

[117] 王力：《中国语法理论》，《王力文集》，济南：山东教育出版社，1984 年。

[118] （清）王念孙：《广雅疏证》，南京：江苏古籍出版社，2000 年。

[119] 王启俊：《〈国语〉虚词研究》，安徽大学，硕士学位论文，2007 年。

[120] 王树民：《伪〈古文尚书〉与伪孔安国〈尚书传〉》，《文史知识》，2003 年第 10 期。

[121] （清）王引之：《经传释词》，长沙：岳麓书社，1984 年。

[122] （清）王引之：《经义述闻》，南京：凤凰出版社，2000 年。

[123] 魏培泉：《汉魏六朝称代词研究》，台湾：联经出版社，1993 年。

[124] 魏兆惠：《两汉语法专题研究》，华东师范大学，博士后论文，2007 年。

[125] 邬述法：《〈九章算术〉虚词研究》，江西师范大学，硕士学位论文，2010 年。

[126] 吴承仕：《尚书古今文说》，《中大季刊》，1926 年第 1 卷第 1 期。

[127] 吴福通：《晚出〈古文尚书〉公案与清代学术》，上海：上海古籍出版社，2007 年。

[128] 吴福祥：《敦煌变文中的人称代词"自己"、"自家"》，《古汉语研究》，1994 年第 4 期。

[129] 吴康：《尚书大纲》，北京：商务印书馆，1941 年。

[130] 吴庆峰：《〈论衡〉虚词通释》，济南：齐鲁书社，2011 年。

[131] 伍开金：《谈"焉"》，《语文教学》，1983 年第 7 期。

[132] 向熹：《简明汉语史》，北京：高等教育出版社，1998 年。

［133］徐望驾：《〈论语义疏〉语言研究》，北京：中国社会科学出版社，2006年。

［134］（东汉）许慎：《说文解字》，北京：中华书局，1963年。

［135］许锬辉：《尚书著述考》，台北："国立"编译馆，2003年。

［136］（战国）荀况：《荀子》，上海：上海人民出版社，1974年。

［137］严修：《二十世纪的古汉语研究》，太原：书海出版社，2001年。

［138］杨伯峻：《古汉语虚词》，北京：中华书局，1980年。

［139］杨伯峻：《论语译注》，北京：中华书局，2011年。

［140］杨伯峻：《杨伯峻学术论文集》，长沙：岳麓书社，1984年。

［141］杨伯峻、何乐士：《古汉语语法及其发展》，北京：语文出版社，2003年。

［142］杨善群：《古文〈尚书〉流传过程探讨》，《学习与探索》，2003年第4期。

［143］杨树达：《词诠》，上海：上海古籍出版社，2008年。

［144］杨树达：《高等国文法》，北京：商务印书馆，1984年。

［145］杨文森：《朱熹证伪〈古文尚书〉及〈序〉、〈传〉详考》，《文教资料》，2007年第6期。

［146］杨旭敏：《伪〈尚书〉出现及考辨的历史》，《徐州师范大学学报》，2008年第1期。

［147］杨雅丽：《古汉语"之"的形成》，《延安大学学报》，1995年第3期。

［148］姚振武：《〈晏子春秋〉词类研究》，开封：河南大学出版社，2005年。

［149］易孟醇：《先秦语法》，长沙：湖南教育出版社，1989年。

［150］殷国光：《〈吕氏春秋〉词类研究》，北京：华夏出版社，1997年。

［151］殷国光：《〈吕氏春秋〉句法研究》，开封：河南大学出版社，2011年。

［152］殷国光：《先秦汉语带语法标志的宾语前置句式初探》，《语言研究》，1985年第2期。

［153］殷国光、龙国富、赵彤：《汉语史纲要》，北京：中国人民大学出版

社，2011 年。

[154] 俞兆鹏：《中国伪书大观》，南昌：江西教育出版社，1998 年。

[155] （清）袁仁林：《虚字说》，北京：中华书局，2004 年。

[156] 袁毓林：《"者"的语法功能及其历史演变》，《中国社会科学》，1997 年第 3 期。

[157] 张国艳：《甲骨文副词研究》，西南师范大学，硕士学位论文，2002 年。

[158] 张国艳：《居延汉简虚词研究》，华东师范大学，博士学位论文，2005 年。

[159] 张其昀：《"所"字用法源流考》，《盐城师专学报》，1990 年第 4 期。

[160] 张文国、张文强：《今文〈尚书〉指示代词研究》，《聊城大学学报》，2002 年第 2 期。

[161] 张西堂：《尚书引论》，西安：陕西人民出版社，1958 年。

[162] 张岩：《审核古文〈尚书〉案》，北京：中华书局，2006 年。

[163] 张谊生：《助词与相关格式》，合肥：安徽教育出版社，2002 年。

[164] 张玉金：《西周汉语语法研究》，北京：商务印书馆，2004 年。

[165] （明）张自烈（撰），（清）廖文英（补）：《正字通》，北京：国际文化出版公司，1996 年。

[166] 章士钊：《中等国文典》，北京：商务印书馆，1911 年。

[167] 赵琴：《〈淮南子〉连词研究》，苏州大学，硕士学位论文，2010 年。

[168] 赵鲜秋：《"是"字的沿革》，《新疆师范大学学报》，1989 年第 1 期。

[169] （东汉）赵晔：《吴越春秋》，上海：上海书店，1989 年。

[170] （东汉）郑玄（注）：《仪礼》，北京：国家图书馆出版社，2009 年。

[171] 中国社会科学院语言研究所古代汉语研究室编《古代汉语虚词词典》，北京：商务印书馆，1999 年。

[172] 钟兆华：《近代汉语虚词研究》，北京：中国社会科学出版社，2011 年。

[173] 周秉钧：《尚书易解》，长沙：岳麓书社，1984 年。

[174] 周法高：《中国古代语法·称代篇》，台北：台湾"中央研究院"历史语言研究所，1959 年。

[175] 周建姣：《东汉砖文虚词研究》，华东师范大学，博士学位论文，

2006 年。

[176] 周俊勋：《中古汉语词汇研究纲要》，成都：巴蜀书社，2009 年。

[177] 周生亚：《〈搜神记〉语言研究》，北京：中国人民大学出版社，2007 年。

[178] 周锡𫗦：《易经的语言形式与著作年代》，《中国社会科学》，2003 年第 4 期。

[179] 周玉秀：《〈逸周书〉的语言特点及其文献学价值》，北京：中华书局，2005 年。

[180] 朱德熙：《语法讲义》，北京：商务印书馆，1982 年。

[181]（清）朱骏声：《说文通训定声》，北京：商务印书馆，1984 年。

[182] 左梁：《〈论语〉虚词研究》，四川师范大学，硕士学位论文，2010 年。

[183]（春秋）左丘明（撰），鲍思陶（点校）：《国语》，济南：齐鲁书社，2005 年。

[184]（春秋）左丘明：《左传》（十三经注疏），北京：中华书局，2009 年。